转变外贸发展方式，提升外贸增长质量

2013

中国对外贸易可持续发展报告

——基于经济、生态、社会效益的评价

China's Foreign Trade Sustainable
Development Report

曲如晓　赵春明　仲　鑫　等　著

北京师范大学出版集团
BEIJING NORMAL UNIVERSITY PUBLISHING GROUP
北京师范大学出版社

图书在版编目(CIP)数据

2013中国对外贸易可持续发展报告 / 曲如晓, 赵春明,
仲鑫等著. —北京：北京师范大学出版社，2014.2
ISBN 978-7-303-11885-4

Ⅰ. ①2… Ⅱ. ①曲…②赵…③仲… Ⅲ. ①对外贸易
－可持续性发展－研究报告－中国－2013 Ⅳ. ① F752

中国版本图书馆 CIP 数据核字（2014）第 012728 号

营 销 中 心 电 话　010-58802181 58805532
北师大出版社高等教育分社网　http://gaojiao.bnup.com
电 子 信 箱　gaojiao@bnupg.com

2013 ZHONGGUO DUIWAI MAOYI KECHIXU
FAZHAN BAOGAO

出版发行：北京师范大学出版社　www.bnup.com
　　　　　北京新街口外大街 19 号
　　　　　邮政编码：100875
印　　　刷：北京京师印务有限公司
经　　　销：全国新华书店
开　　　本：184 mm × 260 mm
印　　　张：18.5
字　　　数：270 千字
版　　　次：2014 年 2 月第 1 版
印　　　次：2014 年 2 月第 1 次印刷
定　　　价：68.00 元

策划编辑：胡廷兰　戴　轶　　责任编辑：戴　轶
美术编辑：王齐云　　　　　　　装帧设计：王齐云
责任校对：李　菡　　　　　　　责任印制：陈　涛

《2013 中国对外贸易可持续发展报告》课题组

课 题 组 组 长：曲如晓

课 题 组 副 组 长：赵春明　仲　鑫

课 题 组 撰 稿 人：曲如晓　赵春明　仲　鑫　魏　浩

郑飞虎　蔡宏波　孙　萌　陈　昊

李凯杰　王月永　曾燕萍

摘　要

　　中国对外贸易的快速发展，推动了就业，提高了居民福利，为中国经济的腾飞提供了动力。但同时高污染、高排放的粗放型贸易模式消耗了大量资源，带来了大量污染，制约了中国对外贸易的进一步发展。因此有必要深入分析中国对外贸易可持续发展情况及影响因素，全面了解中国对外贸易概况。构建中国对外贸易可持续发展指标体系，不仅可以有效跟踪中国对外贸易可持续发展变化情况，还可以为制定贸易发展战略提供有益参考，具有重要的现实意义。

　　本报告在梳理对外贸易可持续发展理论的基础上，构建了中国对外贸易可持续发展评价的框架体系，利用中国的实际数据从经济效益、生态效益和社会效益三个角度对中国对外贸易的可持续发展情况进行了测算和深入系统的分析与探讨，通过对中国对外贸易的可持续发展指标进行年度比较、省际比较，全面分析了中国对外贸易可持续发展的情况，并对其背后的影响机制及因素进行了实证检验，提出了推动对外贸易可持续发展的措施和对策建议。

关键词： 对外贸易　可持续发展　经济效益　生态效益　社会效益

前　言

改革开放以来，我国对外贸易一直保持高速增长，其年均增速不仅远远高于同期世界贸易的平均增长速度，而且高于同期我国国民经济的增长速度。根据商务部公布的数据，2012 年中国进出口贸易总额为 38 667.6 亿美元，在世界的排名由 1979 年的第 32 位上升到第 2 位。显然，就贸易规模而言，中国已是当之无愧的贸易大国。但是，对外贸易产品、产业和地区间的发展不平衡，长期以加工贸易为主的粗放型外贸增长模式导致环境恶化等问题日益严重，在很大程度上制约着我国外贸与经济的进一步发展和提高。对外贸易的可持续发展已得到政府部门和学术界的广泛关注。

《2013 中国对外贸易可持续发展报告》是北京师范大学"985 工程"项目"中国对外贸易可持续发展问题研究"的阶段性成果，也是目前国内关注对外贸易可持续发展问题的标志性学术成果。本报告将理论、实证与政策分析相结合，既系统梳理了对外贸易可持续发展的理论基础，从经济、生态、社会效益三个角度构建了中国对外贸易可持续发展综合评价指标体系；同时利用实际数据测算了 1993 年以来中国对外贸易可持续发展指数，并通过综合评价、年度比较、省际比较、实证检验等方法系统分析了 1993 年以来中国对外贸易可持续发展情况及影响因素等；最后提出了推动中国对外贸易可持续发展的措施与对策建议。

本报告在北京师范大学"985 工程"的大力支持下，北京师范大学及经济与工商管理学院相关部门的领导下，国际经济与贸易系师生的辛勤努力下，以及北京师范大学出版社的积极配合与帮助下最终得已出版，在此表示诚挚的感谢！课题组将继续关注中国对外贸易可持续发展的相关问题，为中国经济建设与社会科学研究做出更大的贡献！

《2013 中国对外贸易可持续发展报告》课题组
2013 年 10 月

目　录

第1章 导 论

新中国成立以来，尤其是改革开放 30 多年来，中国对外贸易获得了巨大的发展。根据商务部公布的数据，2012 年中国进出口总额 38 667.6 亿美元，其中出口 20 498.3 亿美元，连续三年世界排名第一；进口 18 178.3 亿美元，全世界排名第二。就贸易规模而言，中国已经是当之无愧的贸易大国，正沿着贸易强国的目标稳步迈进。

但与此同时，对外贸易产品、产业和地区间的发展不平衡显著，且对外贸易伙伴过于集中，这在很大程度上制约着中国对外贸易的进一步发展和质量的提高。例如，2011 年我国高新技术产品出口 5 487.88 亿美元，仅占出口总额的 29％左右，占比远远低于发达国家水平。此外根据海关统计数据，2011 年各省（区、市）对外贸易排名前 10 位的均为东部地区，贸易总额占当年全国对外贸易总额的 90％以上，可见地区间贸易发展不平衡极其严重。就对外贸易伙伴分布而言，2011 年欧盟、美国、日本依然是中国的前三大贸易伙伴，与它们的贸易总额已经占到对外贸易总额的近 40％，对外贸易伙伴过于集中的问题值得重视。

此外，对外贸易的社会和环境效应越来越得到学术界和政府部门的关注，因为对外贸易发展的最终目标是在不破坏环境的条件下产生最优的社会效益，具体而言则是有效地提高社会的整体就业和收入水平，而中国对外贸易的发展究竟是否能够持续带来整体就业和收入水平的提高、社会资源配置的优化，且保证环境可持续发展，则需要通过衡量对外贸易可持续发展指数加以回答。

>> 1.1 对外贸易可持续发展评价体系的构建意义 <<

在当前国际整体经济环境下探讨对外贸易的可持续发展指标评价体系有着十分重要的意义。一切经济工作的核心目标是可持续发展，这一点毋庸置疑。党的十六届三中全会将科学发展观作为党和国家在新时期发展经济社会的基本指导纲领，提出"坚持以人为本，树立全面、协调、可持续的发展观，促进经济社会和人的全面发展"，强调按照"统筹城乡发展、统筹区域发展、统筹经济社会发展、统筹人与自然和谐发展、统筹国内发展和对外开放"的要求推进改革和发展，把可持续发展作为新形势下我国现代化建设的基本指导思想。所谓可持续发展是指"既满足当代人的需要，又不损害后代人满足其需要的能力的发展"。它包括相互关联密切的经济可持续发展、生态环境可持续发展和社会可持续发展三个组成部分。

可持续发展是一个复杂的系统工程，它不仅要求当代人在经济发展中为后代留下宝贵的自然资源与生态环境，也要求从经济结构、人口、就业、收入分配等方面调整现行的发展理论和经济政策，保证当代经济、社会的健康发展。换言之，我们一切为了经济发展和社会进步的努力，都应该在不损害环境、不危害后代利益的前提下稳步推进，这当然也包括对外贸易的可持续发展。

对外贸易可持续发展是可持续发展的一个重要组成部分。长期以来，我国经济都是依靠"投资、消费、出口"三驾马车来拉动。从狭义的角度理解，贸易可持续发展体现在参与国际分工和贸易过程中，如何减少资源消耗和对环境的破坏，并获取不断增长的贸易利益。对外贸易所追求的福利不仅包括商品和服务的消费，也包括环境的改善或避免环境的恶化，是"可持续"与"发展"的统一。从广义的角度理解，所谓对外贸易可持续发展，必须兼顾社会经济发展和生态保护双重目标，一方面追求社会经济效益最大化；另一方面将对外贸易带来的生态成本限制在一定水平。通过制定与经济可持续发展、环境保护等相协调的外贸战略与政策，促使对外贸易的经济效益、社会效益与生态环境效益的高度统一，实现对外贸易的长期、持久、稳定、健康地增长，取得不断改善的贸易条件和持续扩大的国际分工利益。

无论从历史还是现实的角度,实现对外贸易的可持续发展是必要的,也是可行的。

从历史发展的角度来看,20世纪80年代以来,随着中国对外开放的不断扩大,国民经济初步实现了从封闭型模式向开放型模式的转变,其发展逐步融入世界经济的总体格局中。中国对外贸易发展很快,无论从规模上还是结构上,都取得了长足的进步。我国进出口总额从1980年的378亿美元增加到2004年的11 547.4亿美元,24年来的年均增长率达到14.5%,不仅大大高于同期世界贸易的增长速度,也高于我国同期GDP的增长速度。贸易对象遍及全球,已经达到220多个国家和地区,贸易大国的地位进一步巩固。2008年金融危机以来,虽然对外贸易发展受到很大程度的抑制,但是并没有动摇我国作为世界主要贸易大国的地位,反而在金融危机下诸多发达国家经济发展低迷的同时,保持了较高和较稳定的经济增长趋势,一定程度上更加巩固了贸易大国的地位。构建对外贸易可持续发展指标评价体系,有利于我们更加科学地量化分析对外贸易带来的经济、社会、环境效益,对改革开放30多年来对外贸易发展对国家带来的经济、社会、环境福利进行科学地评估。

对外贸易迅速发展有力地推动了我国国民经济的增长,促进了国内产业结构的调整,提高了经济增长的质量和效益,增加了税收,扩大了就业,改善了国际收支状况,增强了我国的综合国力和国际竞争力。中国对外贸易已成为世界贸易的重要组成部分,其发展和变化对中国经济和世界经济日渐产生重要的影响和不可代替的作用。然而需要我们保持清醒头脑的是,中国虽然已经发展成为世界贸易大国,但是还算不上世界贸易强国。我们在许多方面与世界贸易强国相比,尚有较大差距,具体表现为:外贸增长的波动性较大,即年均贸易规模增速不稳定,表明国内对外贸易产业结构尚处于波动状态,对外贸易发展的整体格局尚不稳定;存在贸易条件恶化以及增长贫困化趋势,即仍然没有从根本上改变出口低技术、低附加值产品的基本贸易格局,贫困化增长和贸易条件恶化的潜在风险依然存在;外贸结构不合理,即出口商品和服务整体上国际竞争力弱;加工贸易关联度较差,对产业结构提升的贡献不足;利用外资水平有待提高，对外直接投资尚在起步，即吸引的外资质量普遍较低，而规模性的对外直接投资还非常少见，更少有成功案例；在全球化和区域经济一体化中作用不够，即我国虽然在世界贸易中占据重要地位，但是参与经济全球化和区域经济一体化的程度明显不足，双边自由贸易协定的合作国家少，国际贸易规则制定的话语权低，对外贸易质量的进一步提高存在瓶颈；外贸体制面临新的挑战，即国内经济发展和对外贸易发展的政策体制仍显陈旧，与日新月异的国际贸易发展形势尚存显著磨合问题，等等。这些对外贸易发展过程中仍然存在的问题，究竟对我国经济、环境和社会发展带来了怎样的负面影响，如何评估并克服这些负面效应，都需要对外贸易可持续发展工作的顺利完成。

贸易是世界经济繁荣的基础，而且仍然是我们可以采取的提高生产力和促进经济增长的主要手段之一。贸易自由化的历史已经清楚地说明了这一点。一个国家积极地发展对外贸易，参与国际竞争，其主要目的是发展本国经济，并最终提高本国社会福利。但事实证明，对外贸易发展如果不选择一种健康、可持续的发展模式，不但不能达到预期的发展目标，反而会给本国的经济社会的整体利益和长远发展造成不利影响。对外贸易必须要和环境、社会协调发展。将外贸发展与自然资源的保护、生态环境的改善、社会生活的和谐结合起来进行考察和评价，使得社会的福利随着贸易的发展而增长，而不是相反，这正是"对外贸易可持续发展"的基本含义。寻求贸易发展的最优模式与路径，必须建立在科学衡量对外贸易可持续发展程度的基础上，建立在构建科学评价对外贸易可持续发展程度指标的基础上。

>> 1.2 对外贸易可持续发展评价体系的内涵 <<

对外贸易可持续发展就必须兼顾社会经济发展和生态保护双重目标，一方面追求社会经济效益最大化；另一方面将对外贸易带来的生态成本限制在可接受的水平。在遵循外贸发展的内在规律基础上，健全外贸体制，完善外贸运行机制，提高外贸效率，合理有效地动员和配置外贸资源，从而达到经济效益、社会效益和生态环境效益的高度统一，实现对外贸易长期、持续、稳定、健康地增长，并且取得不断改善的贸易条件和持续扩大的国际分工利益。鉴于此，理想的一国对外贸易可持续发展评价体系的内涵应包括以下几个方面的内容：

第一，对外贸易规模适度并且保持稳定增长及稳定增长的能力。一国对外贸易规模能够保持稳定的增长是该国对外贸易可持续发展的一个基本条件。如果没有贸易规模的稳定增长，对外贸易的经济社会效益则无从谈起，讨论对外贸易的环境成本也毫无意义。

第二，贸易资源保持持续稳定的供给。贸易资源有两种：一是直接从自然界中取得的或进行简单加工的物品，它们可以直接作为贸易的标的物，如各种野生的动植物、矿产品等；二是在生产制造可贸易产品的过程中不可或缺的各种要素，包括各种物的要素和人的要素。一国对外贸易要保持可持续发展，这两种贸易资源就必须保持持续稳定的供给。由于贸易资源的有限性，如果过度开采导致某些贸易资源枯竭或者在生产某种高科技产品中缺少必要的高素质的人力资源，势必导致贸易无法进行，更谈不上对外贸易的可持续发展。而对外贸易可持续发展指数的构建中，则应该考虑到一国对外贸易资源的稳定、持续供应能力及变化趋势。

第三，对外贸易的商品结构不断优化，出口商品的国际竞争力处于递增状态。对外贸易商品结构是指不同类型的商品在一国对外贸易中构成比重和相互制约的关系，它是一国对外贸易运行质的反映。对外贸易商品结构包括进口商品结构和出口商品结构，因此一国对外贸易商品结构的不断优化也应该包括出口商品结构的不断高级化和进口商品结构不断优化两个方面。一是出口商品结构的高级化。它包括两层含义：初级产品在出口商品中所占的比重在不断减少，而制成品与服务贸易的比重在不断上升，在出口商品中高技术含量高附加值商品的比重在不断上升。而这二者最终又是通过出口商品国际竞争力的不断增强来体现的。二是进口商品结构的不断优化。从我国目前的现实来看，进口商品结构的优化就是要不断地引进先进的技术，促进国内产业结构的升级和换代。从各国经验来看，越是贸易强国进口商品越"低级化"，表现为资源性商品（包括自然资源密集型商品、劳动密集型商品和资本密集型商品）、生活资料商品、初级商品以及有形商品的进口比重相对都比较大。这反映出贸易弱国与贸易强国在进口商品结构上的差异，代表了进口商品结构变化的趋势。出口商品的国际竞争力是指商品的设计、开发、生产、营销、使用以及售后服务等方面在国际市场上与同类商品竞争中体现出来的满足消费者需求、占领市场、实现价值和使用价值等方面的能力。它是一国或地区国际竞争力的重要组成部分。如果出口商品国际竞争力不断增强，那么就意味着一国或地区出口贸易的可持续发展能力在不断提高，外贸发展的后劲足。当然，评价一国或地区出口商品国际竞争力的标准很多，包括：商品质量、附加值、创汇率、市场占有率与相对市场占有率、知名度、贸易竞争指数，等等。构建一国对外贸易可持续发展评价体系，需要考虑如何将衡量对外贸易发展结构级别的方法引入指标评价体系。

第四，对外贸易对国民经济和社会发展保持较高的贡献率。一般在评价对外贸易对国民经济的贡献时，主要从出口或者净出口的角度来考察对外贸易对经济增长的拉动作用。这两种方法存在着明显的局限性。其实，一国对外贸易对国民经济发展的贡献是多方面的，可以从静态利益和动态利益两个方面来分析。静态利益包括：从交换中获得的收益即通过贸易可以获得本国不能生产的产品或者国内生产成本太高的制成品使消费者得到更高水平的满足；从专业化中获得的收益，即通过参与国际分工专门生产本国具有比较优势的产品，进而提高本国的资源利用效率。贸易的动态利益则主要表现在贸易在促进一国长期经济增长、产业结构演进、技术进步以及制度创新等方面的作用。这些作用有的是无法用数量指标来直接度量的。可持续发展的对外贸易不仅要对一国国民经济有较高的贡献率，而且还要对社会的发展有所贡献。因而，构建一国对外贸易可持续发展指数，需要兼顾对对外贸易静态和动态利益的评价。

第五，对外贸易条件的不断改善和国际分工利益的持续扩大。贸易条件是一个国家以出口交换进口的条件，即两国进行贸易时的交换比例。它有两种表示方法：一是用物物交换表示，即用实物形态来表示的贸易条件，它不涉及货币因素和物价水平的变动。当出口产品能交换更多的进口产品时，意味着贸易条件改善了，反之则贸易条件恶化了。二是用价格来表示贸易条件。这种贸易条件就是一国所有的出口商品价格与所有的进口商品价格的比率。由于现实生活中参与国际交换的商品种类很多，而且价格水平也在不断变化，因此这种贸易条件通常用出口商品价格指数与进口商品价格指数之比，即贸易条件指数来表示贸易条件。贸易条件不仅能反映各国贸易利益的分割问题，而且它的好坏还关系到一国国际收支的平衡以及经济的长期发展。因此，对外贸易条件的不断改善应该作为对外贸易可持续发展的一个重要指标。此外，还要强调在国际分工中地位的提升和国际分工利益的持续扩大。所以，"对外贸易的可持续发展不同于对外贸易的发展，正如可持续发展不等于发展一样。可持续发展作为一种全新的发展思想、发展战略和发展模式，其实质就是要造就一种可持续发展能力，保证整个社会具有长期的发展潜力，以此实现持续发展的目标"。构建一国对外贸易可持续发展评价体系，需要考虑对对外贸易条件改变趋势的评价和分析方法。

第六，对外贸易引致就业水平的持续提高和促进社会福利的稳步增长。对外贸易发展的目标绝不仅仅是对外贸易发展本身。对外贸易作为促进经济增长的重要方式，其可持续发展效果的评估离不开对对外贸易引致经济其他层面的显著进步的衡量。就社会大众利益而言，最为关注和最直接的利益来源则是贸易引致的就业水平提高和就业者收入水平的增长。当然，衡量对外贸易引致就业和促进社会福利能力的途径有很多，无论采用什么方法，将对外贸易对就业水平提高和工资收入增长的边际影响纳入可持续发展评价体系是主要目标，这也是构建对外贸易可持续发展的社会指标的核心思路。

总之，实现对外贸易的可持续发展是我们追求的目标。但是在这一过程中，将一个概念和发展战略转化成政府可操作的管理模式，必然需要建立一套评价指标体系来评估其发展程度。如何对其进行准确测量是其发展的基本前提，构建符合中国国情的对外贸易评价体系是实现中国对外贸易可持续发展并促进全社会科学可持续发展的重要基础。

>> 1.3　对外贸易可持续发展评价体系的研究综述 <<

国内外已有许多关于对外贸易可持续发展评价体系的理论研究成果和设计尝试。在对外贸易可持续发展的理论研究方面，国外的讨论侧重于生态环境与对外贸易的相关性研究以及对外贸易的生态效益的计量。相关的实证研究方法主要有：通过引入环境要素来扩展 2×2×2 的赫克歇尔—俄林模型，在定量分析环境要素禀赋不同的国家间开展自由贸易给各自带来的环境影响，如 Murrell 和 Ryterman(1991)；利用投入产出模型(Input-Output Model)来计算污染物排放成本的节约，从而测算经济系统与环境之间的关系，如 Walter(1975)、Robinson(1988)；借鉴"可计算的一般均衡"模型(Computable General Equilibrium，CGE)或局部均衡模型直接分析资源密集型初级产品出口带来的环境影响，如 Burniaux(1992)；借鉴环境贸易效应模型，发现环境污染与经济增长的长期关系呈倒 U 形关系，如 Grossman 和 Krueger(1993)；绘制贸易发展的环境库兹涅茨曲线(Environment Kuznet Curve)来分析开展对外贸易与环境质量的相关关系，如 Lucas、Wheeler 和 Hettige(1992)；利用时间序列对污染型产业是否由发达国家向发展中国家转移做出判断，如 Sorsa(1994)、Low 和 Yeats(1992)；对相对低收入水平国家是否具有污染性商品的比较优势的研究，如 Copeland 和 Taylor(1994)，Beghin、Roland-Holst 和 Van der Mensbrugghe(1997)；对贸易开发与环境损害的关系的研究，得出一些与大家的直觉相反的结论，如 Tobey(1990)、Grossman 和 Krueger(1993)；对贸易自由化与污染密集型产业的相关性研究，如 Antweiler、Copeland 和 Taylor(1998)。

近年来，国内一些学者对我国对外贸易可持续发展问题进行了许多探讨，归纳起来主要集中于对外贸易可持续发展的必然性、含义、原则以及实现对策建议四个方面。沈根荣(1997)认为，当前我国处于经济转轨时期，转变旧的外贸发展战略，制定我国外贸可持续发展战略，是我国国民经济可持续发展的要求，也是我国对外贸易本身发展的内在要求；张作鹏(1998)提出，对外贸易可持续发展具有以下几点含义：对外贸易总体规模、对外贸易的经济效益、对外贸易的社会效益、对外贸易的技术效益、对外贸易的生态效益、对外贸易的资源效益；资树荣(2001)认为，可持续发展贸易是适应可持续发展要求的一种全新的贸易模式，其内容至少包括贸易品的可持续生产、可持续贸易商品构成、可持续贸易的国际市场、可持续贸易运输与可持续贸易政策五个部分；沈根荣(1997)认为，实现我国对外贸易可持续发展必须遵循效率、持续性和公平性三个基本原则；薛荣久（1997）等学者认为，要以可持续发展理论作指导，制定规划我国对外贸易的发展战略；张作鹏和赵晓晨（1999）及夏友富（2000）等人提出了对外贸易要从计划体制下的粗放型增长向市场体制下的集约型和效益型转变，要制定与环保政策协调的绿色贸易政策立法，将环境成本内在化，使外贸发展与生态环境保护紧密结合，还应转变观念，开展绿色营销、开发绿色产品，加强国际合作，提高可持续发展能力。此外，针对国际贸易可持续发展评价体系构建问题，国内学者也有不菲成果。袁永友、刘建明（2004）对创建我国对外贸易可持续发展指标评价体系进行了思考，指出指标的设计取向与原则应该是从经济全球化趋势着眼，从社会经济整体结构和综合功能出发，以全面建设小康社会为经济目标，以开放、改革、发展为设计基本取向，在此基础上，他们提出构建 7 类二级指标的构思：对外贸易规模总量评价指标、服务/货物贸易总量比例评价指标、贸易收益增长比例评价指标、对外贸易经济效益评价指标、对外贸易技术效益评价指标、对外贸易生态效益评价指标和对外贸易资源效益评价指标；孙治宇、赵曙东（2010）以江苏省为研究个案，探讨了建立对外贸易可持续发展评价指标体系，在他们的研究中，提出了设计 9 类二级指标的思路，较之前人研究增加了对贸易竞争力、贸易的市场结构和贸易社会效益的考察；类似的指标构建研究成果还有郭峰濂（2005）、蒲艳萍和王玲（2007）等。我们仅列举两个典型的指标设计思路，如表 1-1 和第 2 章的表 2-1 所示。

　　构建对外贸易可持续发展指标评价体系的另一个关键问题，是各级指标的权重赋予问题。国内学者大多采用熵值法对指标进行权重赋值。我们认为对于指标权重的赋予，应该考虑到各个指标对对外贸易发展起到的实质影响作用，而熵值法仅仅通过数值运算确定权重，与经济现实存在一定程度的脱离。应该尝试采用基于经验数据的计量模型，通过主成分因子分析确定各二级指标的权重，以达到更加准确地阐述现实经济含义的目的。

表 1-1　袁永友、刘建明(2004)构建的指标体系

二级指标	三级指标	计算方法和思路
对外贸易规模总量评价指标	总进出口值	货物进出口值＋服务进出口值
	总进口值	货物进口值＋服务进口值
	总出口值	货物出口值＋服务出口值
服务/货物贸易总量比例评价指标		服务总进出口值/货物总进出口值
贸易收益增长比例评价指标	总出口收益增长比例	总边际出口倾向/出口依存度
	总进口收益增长比例	总边际进口倾向/进口依存度
对外贸易经济效益评价指标	进出口经济效益	进出口收益/进出口成本
	出口经济效益	出口收益/出口成本
	进口经济效益	进口收益/进口成本
对外贸易技术效益评价指标	进出口技术效益	高技术商品进出口额/进出口总额
	出口技术效益	高技术商品出口额/出口总额
	进口技术效益	高技术商品进口额/进口总额
对外贸易生态效益评价指标	进出口生态效益	绿色贸易总额/进出口总额
	出口生态效益	绿色贸易出口额/出口总额
	进口生态效益	绿色贸易进口额/进口总额
对外贸易资源效益评价指标	进出口资源效益	$\frac{出口资源量\times出口额}{进口资源量\times进口额}$
	出口资源效益	$\frac{出口资源量\times出口额}{出口总额}$
	进口资源效益	$\frac{进口资源量\times进口额}{进口总额}$

>> 1.4　结构安排 <<

本报告共分八章构建了中国对外贸易可持续发展评价指标体系，并对中国对外贸易的可持续发展情况进行系统地分析和探讨，主要围绕中国对外贸易的可持续发展概况、省际比较、影响因素以及可采取的推动对外贸易可持续发展的措施等方面进行详细研究。具体内容如下。

在导论介绍基本内容之后，第 2 章阐述对外贸易可持续发展评价体系构建的理论基础及设计框架。国际贸易理论的发展经历了从经典的国际贸易理论如

比较优势理论、要素禀赋理论等，到新贸易理论如产品内贸易理论，再到新—新贸易理论如异质性企业理论的系统发展过程，这一过程中的许多理论都分别从不同方面奠定了构建对外贸易可持续发展评价体系的理论基础，因而也成为本报告构建对外贸易可持续发展评价体系的依据。同时，介绍了对外贸易可持续发展评价体系构建的原则、方法、思路以及总体设计框架，以确保对外贸易可持续发展的经济、生态和社会指标构建思路统一和系统。

第 3、4、5 章分别详细阐述对外贸易可持续发展的经济、生态、社会效益指标的构建与计算方法。在此基础上进行两类比较：第一，国家层面该指标的年度比较，即比较 1993—2011 年间中国对外贸易经济、生态和社会指数，并阐述其变化趋势；第二，典型年份的省际层面比较，即比较几个典型年份国内 31 个省（区、市）的经济、生态和社会指数。

第 3 章"中国对外贸易可持续发展的经济效益"。介绍经济效益指标体系，从贸易规模、贸易结构和贸易竞争力三个方面确定对外贸易可持续发展的经济效益指标体系，并对相关指标进行说明；之后，测算并对比全国及各地区对外贸易可持续发展经济效益。1993—2011 年间，随着经济的发展和贸易的深化，中国对外贸易的经济效益总体情况越来越好，呈现出持续稳定的增长态势。各地区经济效益变化差别较大。

第 4 章"中国对外贸易可持续发展的生态效益"。生态效益包括贸易的环境效应和资源效益两个方面，二者的权重分别为 60% 和 40%。研究发现，1993—2011 年间中国生态效益指数呈现先下降后上升的态势，与贸易环境效益指数变化趋势基本一致。分地区来看，西部地区贸易生态效益较好，中部地区居中，东部地区较差，与中国贸易"东强西弱"的局面刚好相反。

第 5 章"中国对外贸易可持续发展的社会效益"。综述已有关于对外贸易社会效益的研究，提出社会效益指标计算的思路，包括外贸部门的就业和工资两个部分。测算结果表明，1993—2011 年间中国对外贸易的社会效益呈现出较大的波动。之后实证分析了对外贸易的引致就业效应，出口和进口对就业水平的综合作用估计为 0.02%（考虑到出口和进口对就业水平的反向作用加成），对外贸行业就业和引致就业进行了修正。最终发现，1995—2003 年间我国对外贸易可持续发展的社会效益指数基本维持逐年提高的趋势，2004—2011 年间我国对外贸易可持续发展的社会效益指标一直处于波动当中。

第 6 章"中国对外贸易可持续发展的总体评价"。在第 3、4、5 章的基础上，结合指标体系构建原则，综合评价全国和各省对外贸易可持续发展概况。1993—1995 年间中国对外贸易可持续发展指数不断下降，1996—1999 年间中国对外贸易可持续发展指数则几乎不变，从 1999 年开始，中国对外贸易可持续发展指数逐渐上升，但是中间也存在一定的波动。从区域划分来看，东部地区对外贸易可持续发展情况最好，其次为西部地区，最后是中部地区。

第 7 章"中国对外贸易可持续发展的影响因素及实证研究"。中国对外贸易可持续发展的影响因素主要为外贸规模和出口商品结构，通过构建时间序列向量自回归模型，实证分析外贸规模和出口商品结构对外贸可持续发展的影响，结果发现出口额和出口商品结构对外贸可持续发展有长期正向作用。对经济效益、生态效益和社会效益影响因素的实证分析进一步证实了外贸规模和结构对中国对外贸易可持续发展的影响。

第 8 章"中国对外贸易可持续发展的对策建议"。综合前面章节的研究，分别从对外贸易可持续发展理论、贸易结构、生态效益和社会效益四个角度提出了推动中国对外贸易可持续发展的对策和建议。运用动态比较优势理论指导对外贸易可持续发展，坚持对外贸易中的劳动优势，培育资本和技术优势；改善出口产业结构、商品结构和地区结构；大力发展服务贸易，开发绿色产品，改善对外贸易的生态效益；扩大对外贸易规模，提升就业岗位技术含量，提高企业社会责任意识，发挥对外贸易的社会效益。

第2章　对外贸易可持续发展评价体系构建的理论基础及框架

对外贸易已经成为拉动我国经济发展最重要的因素，这一点毋庸置疑。但是与此同时，在整体外贸出口增长中，粗放、数量扩张型产品出口仍占相当的比重，而质量、效益集约型增长还有待进一步提高；出口商品结构中，许多商品附加值和技术含量不高，拥有自主知识产权和自主品牌的产品少；出口商品中资源消耗高、环境污染重的产品占有一定比重；对外贸易地区、伙伴国别发展不平衡，外贸潜在风险较大。这些现象提醒我们，在促进外贸规模和质量进一步发展的同时，有必要考察我国对外贸易这种拉动经济增长方式的可持续发展性。通过构建对外贸易可持续发展指数，有利于科学准确地评价我国对外贸易发展的绩效和持续潜力，为国家制定对外贸易长期发展规划提供准确充分的信息和依据。

本章将在梳理国内外相关研究的基础上，介绍我们构建对外贸易可持续发展指标评价体系的基本思路和具体指标，并通过主成分因子分析方法确定各级指标的权重。

>> 2.1　对外贸易可持续发展评价体系构建的理论基础 <<

构建对外贸易可持续发展评价体系的理论基础分为两个部分：第一是可持

续发展理论，它是构建一切可持续发展评价体系共同的理论基础；第二是国际贸易理论，它是构建对外贸易可持续发展评价体系的经济学理论基础。两者缺一不可，相辅相成，共同构成了对外贸易可持续发展评价体系科学性的基石。

2.1.1　可持续发展理论

可持续发展理论起源于 20 世纪后半期人们对环境和发展问题的反思与创新。工业化进程起步以后逐渐形成的以经济增长为核心的发展观念，单纯地把国民生产总值的增长作为发展的主要指标，认为只有经济增长才是社会发展的决定性标志，主张在人类社会的发展中可以把环境质量放在经济增长之后，在经济增长达到一定水平后才有必要、有能力解决环境问题。这种发展理论适应了第二次世界大战后世界各国发展经济的迫切要求。20 世纪 50 年代至 60 年代的世界经济很快出现复苏，老牌资本主义发达国家恢复到并开始超越战前水平，亚非拉国家的经济发展也开始起步。但资源消耗和环境污染问题也开始凸显，且越演越烈，自然资源与生态环境逐渐成为经济发展的新的制约因素，迫使人们对盲目追求经济增长的发展观念进行反思。60 年代后期出现了以罗马俱乐部(Club of Rome)为代表的、以负增长或零增长为特征的另一种发展观，主张在世界范围内有目的地停止物质资料和人口的增长，回到"零增长"的道路上去。这种发展观念同样是把环境与经济发展简单地对立起来，把自然界从单纯的索取对象变为单纯的保护对象，在现实中既没有为发达国家所接受，也遭到了发展中国家的冷遇。因为如果遵循这种观念，富国将意味着放弃现在的经济增长成果，穷国将有可能永远处于贫困状况而得不到发展，人类社会将停滞不前，环境保护也会缺乏动力和支持，最终人类文明将走向荒芜。

如何走出经济社会发展与环境保护问题上的对立两极化误区，寻求真正有利于社会文明繁衍生息的发展模式，成为影响人类未来的重大课题。在这样的历史背景下，可持续发展理论应运而生，为人类社会的发展模式提供了一种新的思维。它既有别于不计自然成本的传统经济增长观念，又不同于消极保护自然环境的零增长观念。

1. 可持续发展的概念与内涵

可持续发展(Sustainable Development)的概念最先是在 1972 年斯德哥尔摩举行的联合国人类环境研讨会上被正式提出进行讨论的。这次研讨会云集了全球的工业化国家和发展中国家的主要代表,目标是共同界定人类在缔造一个健康和富有生机的环境上所享有的权利。自此以后,各国致力界定"可持续发展"的含义,现时已拟出的定义有几百个之多,涵盖范围包括国际、区域、地方及特定界别的层面。1980 年国际自然保护同盟的《世界自然资源保护大纲》指出,"必须研究自然的、社会的、生态的、经济的以及利用自然资源过程中的基本关系,以确保全球的可持续发展"。1981 年,美国人布朗(Lester R. Brown)出版《建设一个可持续发展的社会》一书,提出以控制人口增长、保护资源基础和开发再生能源来实现可持续发展。1987 年,世界环境与发展委员会出版《我们共同的未来》报告,将可持续发展定义为"既能满足当代人的需要,又不对后代人满足其需要的能力构成危害的发展"。这一界定的作者是挪威首位女性首相格罗·哈莱姆·布伦特兰(Gro Harlem Brundtland),她的可持续发展定义被广泛接受并引用,也是本报告坚持的可持续发展定义。1992 年 6 月,联合国在里约热内卢召开"环境与发展大会",通过了以可持续发展为核心的《里约环境与发展宣言》和《21 世纪议程》等文件,进一步阐明了可持续发展的含义和坚持可持续发展的重要性。

最初可持续发展的思想理念是针对资源环境问题提出的,但是人们逐渐认识到人类社会的各个方面无一不需要可持续发展理念的指导,因而人们广泛拓展了其应用领域。最初倡导人类与自然和谐相处的可持续发展理论成了狭义上的概念,广义上的可持续发展则是"可持续经济、可持续生态和可持续社会"三方面的协调统一。它要求人类在发展中讲究经济效率,关注生态和谐,追求社会公平,最终达到人的全面发展。换言之,就是指经济、社会、资源和环境保护协调发展。须知它们是一个密不可分的系统,既要达到发展经济的目的,又要保护好人类赖以生存的大气、淡水、海洋、土地和森林等自然资源和环境,使子孙后代能够永续发展和安居乐业。与狭义的可持续发展理论相比,环境保护是可持续发展的更为重要的方面。当然，毋庸置疑的是，可持续发展的核心与终极目标仍然是发展，但要求在严格控制人口、提高人口素质和保护环境、资源永续利用的前提下进行经济和社会的发展。总之，在可持续发展中，经济可持续是基础，生态可持续是条件，社会可持续才是目的，可持续发展是经济、社会和环境三者的统一。正是从这种广义的角度去理解可持续发展，人们因此能够提出诸如企业的可持续发展、金融的可持续发展、教育的可持续发展，甚至社会主义的可持续发展、政党的可持续发展等课题。本报告阐述的对外贸易可持续发展即是在这样的理论背景下提出的。

我国政府一直以来坚持可持续发展的基本思路，近年来还编制了《中国 21 世纪人口、资源、环境与发展白皮书》，首次把可持续发展战略纳入我国经济和社会发展的长远规划。随着经济社会的发展，我国的可持续发展理论逐渐形成体系，并上升到战略高度：1997 年的中共十五大把可持续发展战略确定为我国现代化建设中必须实施的战略，主要包括经济可持续发展、生态可持续发展、社会可持续发展。结合我国的国情，这三个方面的内涵分别如下：

(1)经济可持续发展

可持续发展强调经济增长的必要性，而不是以环境为由取消经济增长，但可持续发展不仅重视经济增长的数量，更关注经济增长的质量，更强调"发展"而不仅仅是"增长"。可持续发展要求改变传统的以"高投入、高消耗、高污染"为特征的生产模式和消费模式，实施清洁生产，提倡文明消费，提高经济活动的效益。与之并进的理论研究则以区域开发、生产力布局、经济结构优化等作为基本内容，力图用"科技进步贡献率抵消或克服投资的边际效益递减率"，作为衡量可持续发展的重要指标和基本手段。

(2)生态可持续发展

可持续发展要求经济发展与自然承载能力相协调，在发展的同时必须保护、改善和提高地球的资源生产能力和环境自净能力，以可持续的方式使用自然资源，以生态平衡、自然保护、资源环境的永续利用等作为基本内容，使资源的利用控制在自然可接受的范围之内，污染控制在自然可吸纳的能力之内，在环境保护与经济发展之间取得合理的平衡。

（3）社会可持续发展

可持续发展强调社会公平是发展的内在因素和环境保护得以实现的机制。鉴于地球上自然资源分配与环境代价分配的两极分化严重影响着人类的可持续发展，因此提出发展的本质应包括普遍改善人类生活质量，创建一个平等、自由、富足的全球社会环境。社会可持续发展的研究以社会发展、社会分配、利益均衡为基本内容，把经济效益与社会公正取得合理的平衡作为重要指标与基本手段。这就是说，在人类可持续发展系统中，经济可持续发展是基础，生态可持续发展是条件，社会可持续发展才是最终目的，人类应该追求的是以人为目标的自然—经济—社会复合系统的持续发展。

2. 可持续发展的基本原则

（1）公平性原则

公平性原则是指机会选择的平等性，有三个方面的含义：一是指代际公平性；二是指同代人之间的横向公平性，可持续发展不仅要实现当代人之间的公平，而且也要实现当代人与未来各代人之间的公平；三是指人与自然，与其他生物之间的公平性。这是与传统发展的根本区别之一。各代人之间的公平要求任何一代都不能处于支配地位，即各代人都有同样选择的机会空间。

（2）可持续性原则

可持续性原则是指生态系统受到某种干扰时能保持其生产率的能力。资源的持续利用和生态系统可持续性的保持是人类社会可持续发展的首要条件。可持续发展要求人们根据可持续性的条件调整自己的生活方式。在生态可能的范围内确定自己的消耗标准。因此，人类应做到合理开发和利用自然资源，保持适度的人口规模，处理好发展经济和保护环境的关系。

（3）和谐性原则

可持续发展的战略就是要促进人类之间及人类与自然之间的和谐。如果我们能努力按和谐性原则行事，那么人类与自然之间就能保持一种互惠共生的关系，也只有这样，可持续发展才能实现。

（4）需求性原则

人类需求是由社会和文化条件所决定的，是主观因素和客观因素相互作用、共同决定的结果，与人的价值观和动机有关。可持续发展立足于人的需求而发展人，强调人的需求而不是市场商品，是要满足所有人的基本需求，向所有人提供实现美好生活愿望的机会。

（5）高效性原则

高效性原则不仅是根据其经济生产率来衡量，更重要的是根据人们的基本需求得到满足的程度来衡量，是人类综合发展的高效化。

（6）阶跃性原则

随着时间的推移和社会的不断发展，人类的需求内容和层次将不断增加和提高，所以可持续发展本身隐含着不断地从较低层次向较高层次的跳跃发展过程。

2.1.2 可持续发展与对外贸易

人类对环境与国际贸易关系的认识经历了一个相当长的历史过程。起初，环境问题被认为主要是一国的国内问题，应由一国的国内法加以规范，但随着时间的推移，在全球经济一体化进程中，新的生产组织形式和国际分工使得环境污染跨越国界，对全人类的生存前景提出了严峻挑战。全球变暖加剧、臭氧层消耗、热带雨林减少等生态环境恶化问题日益严重，治理污染、保护环境成为一个全球性问题，引起了各国的重视。同时，国际贸易额与贸易量迅速增长，远远超过了世界经济的发展速度。由此带来的资源消耗和废物垃圾一方面增大了环境的压力；另一方面也阻碍了以商品和服务的国际流动为主要内容的世界贸易的发展。环境与贸易之间的矛盾实质上是具有内在增长机制的贸易活动对自然资源需求的无限性和具有内在稳定性机制的生态环境对资源供给的有限性之间的矛盾，解决这一矛盾的关键则是制定合理的贸易政策和环境政策。良好的贸易政策和环境政策的基本目标都是通过自然资源的有效配置不断改善人类的生活质量，从而维持人类的可持续发展。因此，将环境保护纳入贸易领域，不但有利于保护生态环境和资源，而且能够高效地利用自然资源，使贸易持续、稳定、健康地发展。在贸易增长和生态环境之间，人们应该努力寻求或者构建一种贸易发展模式，这种发展模式既不能以破坏环境为代价取得贸易的增长，也不能为保护环境而放弃贸易的增长，这种发展模式需要把可持续发展理论引入国际贸易领域，建立一种新的国际贸易发展模式，在全球范围内实施国际贸易可持续发展战略。本报告构建对外贸易可持续发展评价体系，也是希望能够为实现国家的国际贸易可持续发展战略提供科学的参考指标。

贸易是一个国家国内经济的外延，贸易政策和贸易结构都是一国经济发展的对外表现和调整依据。国际贸易反映并影响着一国的产业结构和布局、就业和工资以及资源配置等许多方面，如何实现贸易增长和国内其他领域的和谐共存是国家制定贸易政策时的重要参考因素。此外，贸易是连接一个国家内部经济和外部经济的桥梁，更是连接各个国家经济的纽带。在经济全球化的过程中，不论是发达国家还是发展中国家都积极参与到国际贸易活动中，国家之间的经贸往来日益密切和广泛，这就使得国际贸易的外部性影响不断加深。各国的贸易政策和贸易活动不仅影响到本国的国内经济社会，还对其他国家和地区产生影响。

1994 年 4 月 15 日在摩洛哥马拉喀什签订的《建立世界贸易组织协议》（也称《建立世界贸易组织马拉喀什协定》）在开篇就提出了对外贸易可持续发展的基本思想，其序言指出：本协定各参加方，认识到在处理它们在贸易和经济领域的关系时，应以提高生活水平、保证充分就业、保证实际收入和有效需求的大幅度增长以及扩大货物和服务的生产和贸易为目的，同时应依照可持续发展的目标，考虑对世界资源的最合理利用，寻求既保护和维护环境，又以与它们各自在不同经济发展水平的需要和关注相一致的方式，加强为此采取的措施。世界贸易组织（WTO）也已经明确地将"可持续发展"作为其建立多边贸易体制的宗旨之一。这是自 1987 年"可持续发展"的概念第一次被提出后首次在多边贸易体制的正式法律文本中出现。WTO 在序言中所规定的"对外贸易可持续发展"包括三个方面的含义：第一是贸易增长。贸易是促进经济增长的重要手段，通过贸易自由化促进经济增长也是各个成员构建和参与多边贸易体制的一个主要目的，也只有通过贸易的增长才能实现 WTO 关于提高生活水平、保证充分就业、保证实际收入和有效需求的大幅度增长以及扩大货物和服务的生产和贸易的要求。第二是保护环境。保护环境是贸易可持续发展的重要内容，所以 WTO 要求"考虑对世界资源的最合理利用，寻求既保护和维护环境又发展贸易的对策"。第三是社会公平。这里的社会公平包括"国际社会公平"与"国内社会公平"两个方面。从国际层面讲，一个缺乏公平的国际社会是不可能持续发展的。尤其在全球经济一体化的背景下，国家之间的依赖程度空前加深，可以说，没有发展中国家的发展，发达国家的发展也不会持久。建立在不平等基础上的国际经济旧秩序使得目前南北差距不断扩大，这种现象对整个世界经济的可持续发展是不利的。在国内层面上，一国国内缺乏社会公平的话，该国同样无法实现可持续发展，进而影响整个世界经济的可持续发展。所以，一国国内如果不能保证社会公平也是违反 WTO "可持续发展"要求的。WTO 协议要求成员国应按照 WTO 的要求，在国内外贸政策中实施可持续发展战略，促进本国或本地区的对外贸易可持续发展。"对外贸易可持续发展"应当成为成员方贸易行为的一个评价标准。

2.1.3 构建对外贸易可持续发展评价指标体系与国际贸易理论

如前所述，构建对外贸易可持续发展评价体系的另一个重要的理论基础，就是国际贸易理论。国际贸易理论是构建评价体系的经济学基础，为科学衡量对外贸易可持续发展程度提供了经济学衡量方法。

1. 古典国际贸易理论与对外贸易可持续发展评价体系

（1）绝对优势理论

亚当·斯密（Adam Smith，1723—1790）是西方古典经济学的主要奠基人之一，也是国际贸易理论的创始者，是倡导自由贸易的带头人。斯密花了将近 10 年的时间，于 1776 年写出了一部奠定古典政治经济学理论体系的著作《国民财富的性质和原因的研究》（*An Inquiry into the Nature and Causes of the Wealth of Nations*），简称《国富论》（*The Wealth of Nations*）。在这部伟大的著作中，斯密第一次把经济科学所有主要领域的知识归结成一个统一和完整的体系，而贯穿这一体系的基本思想就是自由的市场经济思想。在此基础上，斯密扩大了市场的范围，开始探索国际市场和对外贸易的产生与发展。在《国富论》中，斯密通过对国家和家庭进行对比来描述国际贸易的必要性。他认为，既然每个家庭都认为只生产一部分它自己需要的产品而用那些它能出售的产品来购买其他产品是合算的，同样的道理应该适用于每个国家。

斯密是从劳动分工开始论述国际贸易问题的。他认为，国民财富的增长有两条途径：一是提高劳动生产率；二是增加劳动数量。其中前者的作用尤其大，而劳动生产率的提高则主要取决于分工。一国内部的劳动分工原则也适用于各国之间。他强调，国际分工的基础是在各自占有优势的自然禀赋中后天获得的有利条件。前者是指导致自然赋予的有关气候、土壤、矿产、地理环境等方面的优势，因为一个国家在生产某些特定商品时，或许有非常巨大的自然优势，这种自然优势是不可逆转和替代的，因而其他国家无法与之竞争。后者是指通过自身努力而掌握的特殊技艺，或称之为技术。各国应当按照各自的优势进行分工，然后交换各自的商品，从而使得各国的资源、劳力、资本都得到最有效的利用。相反，不注意发挥优势进行生产，只能导致国民财富的减少。斯密所讲的优势实际上是绝对优势或绝对利益，意在说明为了更多地增加国民财富，一国应该专业化生产和出口那些本国具有绝对优势的商品，进口那些本国具有绝对劣势，即外国具有绝对优势的商品，所以通常称之为"绝对优势理论"（Absolute Advantage Theory）。一国的自然优势和后天获得的优势又总是体现为生产某产品的成本优势，即该国生产特定商品的实际成本绝对地低于其他国家所花费的成本，因此这个理论又称"绝对成本理论"（Absolute Cost Theory）。根据绝对优势贸易理论，各国应该专门生产并出口其具有"绝对优势"的产品，不生产但进口其不具有"绝对优势"的产品。斯密还论述了自由贸易所带来的好处，概括说来大致有三个方面：第一，互通有无，交换多余的使用价值。就是说，把本国多余的商品输出国外，换回本国无法生产或生产不足的商品，满足双方的需要。第二，增加社会价值，获取更大利益。由于各国的社会劳动生产率参差不齐，商品价值的货币表现自然不尽相同，这样通过对外贸易得到的某些商品的数量会超过本国所可能生产的，从而节省了本国的劳动力或增加了使用价值。第三，互惠互利，共同富裕。一国从对外贸易中得到的主要利益在于输出了本国消费不了的剩余货物，因此，即使两国贸易平衡，由于都为对方的剩余货物提供了市场，双方还是都有利益。所以对外贸易具有共同利益，而不是一方得到，另一方受损。斯密对国际贸易的产生原因率先作了理论探讨，并且明确指出国际贸易可以是一个"双赢"的局面而不是一个"零和博弈"，这些都是斯密对国际贸易理论的重大贡献。可以说，是斯密首先把国际贸易理论纳入了市场经济的理论体系，开创了对国际贸易进行经济学分析的先河。

绝对优势理论是近代国际贸易理论的开山理论，自然成为一切贸易理论的起点和基础。构建对外贸易可持续发展评价体系，需要重视我国依照绝对优势理论进行进出口的产品在对外贸易发展中起到的重要作用，将这种作用量化到评价体系中，有利于更加科学地评价我国对外贸易可持续发展的潜力。

（2）比较优势理论

在斯密之后的另一位著名的古典经济学家是大卫·李嘉图（David Ricardo，1772—1823）。其贸易学说是他整个经济理论中的一个重要组成部分。李嘉图所创立的著名的"比较优势贸易理论"（Comparative Advantage Doctrine）奠定了国际贸易理论演进的重要基础，自此以后一个多世纪的相关研究很大程度上都是对其理论的补充、发展和修正，而未推翻该理论的基本观点。李嘉图在其代表作《政治经济学及赋税原理》（1817）一书中论证了以"比较优势贸易理论"为中心的国际贸易理论。作为英国古典经济学的完成者，李嘉图考察国际贸易产生的原因也是从论述个人的分工和专业化开始的，而且他也明确指出，国际分工和国际交换活动应该根据各国的自然优势和后天获得的优势来进行。所不同的是，斯密讲的优势是指绝对的优势即生产成本绝对低于别国，而李嘉图心目中的优势则是一种相对的优势，也就是比较优势。李嘉图反对把国际贸易产生的原因和基础建立在各国绝对优势的差别上，认为这种理论无法解释所有产品都不具有绝对优势的国家同样要参与国际交换的现实。

　　李嘉图指出，从个人之间的分工来看，每个人都可以拥有生产某种产品的比较优势。例如，在制鞋和制帽两方面甲都比乙强，不过制帽只强 1/5，而制鞋要强 1/3，甲的更大优势在制鞋，乙的更小劣势是制帽。所以，甲应该专门制鞋而乙应该只制帽，然后双方通过交换都能得到更多的鞋和帽。这就是说，尽管乙在两方面都具有绝对劣势，但那种绝对劣势较小的商品生产（制帽）实际上就是他能得到"比较利益"中的相对优势。因此，贸易活动中的相对优势即是指较大的绝对优势，或较小的绝对劣势。这种优势是由生产商品所耗费的劳动的相对差异带来的，反映了它在生产成本上的相对差异，所以又称为"比较成本说"（Comparative Cost Doctrine）。李嘉图进一步强调，这种优势标准其实更加适用于国际贸易，因为劳动、资本、资源等生产要素不可能在国与国之间随意流动，经济处于绝对劣势的国家既不会也不可能把它们的居民全部移送到富国；它们唯有正视本国实情，通过国际分工与贸易来增加本国财富，所以发挥相对优势是至关重要的。

　　李嘉图的"比较优势贸易理论"不仅论述了国际贸易能够互惠互利，而且阐明了这种国际贸易利益具有适用于所有国家的普遍意义。更重要的是，他指明了取得国际贸易利益的关键所在，是在自由贸易条件下扬长避短，发挥自己的相对优势。这种比较优势的思想准确地概括了国际贸易的基本原则，极具启迪意义，甚至对经济以外的日常生活也具有哲学层面的普适指导意义。由于比较优势理论是我们国家绝大多数对外贸易政策制定的根据，因而研究我国对外贸易的可持续发展问题，比较优势理论自然是重要基础之一。

　　古典贸易理论奠定了国际贸易学的理论基石，用严密的逻辑分析了国际分工的科学性和价值，是自由贸易最早的理论支持。古典贸易理论所倡导的国际分工建立在优势的基础上，而相比斯密的绝对优势，李嘉图的比较优势在现实社会中更容易实现。"两利相权取其重，两害相权取其轻"的思想仍然是当代各国制定贸易政策的重要考虑，对外贸易的价值也从此开始被人们重视。从本质上说，贸易的发展对于扩大就业、增加收入、利用资源都有重要作用，而作用的发挥其实就是建立在各国的优势基础上。但是由于时代局限性，古典贸易理论单纯追求短期的、狭义的比较经济利益，而忽视了长期的、广义的经济利益，特别是生态环境效益。需知在市场经济体制下，人们为了追求个人的经济利益，在市场的盲目性和自发性等缺陷下难免会导致决策失误和"短视"。因此，一味追求贸易的增长，忽视资源环境的承载能力，进行野蛮作业反而会损害对外贸易的可持续发展能力。因而在构建对外贸易可持续发展评价体系的时候，需要充分考虑到这种粗放式贸易行为带来的负面影响。

一般来说，发展中国家缺乏资本和技术，而具有自然资源和劳动力资源丰富且便宜的优势，发达国家正好相反，劳动力成本较高。因此依据比较优势理论，贸易格局是发达国家进口劳动密集型和资源密集型产品，出口技术密集型产品；发展中国家则进口技术密集型产品，出口劳动密集型和资源密集型产品，这也正是长期以来的国际贸易格局。虽然 20 世纪八九十年代以来，由于发展中国家充分利用国内的劳动力和资源优势，积极参与国际分工开展国际贸易，从而引起很多人对"比较优势陷阱"的担忧，即一国（尤其是发展中国家）完全按照比较优势生产并出口初级产品和劳动密集型产品，进口发达国家的技术密集型产品，虽然能获得利益，但是贸易结构不稳定，长期处于不利地位。即便如此，我们仍然坚持认为比较优势是对外贸易发展的最初动力和基础，在寻求可持续发展的同时，我们依然应该遵循"取人之长，补己之短"的原则。当然同时我们需要清醒地看到，优势是相对的，而且在一定时间内可能会转换，所以如何保持既有优势并挖掘新的优势是我们应该思考的，这正是构建对外贸易可持续发展评价体系所希望达到的最终目标。

2. 新古典贸易理论与对外贸易可持续发展评价体系

（1）赫克歇尔—俄林的要素禀赋理论

赫克歇尔—俄林理论的产生始于对斯密和李嘉图贸易理论的质疑。在斯密和李嘉图的模型中，技术不同是各国在生产成本上产生差异的根本原因。可是到了 20 世纪初，各国尤其是欧美发达国家之间的交往已很普遍频繁，技术的传播已不是一件非常困难的事，许多产品在不同国家的生产技术已非常接近甚至相同，但为什么成本差异仍然很大？可见除了技术差异以外，一定有其他原因决定各国在不同产品上的比较优势。赫克歇尔认为，各国生产要素的禀赋不同和产品生产中使用的要素比例不同应该是造成比较优势存在的重要原因。

赫克歇尔和俄林克服了斯密和李嘉图贸易模型中的局限性,指出生产商品需要不同的生产要素而不仅仅是劳动,即资本、土地以及其他生产要素也在生产中起到了重要作用并影响到劳动生产率和生产成本。此外,他们注意到不同的商品生产需要不同的生产要素配置,如有些产品的生产技术性较高,需要大量的机器设备和资本投入,这种在生产中所需的资本投入比例较高的产品可以称为资本密集型产品;有些产品的生产则主要是手工操作,需要大量的劳动投入,这种在生产中所需的劳动投入比例较高的产品则称为劳动密集型产品。当然,这里的某种要素密集型是一个相对概念,有些产品相对于一些产品是劳动密集型,但是相对于另一些产品而言可能就是资本密集型。

另外,各国生产要素的储备比例也是不同的。有的国家资本相对雄厚,被称为"资本充裕"国家;有的国家人口众多,被称为"劳动充裕"国家。这里的"充裕"也是一个相对概念,用资本/劳动的比率(人均资本)来衡量。如果美国的人均资本高于中国,美国就是资本充裕的国家,中国则是劳动充裕的国家。但如果中国与柬埔寨或孟加拉国等国相比,中国也许又该算成"资本充裕"的国家。

由于产品的生产需要使用多种要素,产品的相对成本不仅可以由技术差别决定,也可以由产品生产中要素比例和一国资源储备稀缺程度的不同来决定。一般来说,劳动力相对充裕的国家,劳动力价格会偏低,因此劳动密集型产品的生产成本会相对较低;而在资本相对充足的国家里,资本的价格会相对较低,生产资本密集型产品可能会有利。因此,劳动力相对充裕的国家,一般拥有生产劳动密集型产品的比较优势;而资本充裕的国家,则具有生产资本密集型产品的比较优势。根据赫克歇尔—俄林理论,各国应该集中生产并出口那些能够充分利用本国充裕要素的产品,以换取那些需要密集使用其稀缺要素的产品。俄林进而得出结论,一国应该进口那些昂贵生产要素占较大比重的商品,而出口那些便宜生产要素占较大比重的商品。可见,生产要素禀赋的不同既决定了各国的相对优势和贸易格局,又是进行国际贸易的根本原因。

(2)生产要素禀赋理论的拓展

自从要素禀赋理论提出以来，经济学家们就开始对其进行拓展和检验。在所有拓展中，影响较大的是一系列基于要素禀赋理论的相关定理的提出与阐发。其中与原始的 H-O 理论本身联系最为密切的定理主要有三个：两个关于商品价格变动与要素价格变动之间关系的定理，即斯托尔帕—萨缪尔森定理和要素价格均等化定理；一个关于要素禀赋变化及其影响的定理，即罗伯津斯基定理。这些定理是在要素禀赋理论基础上进一步分析国际贸易动因而得出的，应该算作 H-O 学说的重要组成部分，因而也有人将它们称为广义的要素禀赋学说。以下分别介绍这三个重要的定理。

①斯托尔帕—萨缪尔森定理

按照 H-O 定理的推断，国际贸易首先会促使两国同一种商品价格趋于一致：封闭经济下本国较为便宜的商品受到外国较高价格刺激而大量出口，价格随之上升；本国原来较为昂贵的商品受到便宜的进口产品冲击而价格下降。如果不考虑运输成本与贸易壁垒因素，国际贸易带来的最终情形便可想而知：两国同一种商品的价格均等化。由于商品价格是由要素相对价格决定的，因此就会产生一个问题：商品相对价格的上述变化对要素相对价格会产生怎样的影响？美国经济学家斯托尔帕（Wolfgang Stolper）和萨缪尔森（Paul Samuelson）两人共同研究得出重要结论：某一商品相对价格的上升，将导致该商品生产中密集使用的要素的实际价格或报酬上升，并使另一种生产要素的实际价格或报酬下降。这就是斯托尔帕—萨缪尔森定理（The Stolper-Samuelson Theorem）。

由斯托尔帕—萨缪尔森定理可以引申出另一个重要结论：国际贸易会提高一国丰裕要素所有者的实际收入，降低稀缺要素所有者的实际收入，原因在于贸易后一国出口商品相对价格上升。因为根据 H-O 定理，一国出口商品实际上是在间接地出口其丰裕要素，那么按照斯托尔帕—萨缪尔森定理，出口商品价格的上升将导致该国丰裕要素实际报酬上升，稀缺要素实际报酬下降。这一定理的重要现实意义在于发现国际贸易虽然可以改善一国整体的福利水平，但这种福利水平的改善程度对不同要素拥有者是不同的。换言之，贸易会对一国要素收入分配格局产生实质性影响。其现实意义也不言而喻，即一国可以通过有针对性的奖出限入政策，使得某些特定的要素所有者福利提高，这无疑为贸易保护主义提供了存在的理由。

②要素价格均等化定理

斯托尔帕—萨缪尔森定理的进一步发展，就是要素价格均等化定理。这一定理的基本含义是：随着自由贸易的发生，两国间产品的价格将趋于均等，并进而使两国间要素的价格也趋于均等。

当然，要素价格均等化的实现是有严格条件的。萨缪尔森在其《再论国际要素价格均等》(1949)一文中指出，讨论要素价格均等化的实现必须以下列条件为前提：首先是不变的产出物，即贸易发生前后两国生产同样两种产品；其次是不变的要素投入与不变的技术，即生产每种商品都使用土地和劳动这两种生产要素，两国生产每种商品的技术水平一样；再次是不同的要素密集度，即两种商品的要素密集度不同，一种是土地密集型的，另一种则须是劳动密集型的；进而是不变的要素供给，即两国要素禀赋状况不变；最后还必须保证没有贸易壁垒与运输成本，商品在国际间完全自由流动，但生产要素在国际间完全不流动。

需要强调指出的是，要素价格的均等是以商品价格的均等为先决条件的。在现实中，由于运输成本和一些贸易壁垒的存在，各国的商品价格难以达到一致，因此国际间要素价格均等化在现实中一般也难以实现。要素价格均等化实现的其他先决条件在现实中也很难满足。

虽然要素价格均等在现实中很难实现，但是其重要的理论和现实意义却很明显。要素价格均等化理论指出，自由贸易不仅会使商品价格均等化，而且会使生产要素价格均等化，从而两国的所有工人都能得到同样的工资率，所有的土地都能得到同样的土地报酬率，所有的资本都能得到同样的收益率，而不论两国生产要素的供给和禀赋状况有任何差别。因而任何人为的贸易障碍都会阻止要素价格均等化的实现，导致要素价格均等化的停滞或反向运动。这为反对贸易保护主义提供了理论基础。

③罗伯津斯基定理

赫克歇尔—俄林理论最初是以不变的要素禀赋为前提的，即假定一国要素禀赋固定不变。事实上，这一假定与现实多少是脱节的，因为在现实世界中，一国的要素禀赋经常发生改变。通常来说，一国人口和劳动力的数量会随时间而增长。同样，通过资本积累，一国的资本存量也会增加。各类生产要素数量的变化可能导致生产要素比例的变化，而要素禀赋变化以及由此引起的要素比例变化究竟会对产出产生怎样的影响，则是后来的经济学家们探讨的重要问题。1955年，英籍波兰经济学家塔德乌什·罗伯津斯基（Tadeusz Rybczynski）发表了《要素禀赋与相对商品价格》一文，就这一问题进行了深入探讨，得出罗伯津斯基定理（Rybczynski Theorem）：在商品价格不变的前提下，如果一种生产要素增加，会导致密集使用这种生产要素的产品的产量增加，同时导致另一种产品即非密集地使用该要素的产品的产量减少。换句话说，中国资本的增加会使资本密集型产品（如汽车、钢铁、高技术产品等）的生产增加，使劳动密集型产品（如大米、服装、鞋类等）的生产减少。在这里，商品价格不变是一个重要条件，因此，这一理论只适用于国际贸易中的"小国"，即不能左右国际市场价格的国家。此外，罗伯津斯基定理不仅可以解释进口替代增长时国内进口工业生产扩大、出口工业下降的现象，也可以用来说明出口扩张型增长对出口工业生产和进口工业生产的影响。

要素禀赋理论及以后的拓展理论开始将更多的要素纳入生产公式，对现实世界的指导性大大加强。人们越来越认识到贸易既建立在各国的要素禀赋上，又反过来对要素禀赋产生影响。如果将环境要素也看成一种生产要素并引入要素禀赋理论，那么环境要素充裕的国家将会充分利用本国的充裕环境要素生产那些环境密集的产品，即污染型产品，并在环境要素密集的产业进行专业化生产；而资源环境相对缺乏的国家将出口环境稀缺型产品。就我国的情形来说，我国幅员辽阔，资源丰富，但人均占有量相当低，落后于许多国家。由于政策不当和价格低于世界市场价格等多种原因，我国仍大量出口污染型产品。我们必须清醒地认识到，从人均量来看，我们的资源和环境承载能力并不富余，要保持对外贸易的可持续发展，就必须提高生产要素的使用效率，从粗放型生产转向集约型生产。一些不可再生资源禀赋是既定的，但是改进生产工艺和技术以提高资源的生产效率，去满足更多人的需求是可以实现的，这也正是对外贸易可持续发展所要实现的目标。在构建对外贸易可持续发展评价体系的时候，需要考虑到对外贸易的环境效应，从而保证评价体系的完整和准确。

3. 国际贸易动态理论与对外贸易可持续发展评价体系

（1）经济增长与国际贸易关系的理论

世界每天在变：技术在不断进步，资本在不断积累，劳动力在不断增加，生产可能性曲线在不断向外移动。技术的发展、生产要素存量的变动、收入的增加及偏好的转移都可能对原来的贸易模式产生影响。此外，由于交通的发展，各国经济联系的增强，各国之间的要素流动也不断扩大和易化。经济增长和国际间生产要素的流动必然会对各国的贸易模式和数量规模产生重要影响。例如，经济增长既能够通过影响生产对贸易产生影响，也能够通过提高个体收入从而引起需求变动，从而间接影响对外贸易。

经济增长的主要源泉是技术发展、资本积累和劳动力增加。一般来说，各部门生产技术的发展不会是同步的：有的行业技术发展快，生产率提高得快；有些行业则比较缓慢，很长时间内技术没有什么新突破。一国的各种生产要素的增长也不会同步：资本的增长有时可以达到很快的速度；劳动力的增长在一些国家很快，但在另一些国家可能很慢，这在很大程度上取决于一国的生育政策；可利用的土地和其他自然资源虽然也可能增长但受到很大的自然约束。总之，生产技术革新和要素增长的不平衡，必然导致一国生产能力发展的不平衡。如果一国的某种生产要素增长速度太快，超过其他要素的增长，则该国密集使用这种要素部门的生产能力就会比其他部门提高得快，这种增长我们称为"不平衡增长"。"进口替代型增长"和"出口扩张型增长"都属于不平衡增长："进口替代型增长"指的是进口行业的生产能力增长得比较快，从而使得国内生产增加，一部分原来进口的商品被国内的产品替代了；"出口扩张型增长"则指的是出口行业生产能力的增长超过其他行业，使得生产和出口都得到了进一步扩张。

初级产品理论或大宗产品出口理论（Staple Theory）是经济增长与国际贸易关系理论的重要组成部分，与国际贸易理论中的"剩余出路"假说紧密相关，主要用来解释自然资源丰富国家的经济增长和发展。一般认为，初级产品发展理论主要是由加拿大的经济史学家提出来的，是加拿大经济学界对发展经济学的一个独特贡献。在这个理论的形成过程中，不少经济史学家把这种主要用于解释加拿大经济成长的模式，扩展到解释澳大利亚、新西兰、阿根廷等欧洲移民国家在第二次世界大战以前的经济发展。著名经济史学家诺斯（Douglass C. North）也利用初级产品理论来解释南北战争以前美国南部和西部的经济发展模式。文礼朋、郭熙保（2008）在对初级产品出口导向发展理论的述评文章中提出，在我国学术界提到初级产品发展战略的时候，人们往往认为它是反工业化的，这其实是一种误解。因为在初级产品理论指导下，那些自然资源丰富的国家可以在开放式的体制下，通过初级产品出口所带来的联动效应和需求效应，逐步实现一个国家的工业化，实现经济结构的多样化发展，这与工业化的过程是基本吻合的。

经济增长与国际贸易关系的相关理论是构建对外贸易可持续发展评价体系的重要基础，因为国家发展对外贸易最初的目标和动力就是来源于促进经济增长的愿望，这种最初的动力使得我们在构建对外贸易可持续发展评价体系的时候，应该将对外贸易可持续发展的经济效益作为最为重要的效应加以评估，并赋予最高的权重，这样才能够较准确地反映对外贸易可持续发展的潜力。

（2）贫困化增长理论

当一个大国因长期出口资源密集型产品而恶化了贸易条件，从而导致本国福利水平净下降的时候，就出现了巴格瓦蒂（J. Bhagwati）所说的"贫困化增长"（Immiserizing Growth）问题。

根据贫困化增长的定义可知，这种情况大多发生在生产、出口初级产品的发展中国家，其出口量已占据世界该种初级产品出口量的相当比重，且世界其他国家对于该国这种初级产品的需求弹性很低，不会由于产品价格下降而大量增加进口，因而该国继续大量生产并扩大出口，就会导致世界市场大大供过于求，价格大幅度下跌，贸易条件恶化及国民福利下降。典型的例子是 20 世纪30 年代，巴西作为当时的咖啡生产大国，咖啡的出口量在世界市场上占有很大比重，因而巴西咖啡生产的扩大使得当时的国际市场咖啡价格大幅度下跌，造成巴西实际收入反而比生产扩大前减少，严重损害了巴西的国民福利。当然，并不是说所有出口初级产品的发展中国家都必然存在贫困化增长的问题，理论上说贫困化增长的发生须同时满足一系列条件。

第一，增加的生产要素必须是用于生产偏向出口产品的。一国的经济增长只有倾向于可出口的部分，才会导致出口供给的扩大，从而使该种商品的世界总供给有可能大于世界总需求，使该种商品的国际市场价格下降，导致贸易条件对该国不利。

第二，外国对该种商品的进口需求缺乏弹性。只有当外国对该种商品的进口需求缺乏弹性时，该国该种商品出口供给的扩大才会使贸易条件恶化，国民福利降低，出现贫困化现象。

第三，该国在该产品上是贸易大国，即其供应量的增长足以影响国际商品价格水平。

我们关注的问题是，中国的对外贸易是否存在"贫困化增长"。从贸易价格指数来看，据学者计算，1995—2004 年间中国的进口价格指数时有起伏，无明显变化趋势，而同期出口价格指数一直下降，累计降幅达到 10% 左右。总的来看，价格贸易条件指数呈现恶化趋势，总体下降了 20% 左右。2004 年以后关于价格贸易条件指数的研究虽然较为少见，但是从数据来看基本上没有改变出口价格指数下降的趋势，因而我们认为中国贸易条件有所恶化是现实存在的情况。

虽然中国的价格贸易条件有所恶化，但是一些学者认为中国收入贸易条件在大幅改善，单要素贸易条件也有明显改进。因此综合判定认为，中国目前还没有表现出贫困化增长的特征，即出口数量的上升和劳动生产率的提高弥补了价格的下降，因而社会得自贸易的福利水平是上升的，中国从对外贸易中是获利的。但是另一些学者认为，这样计算的贸易条件和社会福利仅仅是从价格方面考虑，并没有考察各个部门的福利分配以及给予环境的压力等情况。所以贸易条件只能作为考察贸易可持续发展的指标之一，还必须分解到更细致的层面，并且借助其他测量指标的配合。

可以看出，无论对于中国的贸易条件是否已经陷入贫困化增长学术界还存在怎样的争论，毋庸置疑的一点是，中国对外贸易可持续发展的维持，必须建立在尽快改变依靠出口低技术、低附加值产品赚取主要贸易顺差的贸易格局的基础上，而这就意味着我们在构建对外贸易可持续发展指数的时候，应该把大量出口低技术、低附加值的贸易情况作为降低对外贸易可持续发展指数的因素考虑进去。

（3）产品生命周期理论

在许多西方学者看来，用技术差距来解释生产要素于国际贸易的重要性，并没有清楚地说明仿效技术差距的具体演变过程，也未指明技术进展所创造的新产品会对国际贸易产生怎样的影响。为了解答这些问题，1966 年美国经济学家弗农（Vernon Raymand）在其《国际投资和产品生命周期中的国际贸易》一文中，建立了国际贸易的产品生命周期分析框架，阐述了产品技术的变化对贸易格局的影响，并提出了"产品生命周期理论"（Product Cycle Theory），用于解释美国制成品出口的周期性变化，进而模拟贸易模式的动态变化情况。以后许多经济学家如威尔斯（L. T. Wells）、赫希哲（Hirsch）等对该理论进行了验证，并进一步充实和发展了这一理论。产品生命周期理论第一次将贸易模式和技术进步的动态变化过程结合起来，是现代贸易理论中第一个动态分析框架，具有里程碑式的意义。

按照产品生命周期理论，一个新产品的生命周期要经历三个阶段：新产品阶段、成熟阶段、标准化阶段。在第一阶段，产品仍属新颖，技术上是新发明，发明国垄断着某种新产品。由于生产一种新的高级产品需要进行大量的研究和开发，而发明国拥有雄厚的科学技术力量，重视研究与发展的投资，人力资本也十分丰富，所以它在新产品开发上占有优势。而国外对这一项新技术知之不多，且国外生产者起而仿效生产新产品会有个时滞过程。因此，发明国垄断着新产品的生产和销售，并成为唯一能够满足国内外消费者需求的产品供给者。在第二阶段，技术已经成熟，生产过程已经比较标准化，成熟的生产技术也随着产品的出口而转移，外国生产者开始仿制新产品。发明国新产品在国外打开销路后，吸引了发达国家的大量消费者，随着新产品日趋成熟，生产过程逐渐稳定和完善，生产成本会有所下降。而技术发明国这时候生产产品的成本要高于仿制国家，于是在外国仿制新产品后，发明国产品因为处于价格竞争劣势，只能逐步退出这些发达国家市场，它的出口市场开始缩小。在第三阶段，技术已不再是什么新颖的和秘密的了，生产过程已经完全标准化，此时劳动力成本成为决定产品是否具有成本优势的主要因素。此时，原来的发明国既更新换代了技术上的比较优势，又缺乏生产要素配置上的比较优势，不得不开始进口，而发展中国家丰富的劳动力资源呈现出不可比拟的比较优势，于是该产品的生命周期在发明国结束。

但是这种产品的周期在其他发达国家仍继续着。当它们大量出口该种产品时，有一些后起的国家也会开始仿制它们的产品，进而同它们展开各种市场的竞争，即按照产品生命周期不断地演进，直到它们的市场也被后起国家的同类产品所占据为止。总之，新产品的传播和其进出口的消长将会不断地在国家与国家间传递推进。

必须看到，产品生命周期理论是一种动态的理论，产品在不同的阶段和不同的情况下会有各自的特点。从产品的要素密集程度来看，产品要素的结构会随产品在其生命周期中演进而有规则地变化：在第一阶段即新产品时期，产品的设计和生产都须改进和完善，需要科学家、工程师和高技术熟练工人的大量劳动，此时的产品属于技能或技术密集型；在产品即将或已经进入增长时期（主要是第二阶段），产品创新国已经采用大规模生产的方式来制造该产品，即已转入正常的生产阶段，相应地，要素投入已变为主要使用半熟练劳动，产品的生产也变为资本密集型；到产品成熟时期即第三阶段，产品表现为在技术不变的条件下长期生产，劳动技能相对变得更不重要，产品的劳动密集度有所提高。

从产品的需求状况来看，在整个生命周期中也发生着有规则的变化：在新产品时期，生产者数目很少，产品缺乏相近的替代品，又主要满足高消费水平的需要，所以产品的价格昂贵，其需求面狭窄；到了产品增长时期，市场不断扩大，参与竞争的生产者大量增加，生产成本也趋于下降，此时只有降低价格才能扩大产品销路，因而比较便宜的价格又刺激了该产品的需求；进入产品成熟时期后，该产品已经标准化，各国的技术差距逐渐缩小，大规模生产已普遍化，于是生产者之间展开激烈的价格竞争。

从不同类型国家的相对优势来看，它们在产品生命周期的各个阶段也有不同特点。第一种类型是以美国为代表的最发达国家。它们工业先进、技术力量雄厚、资本和自然资源相对丰富、国内市场广阔。因此它们研制新产品有明显优势，生产增长产品也获益甚多。第二类是较小的发达国家如韩国、新加坡等。它们同样有丰富的人力资本和科技力量，国土虽小但技术发达，它们主要适合于成熟阶段的产品生产。第三类是经济后起的国家如中国、印度等。它们拥有相对丰富的熟练劳动，资本比起技能和科研力量还相对丰裕些，因此生产标准化产品占有优势，况且标准化产品的国际市场比较健全，出口也相对容易。可见，不同国家应该只生产那些在生命周期中处于本国具有相对优势阶段的产品。

总之，产品生命周期学说从产品的生命运动过程出发，在借鉴 H-O 学说基本思想的基础上，阐述了比较优势的动态发展过程。它指出，随着产品生命周期的变化，产品不同阶段的优势将从一种类型国家转移到另一种类型国家，因而不存在一国能永远具有比较优势的产品。显然它比传统的贸易理论前进了一大步，且可以用来解释工业品的国际贸易格局。这对于国家确定进出口贸易的方向和重点，同样颇具启发意义。

在该学说的基础上，20 世纪 70 年代又出现了一种解释原料贸易格局的原料生命周期理论。它指出原料生命周期恰好同产品周期相反：在原料生产的"生命"初期，发展中国家占据很重要地位，是原料的净出口国；在原料"生命"的后期，原料生产的优势逐渐转移到发达国家，原因在于发达工业国家用高级技术不断生产出原料的合成替代品。具体地说，原料周期可以划分为三个阶段：第一阶段是派生需求上涨。因为某种产品的需求量大幅增加，有关的原料需求也随之猛涨，从而导致原料价格大幅度上升。第二阶段进入需求和供给来源出现替代的时代。由于天然原料的供给出现了越来越多可供选择的来源，生产者会用较便宜的替代品来替换天然原料，于是原料价格的上涨速度减缓，甚至出现实际的下降。在第三阶段，研究与开发起着重大作用，最终导致人工合成替代品的广泛使用和节约使用原料重要方法的发现，从而使天然原料的重要性进一步下降。该理论实际上还告诉我们，一国的技术进步可以代替天然原料的国际贸易，因此全球天然原料供给的完全耗竭并不意味着它的供给全部断绝，现时天然原料的世界市场价格必然随着人工合成原料或其他替代品的广泛出现而不断下降。不难看出，这些论述同样富于借鉴参考作用。

产品生命周期理论给予我们构建贸易的可持续发展评价体系诸多启示：产品生命周期理论主要围绕技术的转移、技术的产生和扩散来讨论其对贸易流向的影响。技术和新产品诞生于发达国家，之后逐渐扩散到其他发达国家，成熟后又被发展中国家所掌握，产品由发展中国家出口到发达国家，这种模式可以运用到对外贸易的可持续发展中。例如，清洁技术一般是高资本、高技术的产物，而且发达国家居民对自然和环境的要求比较高，所以清洁技术和相关产业主要诞生于发达国家。随着技术的成熟、成本降低以及迫于国际贸易中的绿色标准，这些清洁生产技术慢慢被发展中国家所掌握和运用，这种良性循环可以降低发展中国家的研发成本，使发展中国家的产品符合绿色环保标准，减少贸易争端，扩大南北贸易。在对外贸易的可持续发展中，南北合作将是成功的关键，我们在构建对外贸易可持续发展评价体系的同时，应该加强对贸易合作问题的关注。

(4)国家竞争优势理论

20 世纪 90 年代，美国哈佛大学教授迈克尔·波特(Michael Porter)在《国家竞争优势》(1990)一书中对国家竞争优势进行了全面阐述，提出了著名的"钻石模型"(Diamond Model)，国家竞争优势理论由此形成。所谓国家竞争优势，就是一国在参与国际竞争的过程中，必须从全局的高度，根据一国范围内可以调度的资源，并以最终在国际市场上确立本国产品市场占有率作为目的的竞争能力。一国的国际竞争力就是企业、行业的竞争力，它的高低取决于其产业发展和创新能力的高低，主要内容包括：国家竞争优势来源于生产要素，需求条件，相关与支持产业，企业战略、结构和同业竞争这四个基本因素以及机遇和政府这两个辅助因素，这些因素正像是钻石的基本面，构造出竞争优势所需要的理论框架，它们之间的关系可以用图 2-1 表示。

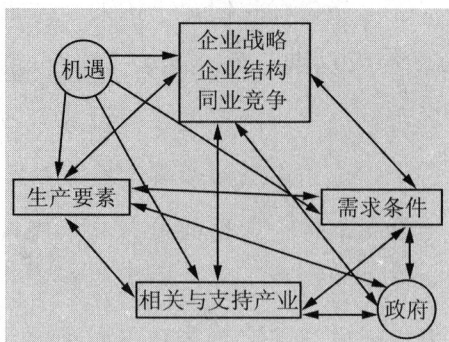

图 2-1　钻石模型

①生产要素

生产要素包括人力资源、自然资源、知识资源和资本资源四个方面。当然，就生产要素的技术含量来说，又分为初级要素和高级要素两类。初级要素是指一个国家先天拥有的自然资源和地理位置等。高级要素则是指社会和个人通过投资和发展而创造的要素。显然，一国如果想要取得竞争优势，拥有高级要素远比拥有初级要素重要。波特认为，如果将高级生产要素投入企业的生产经营中，会极大地提高企业的价值，从而提高该产业的竞争能力，有利于核心竞争力的形成。

②需求条件

国内需求条件是特定产业是否具有国际竞争力的另一个重要影响因素。波特注意到，企业需要关注的主要对象应该是有需求的消费者的数量，而不是市场的大小，因而本国市场的需求状况对一国竞争优势具有决定性的作用。国内需求对竞争优势的影响主要通过三个方面实现：第一，本国市场上有相关产业的产品需求若大于海外市场，则拥有规模经济，有利于该国建立该产业的国际竞争优势；第二，若本国市场消费者需求层次高，则对相关产业取得国际竞争优势有利，因为老练、挑剔的消费者会对本国公司产生一种促进其改进产品质量、性能和服务等方面的压力；第三，若本国需求具有超前性，那么为它服务的本国厂商也就相应地走在了世界其他厂商的前面。在这种情况下，企业在本国市场上发展起来的一套生产工艺、营销策略就成为企业今后开拓国际市场的一大竞争优势。

③相关与支持产业

与企业有关联的产业和供应商的竞争力，是国家竞争优势的重要基础之一。一个企业的经营要通过合作、适时生产和信息交流与众多的相关企业和行业保持联系，并从中获得和保持竞争力，当这种接触是各方的主观意愿时，产生的交互作用将非常成功而且重要。一个国家要想获得持久的竞争优势，就必须在国内获得在国际上有竞争力的供应商和相关产业的支持。比较典型的例子是，日本机械工具业的优势离不开数控机床、电动机和其他零件供应商，瑞典在钢装配制品(如滚珠轴承和切削工具)行业中的竞争力源于其特殊的钢铁行业等。除了供货商的竞争力，其他相关行业的竞争力也很重要，它们往往带来新的资源、新的技术和新的竞争方法，从而能促进产业的创新和升级。总之，各支柱性和相关产业之间具有经常的紧密的协调与合作关系，就会构成一国的国际竞争优势。目前国际分工领域出现了产品内分工，跨国公司更加注重产业链的整合，上下游环节的有机配合对竞争力构建起着至关重要的作用。

④企业战略、结构和同业竞争

企业战略、结构和同业竞争是指一国国内支配企业创建组织和管理的条件。各类企业作为国民经济的细胞，有其不同的规模、组织形式、产权结构、竞争目标、管理模式等特征，这些特征的形成和企业国际竞争力的提高在很大程度上取决于企业所面临的各种外部环境。就目前的理论研究和实际经验来看，世界上还无一种在各国皆能通行并适用的管理方式。由于各国企业的目标不同，因而企业的战略和结构也不尽相同，如美国企业注重短期目标，日本和德国企业则较注重长期目标等。不同国家有着特色各异的管理"意识形态"，因而各自形成自己的管理哲学，这种管理的意识对于形成一国竞争优势往往会起到或促进或阻碍的作用。此外，国内市场的竞争程度对该国的产业形成国际竞争优势有重大影响：国内市场的高度竞争会迫使企业改进技术和进行创新，从而有利于该国国际竞争优势地位的确立。波特在这一部分中强调了掌握国家的环境特征，使企业管理模式和组织形态符合本国的民族特征是一个产业获取竞争力的关键。

以上所说的四个因素形成了一个国家在国际竞争方面所特有的"钻石"结

构，但仅仅依靠这四个因素还不足以完全描述一个国家的竞争环境，因为机遇和政府对以上四个因素的影响也是至关重要的。机遇在这里指的是那些超出公司控制范围内的随机事件，如技术方面的重大突破、石油危机、战争爆发等。机遇可以打破现有的竞争环境结构，创造出"竞争断层"。这种断层的出现虽然可能使原有国家的竞争地位丧失殆尽，但它同时也可能提供新的机会，使原来竞争力弱的国家可能后来居上。政府则完全通过其对前面所讨论的四类因素的影响而起作用。政府在产业政策、生产标准、市场监管等方面的政策直接影响到竞争环境的各个因素，反之这些因素当然亦对政府制定相关改革政策具有相当的影响。

对外贸易的可持续发展是一项系统工程，要保证贸易增长的同时追求人与自然的和谐相处，实现人的全面发展，很大程度上依赖于竞争力的提高。这种竞争力从微观层面上说是个人和企业竞争力，从中观层面上说是行业竞争力，从宏观层面上说则是国家的综合竞争力。一个国家对外贸易的可持续发展能力也是竞争力的一种，即为了达到对外贸易可持续发展的目标所具备的能力，可以用波特的钻石模型来考察。

首先是生产要素。要实现这一目标，我们需要智力、技术和资金支持，科学决策和规划，实施过程中还需要人力支持。高校和企业将是中坚力量，它们研制更加高效节能的生产工艺和技术并运用到实际生产中，使产品符合国际环境保护标准，起到扩大贸易的作用。还需要提高国民素质，宣传绿色健康的生活理念和消费观念，减少浪费，促使全社会形成可持续发展的良好氛围，促进对外贸易的可持续发展能力。其次是需求条件。贸易是为了更好地满足国内外的生产和消费需求，当消费者更加重视生活质量和环境保护的时候，其消费理念则会直接反映到消费的产品上，表现为对绿色产品和有质量保证的产品需求上升，这会刺激生产者改进工艺，使用清洁生产方式。再次是相关与支持产业。必须认识到对外贸易的可持续发展是一项系统工程，其包含的内容非常广泛，需要各个部门的协作才能实现：从上游的原料供应到中间的生产再到下游的销售，各个环节构成了对外贸易的全过程。贸易的扩大、人民生活水平的提高和对资源环境的保护就体现在每个环节中。最后是企业战略、结构和同业竞争。在市场经济条件下，要实现对外贸易的可持续发展，我们应该努力引入市场机制，使企业成为市场活动的主要参与者，并保证其自由自主地选择最优行为。企业战略的制定将不再只考虑利润，还要充分考虑企业的社会责任，如采用清洁生产工艺、生产绿色环保产品、产品符合质量标准等，这些对于提升企业形象、提高企业效益和扩大销售量都有帮助。

当今世界国际贸易形势是机遇与挑战并存。现在我们面临的不仅仅是经济危机，还包括能源危机、生态危机、南北差距拉大、局部地区政治动荡等各种问题。就对外贸易来说，中国是出口大国，很多产品的出口量都居世界前列，从而造成一些国家的贸易保护行为对我国极为不利。此外，由于 2010 年以来全球经济复苏不均衡，世界各主要经济体都面临不同的经济问题，在此背景下，各国为保护本国产业利益纷纷出台更为严厉的贸易限制和保护措施也是预料之中的事情，这对于我国对外贸易的发展影响巨大。据中国商务部统计，2011 年中国出口产品共遭受 69 起贸易救济调查，涉案总金额约 59 亿美元。同时，技术性贸易壁垒、进口限制等各类非关税壁垒措施对我国对外贸易产生的不利影响依然严重，知识产权海外纠纷进一步增多，如 2010 年美国对我国出口产品共发起了 19 起 337 调查，2011 年也有 17 起，涉案总金额约 7 亿美元，对我国对外贸易产生了极为不利的影响。我国的贸易形势十分严峻，因而构建对外贸易的可持续发展显得尤为迫切。政府应在其中起到指导示范作用，科学规划、出台相应的政策法规、规范政府行为、保护公民权益，为可持续发展创造良好的社会基础。

4. 国际贸易新理论与对外贸易可持续发展评价体系

(1)产业内贸易理论

20 世纪 60 年代以来，国际贸易的发展产生了新的特点，即绝大多数国际贸易量在要素禀赋相似的国家之间进行，且大部分贸易具有在同一产业内进行的性质，甚至还出现相同产品的互相买卖。此外，第二次世界大战后国际贸易虽有巨大发展，但对资源重新配置和收入分配的变化却没有很大影响，这些都是传统贸易理论无法解释的。针对这样的情形，不少学者先后对此作了探讨分析，如格鲁贝尔、劳艾德、克鲁格曼等人。他们的研究工作形成了系统的产业内国际贸易理论，并指出产业内贸易发生的主要依据是产品的异质性、规模经济、需求偏好，引起国际贸易理论界的广泛兴趣。

所谓"产业内贸易"，是指一国同时存在着进口和出口同类产品的贸易活动，或者贸易双方彼此买卖同一产业所生产的产品。所谓"同类产品"，是指那些消费上能够互相替代而生产上又投入相近或相似的生产要素的产品，它有同质和异质的区分。同质产品是指性质完全一致因而能够完全相互替代的产品。国际贸易中之所以出现同质产品的买卖，往往来自如下原因：第一，许多原材料（如黄沙、水泥等）单位价值低而运输成本相对较高，消费者应该尽可能靠近原料供应地来获得它们，所以一国可能同时进口和出口大宗原材料；第二，一些国家和地区（如新加坡、中国香港地区）大量开展转口贸易和再出口贸易，其许多进出口商品的形式自然基本不变；第三，由于一些产品（如水果、蔬菜）具有季节性特点，一个国家会有时进口而有时出口这类商品，以保证时令产品的正常供给；第四，某些商品的价格被人为扭曲，如国家干预导致某些国家一些商品的国内价格明显低于世界市场价格，为了利润极大化，私人企业便同时进出口一些同样的商品；第五，出于经济合作或特殊技术条件的需要，有些国家也进行某些同质产品的交易。这些同质产品贸易只要加入运输成本等相关因素的分析，就仍然可以使用 H-O 学说加以说明。因此，异质同类产品的贸易分析是产业内贸易理论的主要内容。

按照产业内贸易理论，异质产品是指那些不能完全互相替代的产品。在人们日益追求生活质量的时代里，在科技进步的作用下，出口产品要真正能跻身于世界市场，已不再是单纯依赖其生产要素禀赋的优势，更在于凭借它的某些特色来满足消费者的欲望，因此同一类商品也会有异质性。例如，同样是轿车，它们的牌号、款式、性能以及销售服务都可能有所不同，它们都是具有异质性的同类产品。应该看到，正是这种异质性构成了产业内贸易的基础。如果一国消费者对外国产品的某种特色产生了需求，它就可能出口和进口同类产品。比方说，美国轿车豪华舒适，日本轿车轻便省油，两国都有一部分人需求对方轿车的特色，于是两国就同时进口和出口轿车。可见，生产要素禀赋相同或相似的国家之间同样可以进行贸易活动。这样，产业内贸易理论就解释了 H-O 学说所无法说明的战后国际贸易的重要特点。

然而，既然产业内贸易并不来自要素禀赋的差异，那么这种贸易利益又来自何处呢？该学说认为，规模经济是获取产业内贸易利益的来源：一个国家享有规模经济的优势，它的成本就是随着产量增加而减少，从而得到了生产的优势，这样产品在贸易活动中的竞争能力必然大大提高，从而占据贸易优势，取得贸易利益。规模经济的优势可以分为两种：从静态的角度看，它是由于延长生产期、减少机器设备的闲置期、缩短原材料和制成品的库存期、提高劳动者的技术熟练程度等导致单位产品成本大为下降；从动态的角度看，它是随着生产者的生产经验不断积累而带来越来越多的经济优势。显然，只要两个国家在两种具有异质性的同类产品生产上各有规模优势，它们就可能发生产业内贸易并且各自获得利益。

规模经济通常可以分为内部规模经济和外部规模经济，因此与之相关的国际贸易模式也可以分为两种情形。

①内部规模经济与国际贸易

要理解规模经济必须先搞清楚一个概念，这就是规模报酬。规模报酬(Returns to Scale)是指所有投入要素同比例增加，即生产规模扩大时，总产量的变化情况。根据产量的变化程度，规模报酬可以分为三种情形：规模报酬不变(Constant Returns to Scale)，指所有投入的增加导致产出水平同比例的增加；规模报酬递减(Decreasing Returns to Scale)，指所有投入的增加导致产出水平较小比例的增加；规模报酬递增(Increasing Returns to Scale)，指所有投入的增加导致产出水平更大比例的增加，即通常所说的"规模经济"。如若存在规模经济，则随着生产规模的扩大，总产量增加的速度超过要素投入的增加速度，最终带来平均成本下降，生产效率提高。

根据产品平均成本下降的原因，规模经济可分为内部和外部两类。内部规模经济(Internal Economies of Scale)指的是单位产品成本取决于单个厂商的规模而非行业规模；外部规模经济(External Economies of Scale)则指的是单位产品成本取决于行业规模而非单个厂商的规模。内部和外部规模经济对市场结构具有不同的影响。一般情况下，内部规模经济的实现与一个产业或行业内的厂商数量呈反比，即厂商数量越少，专业化程度就越高，规模收益也就越高。内部规模经济依赖于厂商自身规模的扩大和产出的增加，在这种情形下，大厂商比小厂商更具有成本优势，能够迫使小厂商退出市场，从而获得市场实力，也形成了不完全竞争的市场结构。

②外部规模经济与国际贸易

一个只存在外部规模经济的行业，一般由许多生产规模相对较小的厂商构成，且处于完全竞争的状态，即大厂商比小厂商并没有更多的成本优势。

外部规模经济或外部经济是，由于各种原因，某个产业集中在一个或几个特定的区域内集中生产，这种地理上的产业集聚降低了该产业的成本。导致外部规模经济发生的原因主要有三个方面：一是厂商的地理集中能够促进专业化的供应商形成；二是厂商的地理集中有利于劳动力市场共享；三是厂商的地理集中有助于产生知识外溢。这些都使整个产业的劳动生产率得到提高，所有厂商的成本下降，且产业规模越大，生产成本越低。

这种外部经济的存在决定了贸易模式。具体地说，由外部经济所带来的成本优势，能使该国成为商品出口国。虽然有时出口产业的建立是偶然的，但一国一旦建立起大于别国的生产规模，该国就会获得更多的成本优势，这样即使其他国家更具有比较优势，如果该国已先行将产业发展到一定的规模，那么其他国家就不可能成为该产品的出口国。在外部规模经济存在的情形下，贸易模式并不能根据比较优势加以确定，显著的外部经济会巩固现有的贸易模式，可能导致一国被"锁定"在已无比较优势的专业化分工模式中，甚至可能导致该国因国际贸易而遭受损失。

最主要的外部规模经济一般来自于知识的积累。当某个厂商通过经验积累而提高其产品质量或生产技术时，其他厂商可以通过对该技术的模仿获益。随着该产业整体知识的不断累积，这种知识外溢有助于产业内各厂商生产成本的下降。

如若考虑产业知识随时间推移而积累导致的劳动生产率提高而非单纯成本下降，则外部规模经济就是动态的。一般情况下，知识累积最初由个别厂商突破，而后通过各种形式的"外溢"与模仿传播至整个产业，最终带来整个产业整体知识积累的增加，由此使产业平均成本不断下降。这个过程与单个企业的"干中学"(Learning by Doing)极其相似，实际上是单个企业"干中学"模式的放大。

一国对外贸易要想实现可持续发展，企业和产业形成规模效应是必由之路。我们从理论上评价和估计一国对外贸易可持续发展的潜力，也应该充分考虑到国家实现企业和产业规模经济的可能性，从而保证更加准确地评估对外贸易的可持续发展潜力。

(2)需求偏好相似理论

瑞典经济学家戴芬·伯伦斯坦·林德(Staffan Burenstam Linder)提出的需求偏好相似理论(The Preference Similarity Theory)从需求方面探讨了国际贸易发生的原因。该理论的核心思想是：两国之间贸易关系的密切程度是由两国的需求结构与收入水平决定的。

偏好相似理论具有下列基本假设：首先，一种产品的国内需求是其能够出口的前提。林德认为，一种产品是否生产取决于国内市场的有效需求，而若要出口，还须有来自国外市场的有效需求。当厂商决定生产什么产品时，完全要看他所能获得利润的多少。要使生产有利可图，则先决条件是这种产品先在国内有市场。总之，厂商根据消费者的收入水平与需求结构来决定其生产方向与内容，而生产的必要条件是存在对其产品的有效需求。

其次，林德假设一国的需求由其"代表性消费者"的需求倾向决定。影响一个国家需求结构的最主要因素是平均收入水平，因而不同收入阶层的消费者偏好不同，收入越高的消费者越偏好奢侈品，收入越低的消费者越偏好必需品。一国的"代表性消费者"的需求倾向会随着该国人均收入的提高逐渐转向奢侈品并造成社会需求的转移。当人们收入提高，对工业消费品特别是奢侈品的需求增加时，本国的工业品和奢侈品生产也会增加。

最后，他还假设世界不同地方的消费者如果收入水平相同，则其偏好也相同，即需求的重叠部分越大。这样，一国生产很容易与另一国的需求相适应，两国之间开展贸易的可能性就越大，贸易量也越大。

根据上面的基本假设，可推断两国的消费结构与收入水平之间的关系是一致的：如果两国的平均收入水平相近，则两国的需求结构也必定相似；反之，如果两国的收入水平相差很大，则它们的需求结构也必然存在显著的差异。例如，欧美的一些高收入国家收入水平比较接近，打高尔夫球是一项比较普及的运动，因而对高尔夫球的需求可能较大。但在非洲的一些低收入国家里，虽有少数富人有能力从事这种运动，但打高尔夫球不是代表性需求，这些国家的人民大量需要的可能是食品等生活必需品。

两国之间的需求结构越接近，则两国之间进行贸易的基础就越雄厚。若两国的需求结构相同，则对任意一个国家的厂商来说，会发现对其产品的需求除了国内之外，还有广阔的国外市场。厂商通过不断扩大生产、改进技术，通过贸易（出口）来扩大其产品的有效需求，最终获取更多的利润就成为一种自然的选择。结果是产量增加的速度超过需求增长的速度，从而使该国有能力向别国出口。

重叠需求是两国开展贸易的基础，两国的人均收入水平越接近，重叠需求的范围就越大，两国重复需要的商品就更有可能成为贸易品。所以，收入水平相似的国家，相互间的贸易关系也就越密切；反之，如果收入水平相差悬殊，则两国之间重复需要的商品可能很少甚至不存在，贸易的密切程度也就很小。

林德实际上是从需求的角度来分析说明当代工业国家之间贸易和同一工业行业的双向贸易。根据林德的理论，需求是引起工业变动和产业贸易的基础，收入变动又是引起需求变动的主要因素。收入增加的结果是工业制成品的贸易在人均收入较高的国家之间得到更大发展。

关于偏好相似理论的适用性，林德曾指出，其理论主要是针对工业产品或制成品。他认为，初级产品的贸易是由自然资源的禀赋不同引起的，所以初级产品的需求与收入水平无关。而且，就算生产国缺少对初级产品的国内需求，它也可能成为出口品。也就是说，初级产品的贸易可以在收入水平相差很大的国家之间进行，所以初级产品的贸易可以用要素禀赋理论来说明。工业产品的品质差异较明显，其消费结构与一国的收入水平有很大的关系，从需求方面看，发生在工业品之间的贸易与两国的发展水平或收入水平有密切关系。所以，偏好相似理论更适用于解释工业品贸易。另外，发达国家的人均收入水平较高，它们之间对工业品的重复需要范围较大，因此工业品的贸易应主要发生在收入水平比较接近的发达国家之间。

偏好相似理论与要素禀赋理论各有其不同的适用范围。概括而言，要素禀赋理论主要解释发生在发达国家与发展中国家之间的产业间贸易，即工业品与初级产品或资本密集型产品与劳动密集型产品之间的贸易；而偏好相似理论则适合于解释发生在发达国家之间的产业内贸易，即制造业内部的一种水平式贸易。

综上所述，产业内贸易理论对发达国家之间大力发展工业制成品贸易的现象做出了比较符合实际的分析，指明了它的产生原因和重要特点，弥补了 H-O 学说的不足，应该说是贸易理论的一大突破。偏好相似理论深入研究需求结构对国际贸易形成和发展的影响，也为进一步研究产品内贸易提供了新的思路。此外，把规模经济视作贸易利益的来源，对分析国际贸易格局也有重要的现实意义。当然，由于产业内贸易理论仍然承认比较优势的存在，因而产业内贸易理论只是补充而非取代比较优势学说。

构建对外贸易的可持续发展评价体系，我们需要反思现在的贸易模式。我们的贸易发展目标，应该是从粗放型增长转向集约型增长，在调整优化贸易结构的基础上保证贸易的可持续发展。需求偏好相似理论证明两国之间的需求结构越接近，则两国之间进行贸易的基础就越雄厚，其中需求的决定因素是收入。该理论主要是针对工业产品或制成品，而工业制成品的贸易恰好正是当今国家贸易的主要内容。据统计，工业制成品贸易额已经占据了当今国际贸易总额的 90％以上，即使在我国，工业制成品之间的贸易也已经占到总贸易量的 70％以上，可见需求偏好相似理论对我国对外贸易的发展具有重要的现实指导意义。中国的主要贸易伙伴是美国、欧盟、东盟和日本，中国的工业制成品在发达国家也有很高的市场占有率，但我们不能就这样认为中国的贸易结构已经接近发达国家。我国的制成品出口中很大比例是加工贸易，技术含量和经济增加值很低，处在"微笑曲线"的底部，而上游的研发、供应和下游的分销、售后等附加值高的环节大多掌握在跨国公司手中。此外，我国大多数厂商没有自己的品牌，主要进行的是贴牌生产，利润微薄。所以单纯从贸易量来衡量难以评价一国的贸易可持续发展能力。鉴于这样的考虑，我们在构建对外贸易可持续发展评价体系的时候，应该充分考虑到除贸易量以外的其他相关贸易指标，尤其是能够描述贸易质量和贸易效率的指标，我们也应该尽可能将其纳入评价体系。

（3）异质性企业理论

21 世纪初兴起的新—新贸易理论以 Bernard 等（2003）、Melitz（2003）和 Antras（2003）提出的企业异质性理论作为开端和基础，打破了传统贸易理论关于企业同质的假定，开始考察微观企业异质性对宏观贸易的整体影响。新—新贸易理论的创新之处在于把贸易理论的研究由产业层面引入到微观企业层面，从而能够从微观个体特性的本质出发推演宏观国际贸易的发展机制，从而更加遵循宏微一体化的经济学发展脉络，更加准确地描述企业个体优化对贸易的影响机制与路径。

异质性企业理论发展的历史尚短，相关的研究也才刚刚起步，远没有达到成熟的地步，但是其对国际贸易许多领域理论研究的影响已经逐渐显现且越来越显著。构建对外贸易可持续发展指数自然也应该充分考虑到作为新—新贸易理论核心思想的异质性企业理论。从中国的实际情况来看，参与国际贸易的企业在规模、质量、效率、产业、行业、地理位置、政策背景等诸多方面存在不同是毋庸置疑的，因而再将对外贸易的参与主体看成同质显然已经不合理了。在构建对外贸易可持续发展评价体系的时候，应该充分考虑参与国际贸易主体的异质性，从而尽可能引入描述企业贸易效率的评价指标，保证对异质性企业的准确描述。

对外贸易在人类历史中的重要性不言自明，现在人类需要反思贸易模式，探寻对外贸易的可持续发展之路。本章所回顾的理论不仅对当时的贸易发展有帮助，经过历史的沉淀，它们对我们现在的贸易活动仍有借鉴意义，对构建对外贸易的可持续发展评价体系有很多启发。

>> 2.2　对外贸易可持续发展评价体系构建的基本原则 <<

实事求是地说，目前关于我国国民经济与社会可持续发展的评价指标体系尚处于探讨阶段，后面将会详细阐述现有研究成果对对外贸易可持续发展评价体系构建问题的不同观点，总之，还没有形成为大家所共同认可的评价体系。由于对外贸易可持续发展的目标函数是多重的，即经济发展的持续性、社会发展的持续性和生态环境的持续性，要求最终达到经济—社会—生态的良性循环和协调发展。因而构建对外贸易可持续发展指标评价体系，必须充分考虑到评价对外贸易可持续发展指标的多重性。为了达到这个目标，对外贸易可持续发展的评价指标设计要坚持以下基本原则：

第一，全面性原则。评价指标体系必须反映我国对外贸易可持续发展的各个方面，使评价指标和评价目标之间有机地联系起来，以科学地反映我国对外贸易对经济、生态、社会的贡献和影响。

第二，动态性原则。可持续发展对我国来说，既是一个目标也是一个过程，这就决定了评价指标体系的动态发展性。评价指标体系应反映我国对外贸易的发展趋势，并揭示其在发展过程中的矛盾运动规律。因此，需要采用一定的变动度指标对我国对外贸易发展的前后进行纵向对比，以反映我国对外贸易可持续发展能力的变动情况。

第三，时效性原则。在借鉴国际经验的基础上，对外贸易可持续发展评价指标的设计和选择要符合我国当前对外贸易实践。

第四，可操作性原则。评价指标体系的关键是必须具有可操作性，如果没有可操作性，评价指标体系也就没有了意义。因此，评价指标的选择应可以量化，量化所需资料应易于统计和获取，以便运用一定的数学模型进行量化分析。

第五，侧重性原则。影响对外贸易可持续发展的指标众多，且重要性有大有小，为简化运算过程，减少资料统计的误差，以提高评价结果的准确性，在评价指标选择上不应该也没有必要面面俱到，而应侧重选择对对外贸易可持续发展有重要影响的指标，舍弃次要指标和难以量化的指标。

以上我们阐述了构建对外贸易可持续发展指标评价体系的基本原则，这些基本原则不仅适用于构建对外贸易可持续发展指标，也适用于构建其他经济发展评价体系。本部分将在参考国内具有代表性的指标研究成果基础上，针对对外贸易可持续发展指标的具体特点，阐述对外贸易可持续发展指标评价体系的设计原则。

对外贸易可持续发展指标评价体系，并不是一些指标的简单堆积和随意组合，而是依据某些原则建立起来的能够反映一国对外贸易发展潜力的指标集合。参考袁永友、刘建明(2004)和孙治宇、赵曙东(2010)的研究成果(见表 2-1)，结合我们的研究目标与思路，认为设计对外贸易可持续发展指标评价体系的原则有以下几个方面。

1. 科学性与概括性统一，可行性与独立性相结合

评价体系必须科学地反映对外贸易的发展内涵，与此同时，还应该能够全面概括对外贸易特征的主要方面。从理论上说，对外贸易的经济社会效益和环境效益，如对外贸易带来的收入水平的变动、就业水平的变动和环境成本与收益的变动等，都应该作为衡量对外贸易是否可持续发展的重要指标，而这些指标往往不能简单地通过贸易规模和结构指标加以描述，因而需要独立设立评价体系。此外，指标评价体系的可行性与独立性也非常重要。例如，对外贸易引致的就业增加或收入水平的提高，虽然也是非常重要的描述贸易发展的指标，但是这种引致型的经济效益由于传导机制复杂，现在还处在学术研究阶段，很难获取准确的数据，难以作为衡量标准，因而我们往往使用贸易部门的工资水平和就业水平进行替代。指标评价体系的独立性，是指评价指标体系中的各项指标应该互不相关、彼此独立、没有交集。

2. 系统性与针对性统一，完备性与重点突出相结合

对外贸易可持续发展指标评价体系是一个有机整体，内容涉及规模与效益、生产与需求、量性增长与质性提高等经济发展的各主要方面内容，因而

二、三级指标的系统性非常关键，需要保证指标能够完备深入地反映对外贸易可持续发展的潜力。与此同时，过多地罗列指标容易缺乏重点，忽视主要矛盾和因素，因而二、三级指标的设定还需要具备针对性，即每项指标都应该准确地反映经济发展中某一方面的真实状况，以避免指标的重叠和信息的过度衡量。

从内容上看，评价体系应该完备地包含贸易的经济效益、生态效益和社会效益等多方面的内容，但是对于不同的内容应该赋予不同的权重，以突出衡量对外贸易可持续发展的重点参考因素。贸易的经济效益毋庸置疑是最重要的，因为其反映了对外贸易对经济增长的直接拉动作用，是国家对外贸易能否可持续发展的关键所在，因而从理论上说应该赋予最高的权重。近年来全世界开始关注低碳环保的经济发展模式，而作为发展中国家的中国而言，对外贸易带来的环境效益更加值得关注，因而对此也应设立较为重要的评价指标。对外贸易的社会效益很大程度上是外贸引致效应，其效应的大小基本上取决于对外贸易经济效益的大小，因而相对而言可以赋予较小的权重。当然如前所述，严格确定各二级指标的权重，应该采用基于实证数据的主成分因子分析方法。

3. 现实性与前瞻性统一，静态指标与动态指标相结合

利用数据客观反映贸易实际发展状况是建立指标体系的重要任务，这是指标体系的现实性所然。而建立的指标体系不仅能够反映现状，更应该具有导向性，指导实际经济工作沿着可持续发展方向前进，这是指标体系的前瞻性要求。为此，指标评价体系中应该同时包含静态指标和动态指标，并且除衡量国家对外贸易可持续发展水平外，省际的可持续发展指标比较也不可忽视。不同地区的同类指标应该具有横向可比性，以确定截面状态下的地区发展水平，这就体现了指标的静态比较特性。为了如实反映地区经济与贸易发展状况，还应该遵循其发展轨迹，在纵向时间序列中找寻其发展规律，这需要指标具有纵向的动态比较特性。

表 2-1 孙治宇、赵曙东（2010）构建的指标体系

二级指标	三级指标	计算方法和思路
贸易规模指标	出口额	当期价格表示的出口总额
	进口额	当期价格表示的进口总额
	外贸依存度	贸易总额/GDP
	外资比重	固定资产投资中利用外资额
贸易竞争力指标	机电产品竞争力系数	产品净出口额/产品贸易总额
	出口技术效益率	高新技术产品出口额/出口总额
	进口技术效益率	高新技术产品进口额/进口总额
贸易产品结构指标	制成品/初级产品比率	制成品出口额/初级产品出口额
	高新技术产品出口转换率	$\dfrac{\text{高新技术产品出口额}}{\text{工业制成品出口额}}$
	出口商品集中度	库兹涅兹指数
	服务贸易比重	服务贸易出口/总出口
贸易市场结构指标	地区贸易差异度	$\dfrac{(\text{各地区贸易额}-\text{平均贸易额})}{\text{平方和/总贸易额}}$
	出口市场分布度	对 i 国出口总额占总出口额的比重
	进口市场分布度	对 i 国进口总额占总进口额的比重
产业结构指标	第二产业比重	
	第三产业比重	
	产业结构贡献率	$\dfrac{\text{产业结构偏离份额}}{\text{地区经济实际增长额}}$
贸易经济效益指标	外贸对 GDP 贡献率	
	FDI 对经济增长的拉动度	
贸易生态效益指标	出口贸易废水排放量	（工业出口总值/工业总产值）× 工业废水排放量
	出口贸易废气排放量	（工业出口总值/工业总产值）× 工业废气排放量
	出口贸易废渣排放量	（工业出口总值/工业总产值）× 工业废渣排放量

续表

二级指标	三级指标	计算方法和思路
社会效益指标	对外贸易行业就业人数	（外贸出口额/工业部门总产值）× 工业部门就业人数
	对外贸易行业平均工资	制造业部门的在岗职工人均工资
贸易资源效益指标	初级产品效益度	$\dfrac{\text{初级产品出口比重}}{\text{初级产品进口比重}}$
	进出口能源密集度	$\dfrac{\text{进口产品能耗总量}}{\text{出口产品能耗总量}}$
	资源及资源性产品进口比重	$\dfrac{\text{资源及资源性产品进口值}}{\text{总进口额}}$

>> 2.3　对外贸易可持续发展评价体系的设计框架 <<

本部分将遵照前面阐述的三个原则，概括介绍我们构建中国对外贸易可持续发展指标评价体系的基本思路和指标框架。

2.3.1　指标设计

借鉴前面提到的学者的研究成果，结合指标评价体系设计原则，我们选取经济指标、生态指标、社会指标作为一级指标；选取贸易规模指数、贸易结构指数、贸易竞争指数、贸易环境效益指数、贸易资源效益指数作为二级指标；选取出口总额、出口的世界市场份额、外贸出口依存度、进口总额、进口的世界市场份额、外贸进口依存度、工业制成品出口比重、出口商品集中度、出口市场分布度、初级产品进口比重、显性比较优势指数、出口商品竞争力指数、出口技术效益指数、进口技术效益指数、出口贸易废水排放、出口贸易废气排放、出口贸易固体废物排放、贸易能源密集度、初级产品效益度、外贸引致的福利变动和外贸引致的就业变动作为三级指标。指标评价体系见表 2-2。

表 2-2　对外贸易可持续发展指标评价体系

经济效益指标 E		
贸易规模指数 E_1	出口总额 E_{11}	年出口额
	出口的世界市场份额 E_{12}	出口总额/世界出口总额
	外贸出口依存度 E_{13}	出口总额/GDP
	进口总额 E_{14}	年进口额
	进口的世界市场份额 E_{15}	进口额/世界进口额
	外贸进口依存度 E_{16}	进口总额/GDP
贸易结构指数 E_2	工业制成品出口比重 E_{21}	工业制成品出口额/总出口额
	出口商品集中度 E_{22}	$\sum($某种商品出口额/出口总额$)^2$
	出口市场分布度 E_{23}	$\sum($对某贸易国出口额/出口总额$)^2$
	初级产品进口比重 E_{24}	初级产品进口额/总进口额
贸易竞争指数 E_3	显性比较优势指数 E_{31}	RCA 指数
	出口商品竞争力指数 E_{32}	$\sum($某商品或服务的净出口额/该商品或服务的进出口额$)$
	出口技术效益指数 E_{33}	高新技术产品出口总额/出口总额
	进口技术效益指数 E_{34}	高新技术产品进口总额/进口总额
生态效益指标 B		
贸易环境效益指数 B_1	出口贸易废水排放 B_{11}	出口贸易废水净排放量
	出口贸易废气排放 B_{12}	出口贸易废气净排放量
	出口贸易固体废物排放 B_{13}	出口贸易固体废物净排放量
贸易资源效益指数 B_2	贸易能源密集度 B_{21}	$\dfrac{(\text{单位金额进口耗能量}\times\text{进口额})}{(\text{单位出口耗能量}\times\text{出口额})}$
	初级产品效益度 B_{22}	进口初级产品比重/出口初级产品比重
社会效益指标 S		
	外贸引致的福利变动 S_1	外商投资企业的职工平均工资及修正
	外贸引致的就业变动 S_2	外商投资企业的就业水平变动及修正

　　值得一提的是，我们将对贸易的环境效益和资源效益的评价，统一放在生态效益指标项下，这是因为环境和资源本身并不可分。资源的不合理利用或不合理资源的利用都有可能带来环境问题。就中国对外贸易的情况而言，我们的初级产品和某些劳动密集型产品（如纺织品）的出口，直接或间接带来严重的环境污染，原因正是在产品的生产过程中使用了未完全燃烧煤或其他粗制资源。

为了更好地衡量对外贸易中的资源使用情况及其对环境的影响，我们设计了贸易能源密集度和初级产品效益度 2 个三级指标，并通过计算进口初级产品比重与出口初级产品比重的比值来衡量初级产品效益度。这一指标设计的前提条件是认为初级产品是直接耗费资源量最大的产品，现在看来这个前提条件依然符合我国对外贸易发展的现状。

2.3.2　指标权重的设计

如前所述，对指标赋予怎样的权重才能更好地描述对外贸易的发展现状和潜力，是构建对外贸易可持续发展指标评价体系的核心。常用的如熵值法等赋予权重的方法，基本上是凭借对信息量的衡量确定指标的权重，即信息量越大、不确定性越小则熵值越小；反之亦然。然而评价对外贸易的可持续发展潜力，需要考察影响对外贸易可持续发展的各个因素的解释能力，即衡量所制定的评价指标能够解释多大程度的贸易发展，以此作为赋予不同指标权重的根据。Hotelling(1933)首先提出的主成分因子分析，能够通过降维的思想将所有指标的信息通过少数几个指标来反映，在低维空间将信息分解为互不相关的部分以获得更有意义的解释。我们将这种方法引入到指标权重的设计问题上，即通过主成分因子分析方法，定量检验经济效益、生态效益和社会效益的典型指标对对外贸易发展的解释水平，以此作为确定指标权重的方法。主成分因子分析的结果如表 2-3 所示。

主成分因子分析的结果表明：第一级指标的第 1 主成分均值可达 0.991 0，即绝大部分的对外贸易发展可以用我们所选取的指标加以描述。其中，经济效益指标、生态效益指标和社会效益指标分别赋予 0.5、0.3 和 0.2 的权重；第二级指标的权重也可以通过主成分因子分析的结果加以确定：贸易规模指数、结构指数和竞争指数分别赋予 0.3、0.3 和 0.4 的权重，贸易环境效益指标、资源效益指标分别赋予 0.6、0.4 的权重。三级指标的权重我们按照均分原则赋予，以保证基础指标的全面性。

表 2-3 经济效益、生态效益和社会效益典型指标主成分分析结果

第一级指标主成分构成			
变量	第 1 主成分	第 2 主成分	第 3 主成分
经济效益指标	−0.486 2	−0.352 5	−0.409 7
生态效益指标	−0.298 7	−0.446 3	−0.364 7
社会效益指标	−0.211 3	−0.167 7	−0.464 1
特征值	4.955 1	0.023 2	0.012 5
贡献率	0.991 0	0.004 6	0.004 4
累积贡献率	0.991 0	0.995 6	1.000 0
第二级指标主成分构成			
变量	第 1 主成分	第 2 主成分	第 3 主成分
贸易规模指数	0.301 7	0.299 7	−0.272 1
贸易结构指数	0.322 5	0.248 6	−0.352 8
贸易竞争指数	0.398 6	0.431 1	−0.241 6
贸易环境效益指标	0.598 2	0.332 9	NA
贸易资源效益指标	0.377 1	0.107 8	NA

注：第一级指标主成分分析时分别选择了出口总额、进口总额、工业制成品出口比重、初级产品出口比重、出口技术效益指数、进口技术效益指数、绿色出口指数、初级产品效益度、外商投资企业的就业作为典型指标；本表报告的主成分、特征值、贡献率和累积贡献率均为调整的统计平均值。

第3章 中国对外贸易可持续发展的经济效益

改革开放以来，中国对外贸易快速发展，至 2011 年中国货物进出口贸易总额达 3.64 亿美元，比上年增长 22.5%，稳居世界第二贸易大国的地位。对外贸易已然成为拉动国内经济高速增长的关键"马车"，有力地推动了中国经济的腾飞。然而，在中国对外贸易规模显著增长的同时，其存在的问题也越来越突出：粗放、数量扩展型产品出口仍占相当的比重，质量、效益集约型增长有待进一步提高；多数出口商品附加值及技术含量不高，具有自主知识产权和自主品牌的产品少等。因此，目前中国对外贸易的增长是否具有可持续性，是否有利于中国国民经济的长期健康发展，成为国际贸易领域亟待解决的问题。本章从贸易规模、贸易结构和贸易竞争力三个层面构建了对外贸易经济效益指标体系，测算出 1993—2011 年间中国对外贸易可持续发展的经济效益指标，并比较分析了全国及各省对外贸易可持续发展的经济效益。

>> 3.1 对外贸易可持续发展经济效益指标体系的构建 <<

就对外贸易经济效益指标体系而言，传统衡量和评价一国经济发展或是贸易业绩的方法通常单纯地运用单个国内 GDP 或人均 GDP、单个进出口总额或净进出口总量等指标，这种分析方法简单易行，大大节省了学者数据查找、整理和分析的精力。但此方法无法全面客观地评价中国对外贸易的业绩，更不可能综合地衡量一国对外贸易可持续发展的经济效益，尤其是近几十年来中国一直以粗放型、高污染、高能耗的制造业和加工贸易为主，虽然在国内生产总值和进出口总量方面得到了很大的提高和发展，但是在对外贸易商品结构、进出口地区结构、对外贸易全球竞争力以及高新技术产品的进出口方面仍然存在很大问题。因此本报告将分别从出口和进口两方面引入贸易规模、贸易结构和贸易竞争三大指标完备科学地构建对外贸易经济效益指标体系。

3.1.1 经济效益指标体系

如图 3-1 所示，经济效益指标 E 作为衡量对外贸易可持续发展指标体系的三大一级指标之一，分别由贸易规模指数 E_1、贸易结构指数 E_2 和贸易竞争指

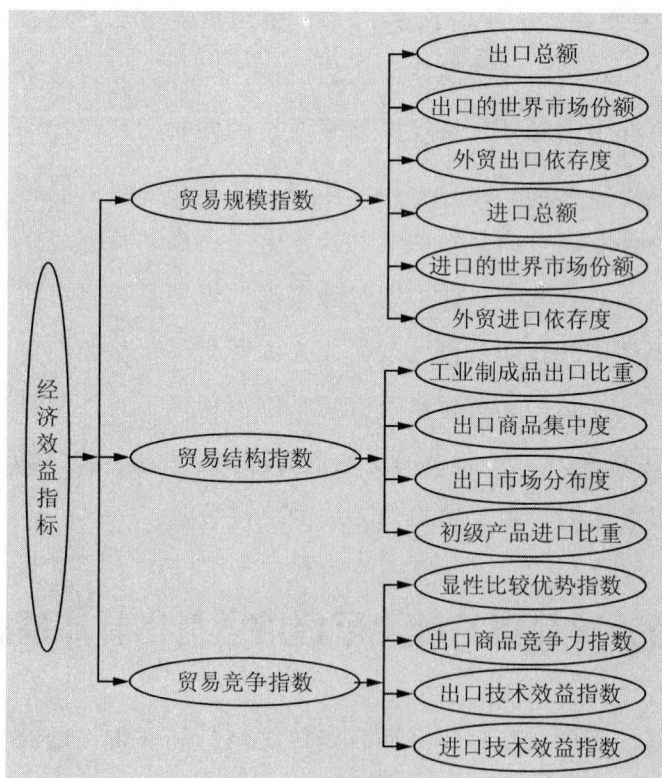

图 3-1 经济效益指标构成

数 E_3 3 个二级指标通过分别赋以权重加权计算得出。根据学者以往的研究经验，本文选定贸易规模指数权重为 30％、贸易结构指数权重为 30％、贸易竞争指数权重为 40％。

从对外贸易出口角度来看，贸易规模指数由三级指标出口总额 E_{11}、出口的世界市场份额 E_{12} 和外贸出口依存度 E_{13} 来衡量；从对外贸易进口方面来看，贸易规模指数同时又选取进口总额 E_{14}、进口的世界市场份额 E_{15} 和外贸进口依存度 E_{16} 作为三级指标来衡量，即贸易规模指数由出口总额、出口的世界市场份额、外贸出口依存度、进口总额、进口的世界市场份额和外贸进口依存度 6 个三级指标构成，分别赋以 1/6 的权重加权平均得到最终的贸易规模指数。按照此方法，贸易结构指数由衡量出口结构的工业制成品出口比重 E_{21}、出口商品集中度 E_{22}、出口市场分布度 E_{23} 和衡量进口结构的初级产品进口比重 E_{24} 4 个三级指标构成，分别赋以 1/4 的权重加权平均得到最终的贸易结构指数。贸易竞争指数则由衡量出口贸易竞争力的显性比较优势（RCA）指数 E_{31}、出口商品竞争力指数 E_{32}、出口技术效益指数 E_{33} 和衡量进口竞争力的进口技术效益指数 E_{34} 4 个三级指标构成，分别赋以 1/4 的权重进行平均加权得到最终的贸易竞争指数。

综上所述，通过分别赋以三级指标相等的权重计算出贸易规模指数、贸易结构指数和贸易竞争指数，再按照 30％、30％ 和 40％ 的权重加权得到最终的对外贸易可持续发展经济效益指数。

3.1.2　经济效益各指标说明

本报告将从贸易规模、贸易结构和贸易竞争三个方面来评价中国对外贸易可持续发展的经济效益指标，构成经济效益体系的各指标说明如下。

1. 贸易规模指数

贸易规模指数反映了一国在一定时期内贸易数额的大小及其变化，包括出口贸易规模指数和进口贸易规模指数。出口贸易规模指数用于衡量出口规模的大小，出口规模越大，说明出口总量越高，出口绩效越好，对外贸易的经济效益指数越高。由出口总额、出口的世界市场份额、外贸出口依存度三个指标构成。进口贸易规模指数则用来衡量进口规模的大小。一般而言，进口总量越大，说明进口的规模越大，对该国国民经济的拉动力度越大，对外贸易的经济效益也越高。由进口总额、进口的世界市场总额、外贸进口依存度三个指标构成。

出口总额：用于衡量出口的相对规模，用当期价格表示的年出口总额表示。出口总额越大，说明出口规模指数越高，出口绩效越好，对外贸易的经济绩效越好。

出口的世界市场份额：用于衡量一国出口额占世界市场出口总额的大小，用出口总额除以当期全世界出口总额来表示。出口的世界市场份额越大，出口的规模指数越高，出口的竞争力越强。

外贸出口依存度：用于衡量一国出口对 GDP 的贡献度，用出口总额除以当期的 GDP 来表示。外贸出口依存度越大，说明一国的出口贸易对该国经济发展的贡献越大；出口规模越大，对国内经济的影响也越大。

进口总额：用于衡量一国进口的相对规模，用当期价格表示的年进口总额表示。总的来说，进口总额越大，说明进口规模指数越高，进口绩效越好，一国对外贸易的经济绩效也越高。

进口的世界市场份额：用于衡量一国进口额占世界市场进口总额的大小，用进口总额除以当期全世界进口总额来表示。进口的世界市场份额越大，进口的规模指数越高。

外贸进口依存度：用于衡量一国进口贸易对该国国内 GDP 的贡献度，用进口总额除以当期的 GDP 来表示。外贸进口依存度越大，说明一国的进口贸易对该国经济发展的贡献越大；进口规模越大，对该国国内经济的影响也越大。

2. 贸易结构指数

贸易结构指数衡量了一国对外贸易中进出口商品的构成以及地区分布，如工业制成品、初级产品所占进出口额的比例，某种商品的出口集中度、进出口商品的地区集中度等，包括出口结构指数和进口结构指数。出口结构指数用于衡量出口商品的结构状况和地区分布状况，由工业制成品出口比重、出口商品集中度和出口市场分布度组成。出口结构指数越高，说明该国商品出口的结构越合理，在世界市场的贸易竞争力也越高。进口结构指数则用来评价进口商品的结构状况和地区分布状况，本报告用初级产品进口比重来衡量。

工业制成品出口比重：用于衡量工业制成品在一国对外贸易中的地位，以工业制成品出口总额占该国当期出口贸易总额的比例来表示。一般而言，工业制成品出口比重越大，说明该国的出口商品结构越合理，对本国的贸易结构改善、产业结构调整和升级起到的导向作用也越大。

出口商品集中度：用以描述出口商品的种类和集中度。一般用库兹涅斯指数定义（韩轶，1995），即各种商品出口量占该国当期出口总额比重的平方和。本报告各种商品按照国际贸易分类标准（SITC）分成了 10 大类，分别是：食品和活畜；饮料和烟草；粗材料，不能食用，但燃料；矿物燃料，润滑剂和相关材料；动物和植物油，油脂和蜡；化学品及有关产品；主要以材料分类的制成品；机械和运输设备；杂项制品；未分类的其他商品。一般而言，出口商品集中度越高，说明该国出口越集中于某几种商品，对少数商品的依赖程度越高，具有较高的出口风险。

出口市场分布度：用于衡量一国出口商品地区分布的离散程度，反映了一国对外贸易发展的平衡性和风险性。作为贸易大国，中国的商品出口到世界范围内的 200 多个国家和地区，但考虑到数据的可获得性及统计的精确性，本报告只选取了 1993—2009 年间中国的前 10 大主要贸易伙伴国或地区作为研究样本，分别是美国、日本、中国香港地区、韩国、德国、荷兰、英国、俄罗斯、新加坡和印度，这 10 个国家或地区从中国进口贸易总量超过中国出口贸易总额的 80％。出口市场分布度一般用集中度（赫芬达尔—赫希曼指数，HHI）的倒数表示，即一国对外贸易的各个贸易伙伴出口市场份额的平方和。出口市场的分布度越高，说明该国对外贸易市场分布多元化程度越高，进出口市场分布越均匀，不依赖于某几个市场，贸易风险越小。

初级产品进口比重：用于衡量一国初级产品在该国贸易中的地位，一般用初级产品进口总额占该国当期进口商品贸易总额的比例来表示。初级产品进口比重越高，说明一国在对外贸易发展中利用本国的原材料、本国资源及能源越少，商品贸易的结构、本国产业结构越合理，该国的对外贸易经济效益也越高。

3. 贸易竞争指数

贸易竞争指数反映了一国对外贸易商品参与国际市场竞争力的高低，是衡量一国贸易发展和绩效的质性指标，更全面科学地评价了一国对外贸易的发展程度和经济效益。贸易竞争指数越高，说明该国对外贸易的竞争力越大，参与世界贸易市场时所占优势及话语权越大，可持续性也越强。一般由显性比较优势（RCA）指数、出口商品竞争力指数、出口技术效益指数和进口技术效益指数构成。

显性比较优势指数：用于衡量一个国家某一产业贸易的比较优势。它通过该产业在该国出口贸易中所占的份额与世界贸易中该产业所占世界贸易总额的份额之比来表示。由于显性比较优势指数剔除了国家总量波动和世界总量波动的影响，因而可以较好地反映一个国家某一产业的出口与世界平均出口水平比较来看的相对优势。一般而言，如果一国 RCA 指数大于 2.5，则表明该国该产业具有极强的国际竞争力；RCA 介于 2.5～1.25，表明该国该产业具有很强的国际竞争力；RCA 介于 1.25～0.8，则认为该国该产业具有较强的国际竞争力；RCA 低于 0.8，则表明该国该产业的国际竞争力较弱。

出口商品竞争力指数：用于衡量一国各类商品在国内市场上竞争力的变化，一般用相对出口绩效来表示，即各类商品或服务的净出口额与当期该商品或服务的进出口总额比的总和，其中各类商品同样按照 SITC 标准分为 10 大类。出口商品竞争力指数越高，说明该商品在国内市场的竞争力越大，同时也说明该商品在国际市场的相对竞争力越强。

出口技术效益指数：用于反映一国出口商品中高新技术产品附加值的含量，一般用一定时期内高新技术商品出口贸易额在该国贸易出口总额所占的比例来表示。高新技术商品具有技术含量高、附加值高、利润率高等特点，出口比重越高，说明一国出口商品越具有竞争优势，在世界贸易市场上的竞争力越强，一国的对外贸易越能实现可持续发展。

进口技术效益指数：用于反映一国进口商品中高新技术产品附加值的含量，一般用一定时期内高新技术商品进口贸易额占该国进口总额的比重来表示。高新技术商品的进口能够推动新技术的引入和促进技术创新能力的提高，进口技术效益指数越高，说明进口商品中技术含量越高，进口替代的需求越大，该国未来经济和贸易发展的能力越强。

3.1.3　数据来源

本报告在较全面系统地构建经济效益指标的基础上，通过收集整理中国1993—2011 年间全国性的相关数据，分别计算得到出口总额、出口的世界市场份额、外贸出口依存度、进口总额、进口的世界市场份额、外贸进口依存度、工业制成品出口比重、出口商品集中度、出口市场分布度、初级产品进口比重、显性比较优势指数、出口商品竞争力指数、出口技术效益指数和进口技术效益指数 14 个三级指标值，再通过赋以相应的权重加权平均算出贸易规模指数、贸易结构指数和贸易竞争指数 3 个二级指标值，最后按照 30%、30% 和40% 的权重加权得到 1993—2011 年间全国性最终的对外贸易可持续发展经济效益指数，并对经济效益指标、相应的二级指标和三级指标分别进行深入全面的动态分析。

各三级指标具体的数据来源情况如下所示。

进、出口总额：本报告采用中国 1993—2011 年间各年的年进、出口总额表示。相应的数据全部来源于中国统计局网站上各年的《中国统计年鉴》，并以亿美元作为统计单位。

进、出口的世界市场份额：用中国进、出口总额分别除以世界进、出口总额来表示。其中中国进、出口总额数据来源于中国各年统计年鉴，世界进、出口总额的数据全部来源于世界贸易组织数据库（WTO Database）。中国进、出口总额及世界进、出口总额均采用亿美元为统计单位。

外贸进、出口依存度：用中国进、出口总额分别除以中国当期总 GDP 表示。中国进、出口总额及中国总 GDP 数据均来源于中国各年统计年鉴，并以亿美元为统计单位。

工业制成品出口比重：用工业制成品出口量除以中国出口总额表示。工业制成品出口量及中国出口总额数据均来自中国各年统计年鉴，并以亿美元为统计单位。

出口商品集中度：用各种商品出口量占中国当期出口总额比重的平方和来表示。其中按照 SITC 标准分类的 10 类商品出口量及中国出口总额数据均来源于中国各年统计年鉴，并以亿美元为统计单位。

出口市场分布度：用中国对前 10 大贸易国或地区的出口量占中国出口总额比重的平方和来表示。其中 1993—2011 年间中国对前 10 大贸易国或地区的出口量数据全部来自联合国商品贸易数据库（United Nations COMTRADE database）的统计年鉴表（List of Yearbooks），并采用百万美元（value in million US dollars）为统计单位；中国出口总额数据来源于中国各年统计年鉴，计量单位统一换算为百万美元。

初级产品进口比重：用初级产品进口量除以中国进口总额来表示。初级产品进口量及中国进口总额数据均来自中国各年统计年鉴，并以亿美元为统计单位。

显性比较优势指数：用中国各类商品在中国出口贸易中所占的份额与世界贸易中各类商品所占世界贸易总额的份额之比来表示。其中中国各类商品的出口量及中国出口总额数据来源于中国各年统计年鉴，各类商品的世界出口总额数据来源于美国普查局数据库（U. S. Census Bureau Database），世界进出口贸易总额的数据全部来源于世界贸易组织数据库（WTO Database）。

出口商品竞争力指数：用各类商品的净出口额占该商品的进出口总额比重之和来表示。相应的数据均来源于中国各年统计年鉴，并以亿美元为统计单位。

出口技术效益指数：用中国高新技术产品出口量占出口总额的比例来表

示。其中高新技术产品出口量数据来源于中国科学技术部的统计数据库，并以亿美元为统计单位。

进口技术效益指数：用中国高新技术产品进口量占进口总额的比例来表示。其中高新技术产品进口量数据来源于中国科学技术部的统计数据库，并以亿美元为统计单位。

3.2　对外贸易可持续发展经济效益指标的年度比较

3.2.1　数据处理

根据上文所构建的对外贸易可持续发展经济效益指标体系和计算合成方法，本报告在收集和整理各个三级指标所涉及的 1993—2011 年间中国原始数据的基础上，计算出每个三级指标的原始指数，最后按照阈值法的基本原理分别对所有三级指标进行标准化处理，从而使衡量经济效益指标的三级指数均在 0～1 的数值范围内，以便对相应的二级指标和对外贸易经济效益指标进行时间序列上的动态比较。

利用标准化处理得到衡量对外贸易经济效益指标的各三级指标值后，进而通过算术平均可以得到相应的贸易规模指标值、贸易结构指标值和贸易竞争指标值，最后按照上文介绍的分别赋以贸易规模指标、贸易结构指标和贸易竞争指标 30%、30% 和 40% 的权重，求和计算出 1993—2011 年间各年度的对外贸易经济效益指标数（见表 3-1）。

表 3-1　1993—2011 年间中国对外贸易经济效益指标及其二级指标值

年份	贸易规模指数	贸易结构指数	贸易竞争指数	经济效益指数
1993	0.039 5	0.292 6	0	0.099 6
1994	0.143 2	0.275 3	0.162 3	0.190 5
1995	0.109 6	0.296 7	0.378 4	0.273 2
1996	0.065 6	0.325 9	0.366 0	0.263 8
1997	0.077 0	0.402 2	0.301 7	0.264 4

续表

年份	贸易规模指数	贸易结构指数	贸易竞争指数	经济效益指数
1998	0.055 8	0.414 0	0.328 6	0.272 4
1999	0.085 2	0.438 8	0.418 6	0.324 6
2000	0.178 6	0.481 2	0.463 8	0.383 4
2001	0.190 9	0.424 9	0.492 5	0.381 7
2002	0.265 1	0.454 4	0.567 8	0.443 0
2003	0.411 6	0.507 5	0.640 3	0.531 8
2004	0.548 4	0.587 1	0.692 0	0.617 4
2005	0.622 6	0.617 3	0.695 1	0.650 0
2006	0.692 1	0.656 6	0.686 7	0.679 3
2007	0.727 4	0.666 4	0.686 7	0.692 8
2008	0.722 3	0.667 1	0.748 1	0.716 1
2009	0.615 4	0.716 4	0.758 6	0.703 0
2010	0.788 6	0.756 8	0.823 9	0.793 2
2011	0.864 4	0.739 1	0.850 8	0.821 4

3.2.2 统计结果分析

1. 中国对外贸易可持续发展经济效益指标的总体情况

由中国对外贸易经济效益指标及其二级指标值（见表 3-1）可知，不论是从二级指标贸易规模、贸易结构、贸易竞争力还是综合的一级指标对外贸易经济效益角度来看，1993—2011 年间中国对外贸易的经济效益随着经济的发展和贸易的深化总体情况越来越好，呈现出持续稳定的增长态势。中国对外贸易经济效益指标从 1993 年的 0.099 6 增长到 2008 年的 0.716 1。虽然受 2008 年金融危机影响，全球经济和世界贸易出现严重衰退现象，2009 年中国贸易规模和贸易竞争力呈现出微弱的下滑趋势，中国对外贸易经济效益指数减少到 2009 年的 0.703 0；但之后又迅速恢复，2011 年已达到本报告考察年份期间内的最大值 0.821 4。

从中国对外贸易可持续发展经济效益指标图（见图 3-2）我们可以看出，中

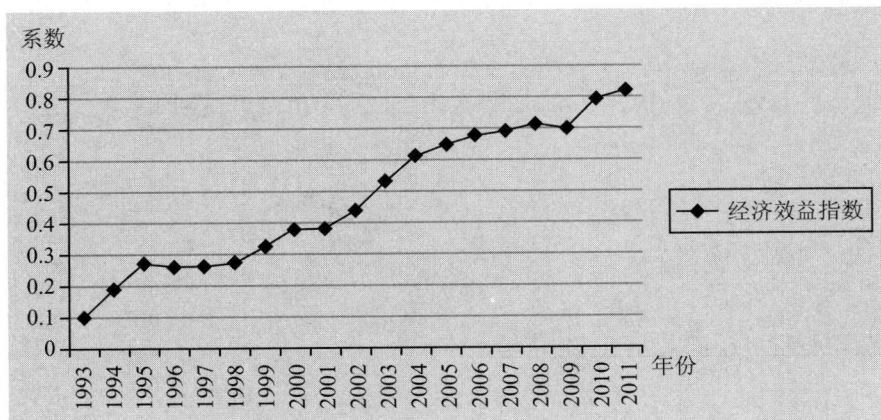

图 3-2　1993—2011 年间中国对外贸易可持续发展经济效益指标图

国对外贸易可持续发展经济效益在本报告研究年份期间持续提高。1993—1995
年间上升幅度较大，从 1993 年的 0.099 6 上升到 1995 年的 0.273 2，三年间经
济效益指数提高了两倍左右；在随后的 1995—1999 年四年间，中国对外贸易经
济效益指数一直维持在 0.3 左右，并出现微弱的下降趋势，可能的部分原因是
1997 年全球金融危机的爆发影响了世界范围内的经济和贸易发展；1999 年之
后又有显著的提高，直到 2002 年出现短暂的平稳态势；2002 年以后，尤其是
在 2003—2005 年间，中国对外贸易经济效益指数呈大幅提高的趋势，期间的增
长率达到考察年份的最大值，可能的原因是 2001 年 12 月中国顺利加入 WTO
以后，各国优惠的关税政策及贸易自由化政策极大地促进了中国贸易的发展，
尤其是贸易规模得到了显著提高；2005—2008 年间，中国对外贸易经济效益指
数增长率逐渐减小，提高幅度逐渐趋于平稳，但一直呈现持续增长态势，并于
2008 年首次超过了 0.7；2009 年受金融危机的影响，中国对外贸易经济效益指
数开始出现小幅下滑趋势，降低到 0.703 0；2010 年之后随着中国国内经济结
构和外贸战略的调整，中国对外贸易重新回暖，经济效益指数在 2009 年短暂
减少后又迅速提高，到 2011 年已高达 0.821 4。

　　中国对外贸易可持续发展经济效益虽然整体发展形势大好，但是从衡量经
济效益的二级指标贸易规模、贸易结构和贸易竞争力来看，还存在一些问题值
得我们关注和分析。中国对外贸易可持续发展经济效益中贸易规模指数、贸易

结构指数和贸易竞争指数的整体趋势如图 3-3 所示。

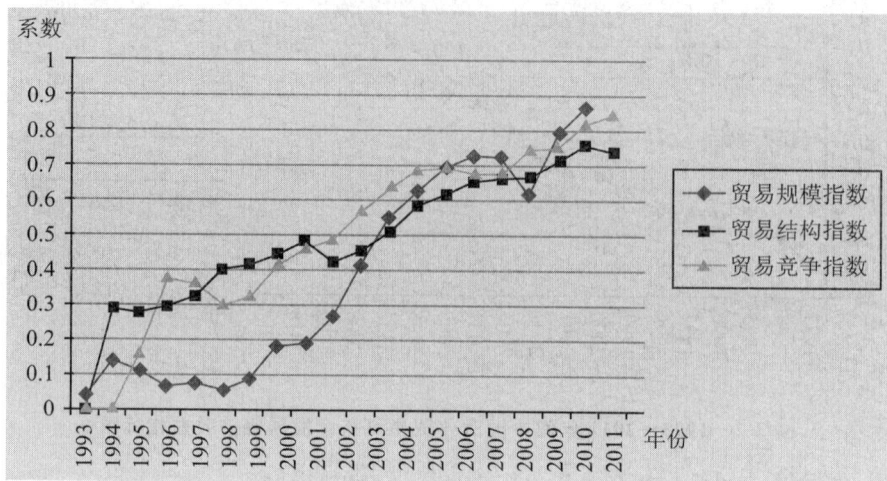

图 3-3　1993—2011 年间中国对外贸易可持续发展经济效益各指标图

　　由图 3-3 可知，中国贸易规模指数在 1993—2011 年间得到持续大幅快速增长，推动着中国经济的快速发展。具体来看，1993—1994 年间中国贸易规模得到短暂而小幅的提升，出现了 20 世纪末中国对外贸易的小高峰；1994—1999年间中国对外贸易规模一直处于低谷状态，在 1996 年达到贸易规模指数的最小值，此后一直维持系数低于 0.1 的发展态势；1998 年全球金融危机过后，中国对外贸易规模逐渐恢复增长，并在 2002—2005 年间以极高的增长率获得显著提高，2008 年虽受全球金融危机影响出现小幅下降，但 2011 年迅速恢复，2010—2011 年间以更快的速度提高。

　　虽然中国对外贸易规模确实取得了惊人的成绩，但是仅仅从对外贸易量来考察中国对外贸易经济效益、衡量中国对外贸易可持续发展程度是远远不够的，而且是不全面、不科学的。在过去几十年的发展中，中国盲目地追求经济和贸易量的增长和提高，以粗放型、高污染、高能耗的制造业为主，而忽略了贸易结构、产业结构和经济结构的问题。优化和完善贸易结构（包括贸易商品结构和贸易地区结构）是中国对外贸易可持续发展的重要内容和主要决定因素，也是进一步解决中国产业结构升级、经济结构调整的落脚点。只有在贸易结构优化合理的基础之上，中国对外贸易的可持续发展性才能得到增强。由图 3-3 可以看出，1993—2011 年间，中国对外贸易结构指数呈现有持续提升的趋势，但总体变化相对较小，说明中国对外贸易结构有所改善，出口贸易结构、进口贸易结构、贸易商品结构和贸易地区结构更加合理和多元。具体来看，1993—2001年间，中国对外贸易结构系数得到平稳微小的增长；2002 年以后随着中国加入WTO 以及贸易结构多元化、产业结构调整政策的出台，贸易结构系数相比前几年得到更大的提高，这与中国对外贸易规模在此期间迅猛扩大的趋势相对应。但相比而言，中国对外贸易结构还需要进一步和更大幅度地调整与完善。

在衡量对外贸易经济效益指标时，除了运用贸易量性(贸易规模)指标和贸易质性(贸易结构)指标外，贸易竞争力也是决定中国对外贸易可持续发展强度的主要因素之一。尤其是随着中国贸易大国地位的确立和巩固，中国商品在全球贸易和世界市场中的竞争力如何，比较优势是否明显，中国产业和企业在参与国际市场时是否有话语权，中国进出口贸易商品中技术含量、附加值、利润率如何，中国企业在生产制造出口贸易商品时是否重视技术创新能力的提高等，都将决定中国未来经济可持续发展的远度和深度。贸易竞争力的增强将是中国对外贸易发展的长期动力。从图 3-3 来看，中国贸易竞争指数由于基数小，1993—2011 年间的总体增长较大。具体来看，1993 年中国对外贸易基本不存在竞争力，但是在 1993—1995 年间贸易竞争系数得到显著提高，此后持续稳定且有较大幅度的增长。这充分验证了近几十年来中国对外贸易对世界经济和全球市场的影响力越来越大，中国政府大力鼓励和支持发展高新技术产品的事实与成效。

2. 中国对外贸易规模指数的各分项指标变化情况

(1)中国进出口贸易总额、世界市场份额及外贸依存度的比较

贸易规模是中国对外贸易可持续发展经济效益指标中一个重要的二级指标，也是中国贸易结构升级和贸易竞争力提高的基础。本报告利用出口总额、出口的世界市场份额和外贸出口依存度作为三级指标构成出口贸易规模指标体系，同时用进口总额、进口的市场份额和外贸进口依存度构成进口贸易规模指标体系。出口贸易规模指数趋势图和进口规模指标趋势图，分别如图 3-4、图

3-5 所示。

从图 3-4、图 3-5 可以看出，1993—2011 年间中国进、出口贸易规模指数总体变化趋势相差不大，除进、出口的世界市场份额指数一直呈现增长趋势以外，进、出口总额指数和外贸进、出口依存度指数都出现相应的拐点，出现不同的变化趋势，尤其是外贸进、出口依存度在考察年份期间出现波浪式发展态势。

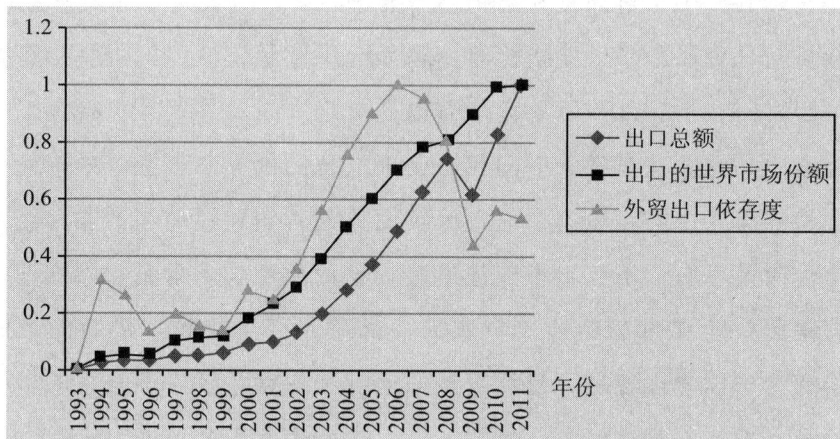

图 3-4　1993—2011 年间中国出口贸易规模指标图

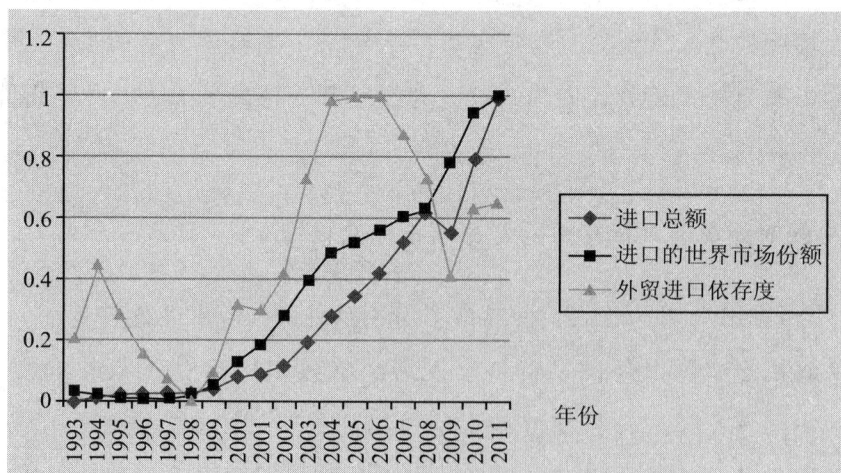

图 3-5　1993—2011 年间中国进口贸易规模指标图

　　具体来看，进、出口总额在 1993—2011 年间得到大幅快速增长，只有在 2008 年受全球金融危机影响，中国进、出口总额才出现短暂的下滑。在此期间，不仅中国进、出口总量得到增长，进、出口占世界市场的份额也逐渐提高。从出口的世界市场份额来看，1993—1996 年间出口的世界市场份额指数基本保持稳定不变的状态，直到 1997 年以后，这一指数才逐渐呈现缓慢增长的趋势；2002 年之后得到快速提高，即使是在 2008 年全球金融危机期间，中国出口的世界市场份额也没有降低，只是增加幅度出现微小的降低趋势，并于 2009 年又恢复往年的增长率。可能的原因是虽然中国的出口贸易总量减少，但于此同时世界出口贸易总额的降低幅度更大，使最后的比值反而更大。从进口的世界市场份额来看，1993—1997 年间中国进口的世界市场份额呈现微弱的下降态势；但是从 1997 年以来，中国政府开始大力支持和鼓励进出口贸易，中国市场开始大规模对外开放，外商投资、商品进口贸易等得到迅猛发展，因此期间中国进口的世界市场份额逐年大幅快速提高。

　　值得关注的是外贸进、出口依存度。外贸依存度衡量的是进出口贸易对中国国内经济的影响程度，从整体变化趋势来看，外贸出口依存度指数和外贸进口依存度指数都出现波浪式的走向。1993—1995 年间，外贸出口依存度和外贸进口依存度都有显著的提高，从同期中国出口贸易量和进口贸易量的变化幅度来看，中国国内当时的总 GDP 基本保持稳定不变，甚至出现增长率下降的趋势。外贸出口依存度和外贸进口依存度的提高说明了中国经济对贸易依赖程度越来越高，同时表明当时对外贸易对中国经济的重要性及国内经济发展的萧条形势。1995—1998 年间，外贸进、出口依存度同时出现大幅下降趋势，同样与同期基本保持稳定不变的进、出口总量相比，中国当时的国内经济已经逐渐恢复增长。而 1999—2005 年间，外贸进、出口依存度再次出现大幅上升的趋势，可能的原因是虽然国内经济一直保持较快发展和增长，但期间的进、出口贸易发展更快、增长幅度更大。2005 年以后外贸依存度呈现下降趋势，说明中国的经济发展受对外贸易的影响逐年降低，国内经济发展出现更多的新动力，如金融、国内消费等。2008 年，中国对外贸易依存度再次出现拐点，但迅速在 2009 年又恢复长期降低的趋势，说明中国国内经济对贸易的依赖越来越合理。

（2）中国进、出口贸易规模的比较

本报告在构建贸易规模指标时，考虑了出口贸易规模和进口贸易规模两个角度；此外，不仅同时利用相应的贸易总量、世界市场份额和外贸依存度来衡量，还赋以进、出口方面的指标相同的权重。由此可以看出，不管是出口贸易还是进口贸易都对中国贸易规模具有重要的影响和决定意义。

一直以来，中国对外贸易占有顺差的比较优势，即中国的净出口额为正值。如图3-6至图3-8所示，分别为中国进出口总额、进出口外贸依存度和进出口占世界市场份额的比较。从进出口总额来看，1993—2011年间，中国进出口规模不断扩大，出口增速高于进口增速，对外贸易除1993年外均表现为贸易盈余，且差额不断扩大。1993年中国出口总额为917.4亿美元，进口总额为1 039.6亿美元，表现为贸易赤字，赤字额为122.2亿美元。而到2008年，出口总额为14 306.9亿美元，进口总额为11 325.6亿美元，表现为贸易盈余，盈余额为2 981.3亿美元，达到了贸易差额的最大值。2009年受全球金融危机影响，中国对外贸易出口受到了较大的冲击，贸易差额有所减小，为1 956.9亿美元；2010年、2011年虽然进、出口持续增长，但贸易差额却逐渐减少，分别为1 815.1亿美元、1 551.4亿美元。

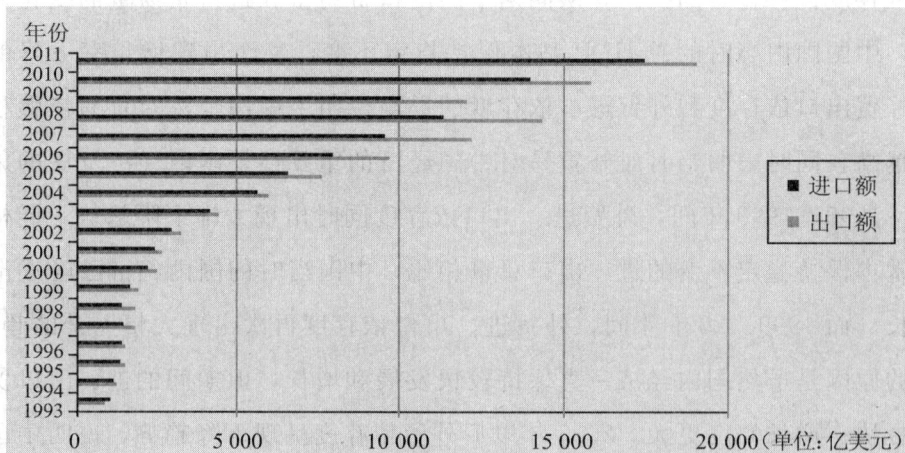

图3-6　1993—2011年间中国对外贸易进、出口额比较变化图

从进出口外贸依存度来看，1993—2009年间中国外贸进出口依存度不断提

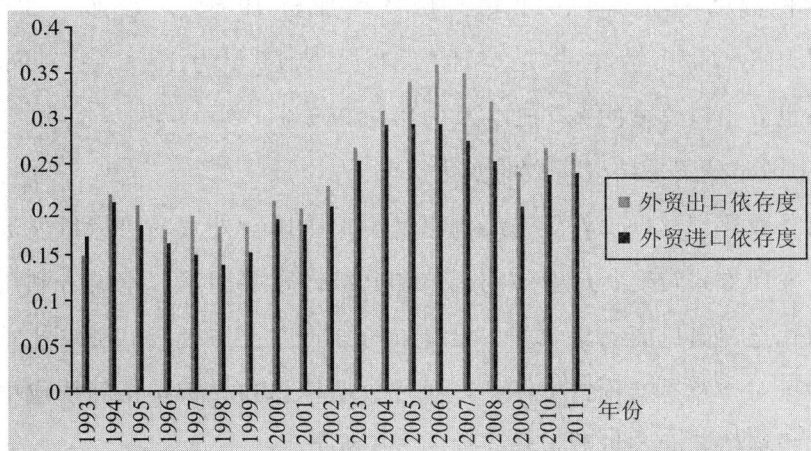

图 3-7　1993—2011 年间中国对外贸易进、出口外贸依存度比较变化图

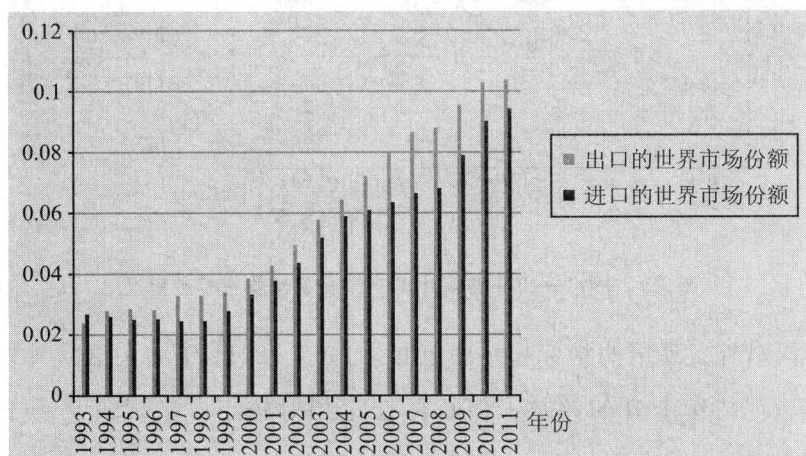

图 3-8　1993—2011 年间中国进、出口的世界市场份额比较变化图

高，除 1993 年外，外贸出口依存度均大于外贸进口依存度。1993 年中国外贸依存度为 0.32，外贸出口依存度为 0.15，外贸进口依存度为 0.17。2007 年外贸依存度为 0.62，外贸出口依存度为 0.35，外贸进口依存度为 0.27。此后受金融危机影响，外贸受到了不利冲击，2008 年外贸依存度为 0.57，2009 年稍稍下降到 0.44 后，2010 年和 2011 年又上升到 0.5 以上。

从进出口额占世界份额来看，1993—2011 年间中国进出口总额占世界份额不断上升，出口额和进口额占直接份额也在不断上升。1993 年，中国进出口总额占世界份额的 5%，至 2011 年此份额增加至 19.9%，增加了 3 倍左右；1993 年中国出口额占世界进口总额的 2.4%，2011 年为 10.4%；1993 年中国进口额占世界出口总额的 2.7%，2009 年为 9.5%。

（3）中国对外贸易结构指数的变化情况

除对外贸易规模以外，贸易结构也是影响中国对外贸易可持续发展、未来国内经济发展方式转变、产业结构调整和升级的重要因素。本报告利用工业制成品出口比重、出口商品集中度、出口市场分布度及初级产品进口比重四个指标构建中国对外贸易结构指标体系，通过数据整理和分析，得到构成中国对外贸易结构指标体系的各指数走势，如图 3-9 所示。

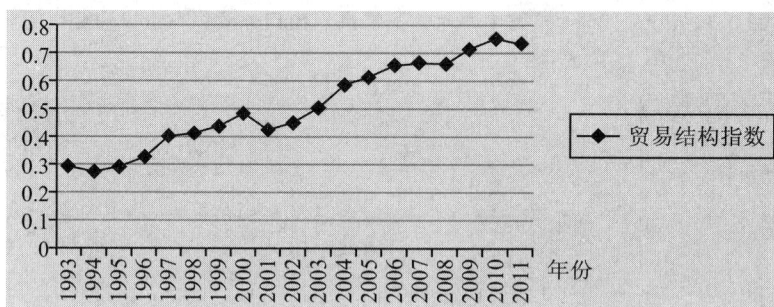

图 3-9　1993—2011 年间中国对外贸易结构指标趋势图

由中国对外贸易结构指标趋势图可知，1993—2011 年间中国对外贸易结构指数整体呈现持续上升的趋势，但总体变化相对较小，呈现出平稳上升的趋势，说明中国对外贸易结构在一定程度上有所改善，贸易商品结构和贸易地区结构趋于更加合理和多元化。

由图 3-10 可以看出，工业制成品出口比重、出口商品集中度和初级产品进口比重指数在考察年份期间保持着逐渐增长的总体走势，而出口市场分布度指数却从 1993 年开始逐年降低。具体来看，1993—2011 年间，中国工业制成品出口比重指数一直保持着逐年快速显著的增长趋势，这与中国近二十年来以工业制成品为主的产业结构有密切关联；直到 2006 年左右，这一指数的增长率才逐渐趋于平稳，工业制成品出口比重指数基本保持稳定，这充分体现了中国近几年来强调产业结构调整和经济发展方式转变的显著成效。从出口商品集中

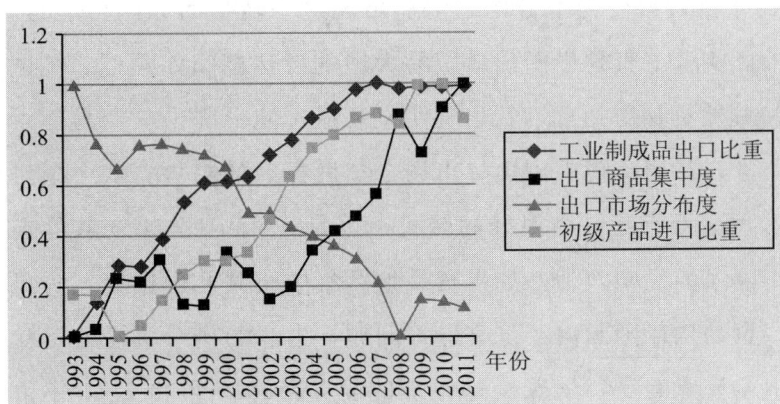

图 3-10　1993—2011 年间中国对外贸易结构各指标图

度指数来看，1993—1995 年间，中国出口商品集中度出现较小幅度的下降趋势，并于 1995 年达到最低点，说明期间出口贸易中商品的种类相对更多元、更广泛；而 1995—1998 年间这一指数快速增长，从图 3-10 我们可以粗略地看出，1998 年的指数是 1993 年的 4 倍左右，可能的原因是虽然中国出口的商品种类随着贸易的发展增加了，但随着中国出口贸易总额的增长，更多的增长量集中于某一种或几种商品上，从而使出口商品集中度越来越高；1999—2001 年间出现短暂的平稳之后，出口商品集中度呈现出更大幅度的快速增长，可能的原因是中国在此期间的出口总额大幅提升，而相应的增长量却集中在工业制成品等某几种商品上。从总体发展趋势和可持续发展方面考虑，中国对外出口商品集中度越来越高的走势说明中国出口贸易越来越依赖于某几种商品，这意味着中国的出口商品结构还不够多元和完善，具有较大的出口风险。一旦国外对中国出口的主要商品设置更多的关税限制或非关税壁垒，中国的出口贸易很可能受到重创。

　　从出口市场分布度来看，中国的贸易地区结构也存在类似的问题。从图 3-10 我们可以看出，中国对外出口贸易的市场分布度越来越小，这说明中国的出口贸易市场分布不均匀，依赖于某几个市场，同样也具有较大的出口贸易风险。具体来看，1993—2008 年间中国的出口市场分布度指数逐年降低，虽然每年的下降幅度不大，但一直保持着减小的趋势；直到 2008 年才出现拐点，由过去

15 年之久的下降趋势变为上升的趋势。出现这一转变的原因可能是 2008 年受金融危机的影响，一直是中国出口贸易大国的发达国家如欧盟、美国、日本等国内经济和对外贸易受到重创，出现明显衰退，使中国出口贸易不得不转向更多发展中国家，从而出现中国出口市场分布度提高的趋势。从中国对外贸易长远发展来看，这无疑是一个很好的转机，也是 2008 年全球金融危机给中国及更多发展中国家的经验教训。如果贸易地区集中于某几个国家，一旦出现全球金融危机或贸易伙伴国国内经济衰退等问题，中国的出口贸易也将受到严重影响。不过值得注意的是，随着全球经济的复苏，2010 年和 2011 年中国出口市场分布度再次出现了下降趋势，说明中国出口市场又出现过于集中的趋势，这是中国未来外贸战略和对外贸易多元化战略必须解决的问题之一。

进口贸易结构方面，本报告只选用了初级产品进口比重来衡量，这也是构成中国对外贸易结构的重要因素。从中国对外贸易结构各指标图来看，中国初级产品进口比重指数总体保持上升的趋势，但是在 1993—2002 年间这一比重呈现波浪式变化，出现多次快速增长和降低的转折点，可能的原因是中国当时的对外贸易还不够发达，不论是贸易总额还是贸易结构，尤其是进口贸易受到的重视更少；与此同时，中国在没有出台鼓励对外贸易政策时期，一直都奉行"自给自足"的经济发展模式，对初级产品的进口更是不够稳定，从而导致这一期间出现多样化的变化态势。但 2002 年之后，随着中国加入 WTO，中国的经济和贸易快速发展和增长，中国初级产品进口比重一直保持着大幅快速的增长，直到 2008 年。中国主要的进口贸易伙伴国大多是发达国家，受金融危机影响这些国家的贸易出现萎缩，中国的进口贸易及初级产品的进口也相应减少，从而使中国初级产品进口比重出现短暂减小，2009 年之后又恢复原有的增长态势。

总体而言，中国对外贸易结构在本报告考察期间逐年改善，但改善的幅度还不够大，尤其是从出口商品集中度和出口市场分布度来看，还存在明显问题。这需要中国在发展国内经济和对外贸易时继续关注和鼓励贸易结构、产业结构的升级和完善，经济发展方式的调整，从而使中国对外贸易结构紧随贸易规模的快速增长逐渐合理和多元化，使中国对外贸易可持续发展走得更远。

（4）中国对外贸易竞争指数的变化情况

对外贸易竞争力也是衡量中国对外贸易可持续发展经济效益指标的重要因素之一。通过对相关数据的整理分析，得到中国对外贸易竞争指标趋势图（见图 3-11）和中国对外贸易竞争各指标图（见图 3-12）。

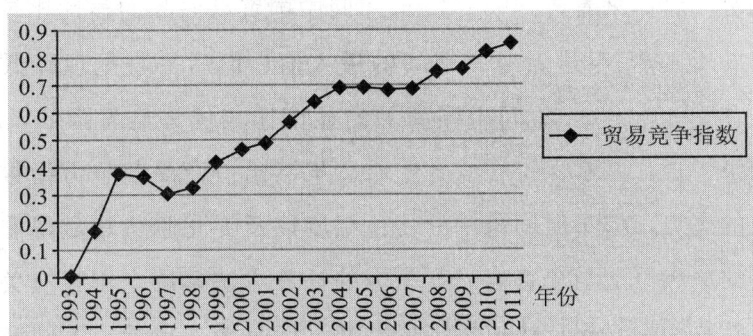

图 3-11　1993—2011 年间中国对外贸易竞争指标趋势图

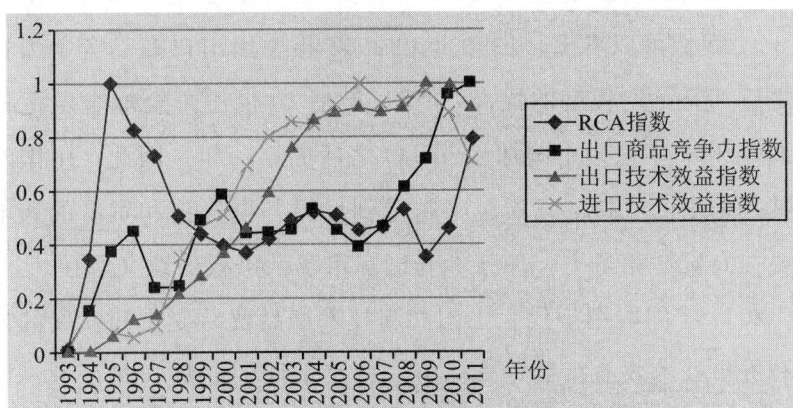

图 3-12　1993—2011 年间中国对外贸易竞争各指标图

从图 3-11 我们可以看出，中国对外贸易竞争力在 1993—2011 年间得到显著提高。具体来看，1993 年，由于中国对外贸易基本不发达甚至不存在，从而使中国基本不具有对外贸易竞争力；一方面受 1993 年中国对外贸易竞争力基数较小的影响，另一方面在 1993—1995 年间中国对外贸易开始出现和发展，综合因素使此期间中国对外贸易竞争指数得到显著提高，两年内增长了 4 倍左右；1995—1999 年间中国对外贸易竞争指数变化不太稳定，基本徘徊在 0.4 左右。但在 2000 年之后，贸易竞争力指数增长加快并逐渐趋于平稳，这说明 1993—2011 年间中国对外贸易竞争力有很大的提高。

从对外贸易竞争指标的构成来看，显性比较优势（RCA）指数、出口商品竞争力指数、出口技术效益指数和进口技术效益指数分别呈现出不同且相对较复杂的变化趋势。具体来看，1993—1995 年间中国贸易商品的显性比较优势得到迅猛提高，并于 1995 年达到考察期间的最大值；而后一直呈现降低的变化趋势，尤其是在 1995—2001 年间中国商品的显性比较优势显著降低，2002 年以后才逐渐趋于平稳，基本保持在 0.5 左右。虽然出口商品竞争力指数一直保持着向上增长的态势，但小时间范围的变化幅度以及变化趋势却显得非常复杂且多变，主要的原因可能与出口商品竞争力的计算方法和决定因素有关。虽然中国的对外贸易总额一直保持快速提高的趋势，但是净出口量、不同商品的进出口额变化以及相应的比值、总和不会出现单一的提高或降低。此外，中国出口商品竞争力不仅受国内经济贸易发展的影响，还与全球经济和国际贸易密切相关。从图 3-11 我们可以看出，1998 年和 2002 年中国出口商品竞争力在几年的平稳不变之后都有一定程度的提高，1998 年是 20 世纪末全球金融危机过后的经济恢复期，2002 年正是中国加入 WTO 之后的第一年。因此，中国对外贸易的发展尤其是未来的可持续发展越来越受到世界各国经济和贸易的影响，这也是中国需要提高贸易竞争力、加强参与国际市场话语权的意义所在。

1993—2011 年间，用于代表中国高新技术产品贸易变化和发展的出口技术效益指数和进口技术效益指数一直保持着持续上涨的趋势，并在考察期间得到显著提高。1993—2005 年间中国出口技术效益指数大幅提高，之后逐渐趋于平稳，这说明中国出口贸易商品总的技术含量不断上升，高附加值、高利润率的出口商品比重越来越大。而进口技术效益指数在 1993—1997 年间变化不太稳定，甚至出现微弱的下滑趋势，但从 1998 年开始，中国进口技术效益指数逐渐攀升，得到大幅上涨，直到 2006 年才逐渐趋于稳定。这说明中国在进口贸易方面越来越重视新技术的引进、技术创新能力的建设和企业管理方法的改进，进口技术效益指数越高，意味着未来中国经济发展和出口贸易能力越强，这将对中国对外贸易可持续发展产生重要而深远的影响。

>> **3.3　对外贸易可持续发展经济效益指标的省际比较** <<

　　利用前文所述的指标构造方法，采用我国 31 个省（区、市）统计年鉴中的数据，将各省（区、市）2002 年各指数与 2010 年[①]相比较，对比 8 年来发生的变化。因各省（区、市）统计年鉴统计口径不一，且有些年份数据缺失，对数据处理做如下说明：

　　①三级指标中的世界市场份额全部改成中国市场份额。如指标"出口的世界市场份额"，这里改成"出口的中国市场份额"，并由各省（区、市）出口总额除以中国出口总额计算得到。

　　②三级指标中的出口商品集中度采用各省（区、市）出口前 7 位的商品计算得到，同理出口市场分布度采用出口额排名前 7 位的国家。因部分省（区、市）统计年鉴给出的是主要商品出口数量而非金额，故部分省（区、市）出口商品集中度指标缺失。

　　③因各省（区、市）统计口径不一致，故三级指标中的显性比较优势指数采用机电产品的出口数据，出口商品竞争力指数采用机电产品和高新技术产品的总出口数据来进行比较。因为机电产品占我国出口比重较大，高新技术产品在调整我国出口结构方面起重要作用，故较具有代表性。

　　④因部分三级指标缺失，故在计算二级指标（贸易结构指数和贸易竞争指数）时，只将可获得的三级指标进行加总平均。此举是为了尽可能地保留更多的省（区、市）以进行比较。同理，在计算经济效益总指标时，部分省（区、市）贸易竞争指数指标缺失，将其权重 40％平均分给其他 2 个二级指标（即贸易规模指数和贸易结构指数各占 50％权重）。

---

　　①　由于 2011 年各省（区、市）统计年鉴不全，大部分数据无法获得，因而选取 2010 年作为对比年份。

3.3.1 2002 年中国各省（区、市）对外贸易可持续发展经济效益指标概况

依上文方法处理数据后，得到 2002 年各省（区、市）对外贸易可持续发展经济效益指标如图 3-13 和表 3-2 所示。

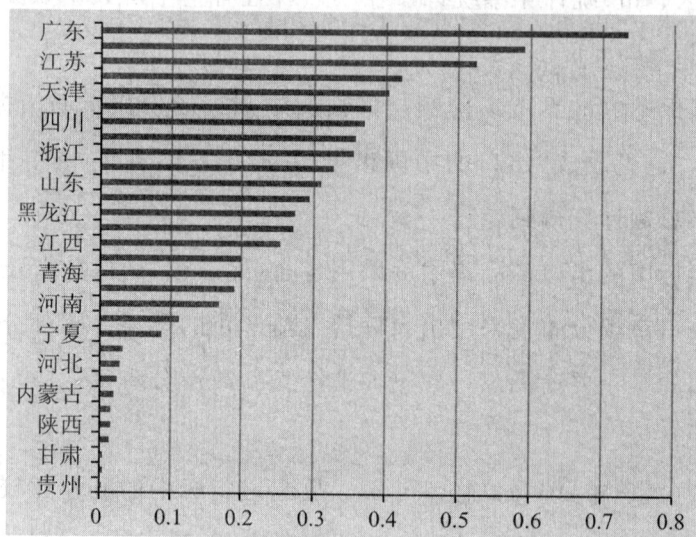

图 3-13　2002 年中国各省（区、市）对外贸易经济效益指标

表 3-2　2002 年中国各省（区、市）对外贸易经济效益指标及其二级指标值

地区	总指标	经济效益指标		
		贸易规模指数	贸易结构指数	贸易竞争指数
北京	0.358 747	0.392 847 729	0.230 805 644	0.429 126 555
天津	0.404 375	0.232 173 608	0.486 560 351	0.471 887 712
河北	0.029 039	0.029 039 168	N/A	N/A
山西	0.272 258	0.017 200 381	0.538 717 51	0.263 706 784
内蒙古	0.020 185	0.020 184 709	N/A	N/A
辽宁	0.328 062	0.119 339 9	0.536 784 136	N/A
吉林	0.112 525	0.028 364 622	0.317 652 374	0.021 798 958
黑龙江	0.273 832	0.022 220 331	0.582 044 463	0.231 380 802
上海	0.592 351	0.417 390 112	0.427 296 994	0.847 362 23

续表

地区	总指标	经济效益指标		
		贸易规模指数	贸易结构指数	贸易竞争指数
江苏	0.525 318	0.306 270 949	0.416 338 525	0.771 336 758
浙江	0.355 365	0.202 005 578	0.437 788 577	0.408 565 727
安徽	0.422 332	0.022 793 283	0.737 602 024	0.485 532 493
福建	0.295 126	0.172 221 514	0.408 645 321	0.302 166 008
江西	0.255 288	0.007 886 534	0.350 551 207	0.369 392 237
山东	0.310 539	0.143 818 557	0.375 591 361	0.386 791 079
河南	0.168 812	0.009 682 394	0.438 972 414	0.085 538 397
湖北	0.016 143	0.016 142 639	N/A	N/A
湖南	0.202 603	0.010 953 197	0.316 779 92	0.260 707 081
广东	0.734 688	0.949 840 639	0.472 168 818	0.770 212 954
广西	0.014 790	0.014 789 518	N/A	N/A
海南	0.190 108	0.044 406 891	0.487 761 024	0.076 144 961
重庆	0.379 647	0.011 593 261	0.365 698 095	0.666 150 126
四川	0.369 127	0.019 689 004	0.533 359 259	0.508 030 717
贵州	0.003 225	0.003 224 953	N/A	N/A
云南	0.032 677	0.014 359 679	0.050 993 71	N/A
西藏	0.005 063	0.005 063 267	N/A	N/A
陕西	0.015 788	0.015 787 864	N/A	N/A
甘肃	0.006 473	0.006 472 533	N/A	N/A
青海	0.200 252	0.001 897 916	0.174 856 33	0.368 064 206
宁夏	0.087 432	0.015 030 695	0.159 833 427	N/A
新疆	0.025 877	0.025 876 753	N/A	N/A

通过图 3-13，可看到经济效益指标大于 0.3 的省（区、市）有广东、上海、江苏、安徽、天津、重庆、四川、北京、浙江、辽宁和山东，这些多为沿海的重要港口、对外贸易额较大的地区。而内陆地区如陕西、广西、甘肃、西藏等排名较靠后。

图 3-14 至图 3-16 分别显示了 2002 年各省（区、市）的贸易规模指数、贸易

结构指数和贸易竞争指数，数据缺失的地区未在图中列出。

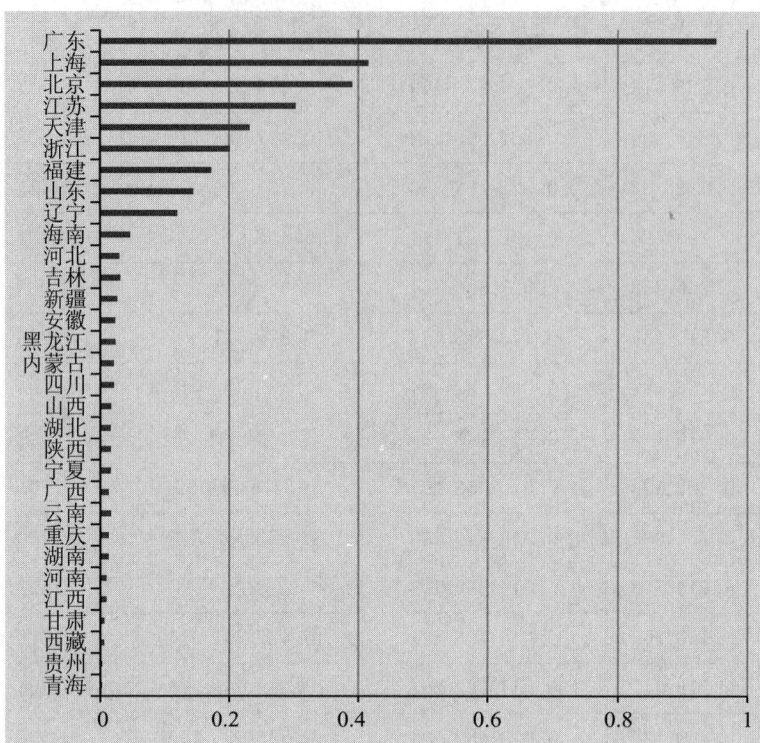

图 3-14　2002 年中国各省(区、市)贸易规模指数

从图 3-14 我们看到，广东的贸易规模指数远远领先于其他地区，而贸易结构指数和贸易竞争指数处于中上水平，可见广东的经济效益指标排名第一，多由贸易规模指数所拉动。贸易规模指数排名前 10 的省(区、市)也与经济效益指标前 10 的省(区、市)相差无几，仅安徽、重庆、四川的贸易规模指数排名并不靠前。但由图 3-15、图 3-16 可知，安徽的贸易结构指数排名第一，重庆、四川的贸易竞争指数也居前列。从三级指标的数据上来看，安徽的工业制成品出口比重和初级产品的进口比重远高于其他地区，且出口市场分布度指数也极高，因此带动了安徽的经济效益指标排名。重庆和四川由于地域上相近，出口结构及各三级指标也较为接近，机电产品出口比较优势较大，因此通过贸易竞争指数的较大权重，拉动了其总体经济效益指标。

另外，在统计三级指标数据时发现，各省(区、市)的出口结构和出口市场

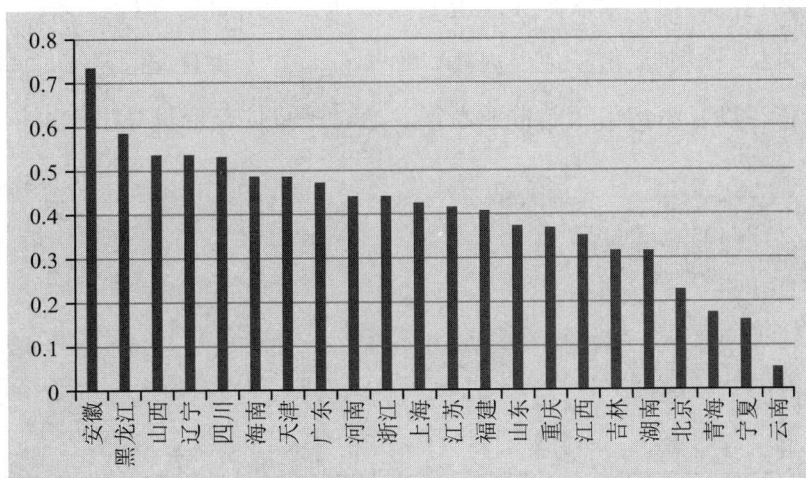

图 3-15　2002 年中国各省(区、市)贸易结构指数

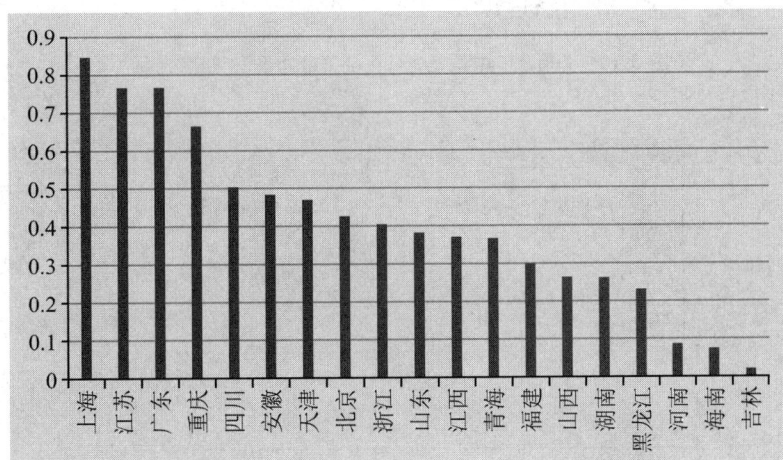

图 3-16　2002 年中国各省(区、市)贸易竞争指数

分布差别很大。例如，东部沿海地区和多数内陆地区，以对美国、中国香港、日本、韩国的出口居多，然而西部的新疆，多对哈萨克斯坦、吉尔吉斯斯坦等中亚国家出口，广西、云南等西南地区，多对越南、新加坡等东南亚国家出口，且初级产品出口比重较大。图 3-17 展示了 2002 年中国各省(区、市)经过标准化后的外贸依存度指数。从中我们可以看出，出口依存度和进口依存度最高的地区分别是广东和北京。大多数省份，尤其是浙江、福建和江苏这些加工贸易十分发达的省份，由于存在较大的贸易逆差，出口依存度显著高于进口依存度。而吉林、黑龙江由于地处内陆，加工贸易并不占优势，因此进口依存度高于出口依存度。海南由于制造业尚不发达，进口依存度也高于出口依存度。

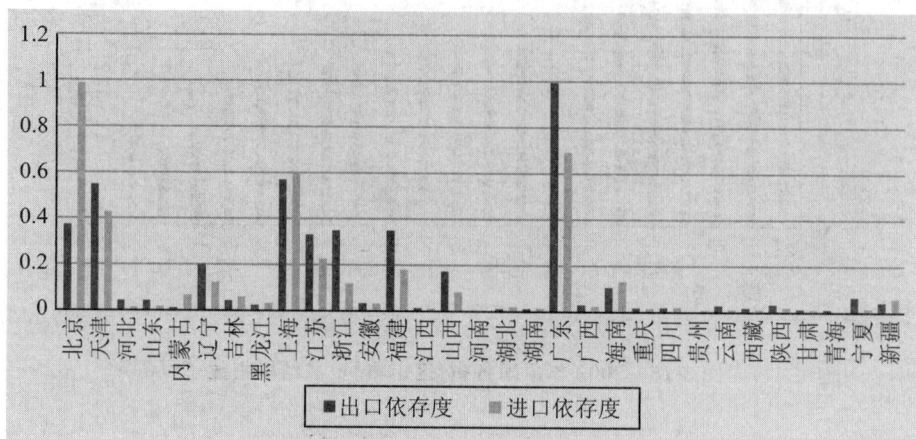

图 3-17 2002 年中国各省（区、市）外贸依存度指数

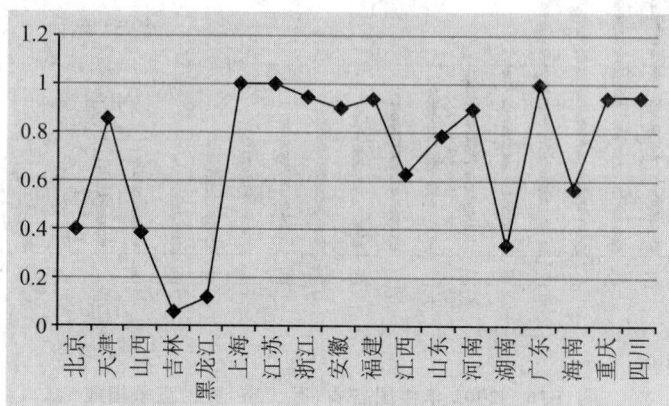

图 3-18 2002 年中国各省（区、市）工业制成品出口比重指数

图 3-18 为 2002 年中国各省（区、市）工业制成品出口比重指数分布图。从中可以清楚地看到，在数据齐全的 18 个省（区、市）中，上海、江苏、浙江、广东这几个东部、南部沿海省市有较高的工业制成品出口比重。这些都是当时加工贸易较发达的省市。而吉林、黑龙江虽然为东北老工业基地，但工业制成品多用于内销，出口较少。图中还显示出，重庆和四川也有较高的工业制成品出

口比重，主要原因是凭借国家西部大开发的契机，重庆、四川积极实施了扩大内需和对外开放并重的经济政策。尤其是重庆，作为中西部唯一直辖市，拥有长江黄金水道和三峡库区开发建设、承东启西的区位等独特优势，相继出台了一系列鼓励产品出口和支持对外贸易企业发展的政策，促进了工业制成品出口比例的大幅度上升。

图 3-19 为 2002 年中国各省(区、市)经过标准化处理的机电产品显性比较优势指数。同图 3-18 类似，上海、江苏和广东有较高的显性比较优势指数，尤其是广东，这说明此时广东的加工贸易已经以机电产品为主，出口逐渐从劳动密集型产品转变为资本、技术密集型的产品。而其他少数省份仍停留在劳动密集型产品占优势的阶段。例如，山西的出口多以初级产品和半成品为主，机电产品出口相对较少，故有较低的显性比较优势指数。

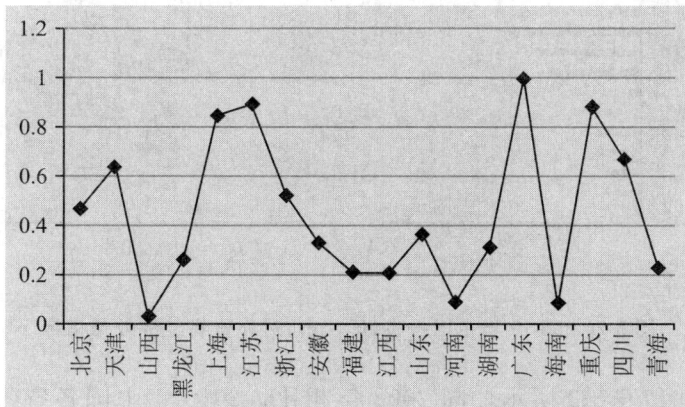

图 3-19　2002 年中国各省(区、市)机电产品显性比较优势指数

3.3.2 2010 年中国各省(区、市)对外贸易可持续发展经济效益指标概况

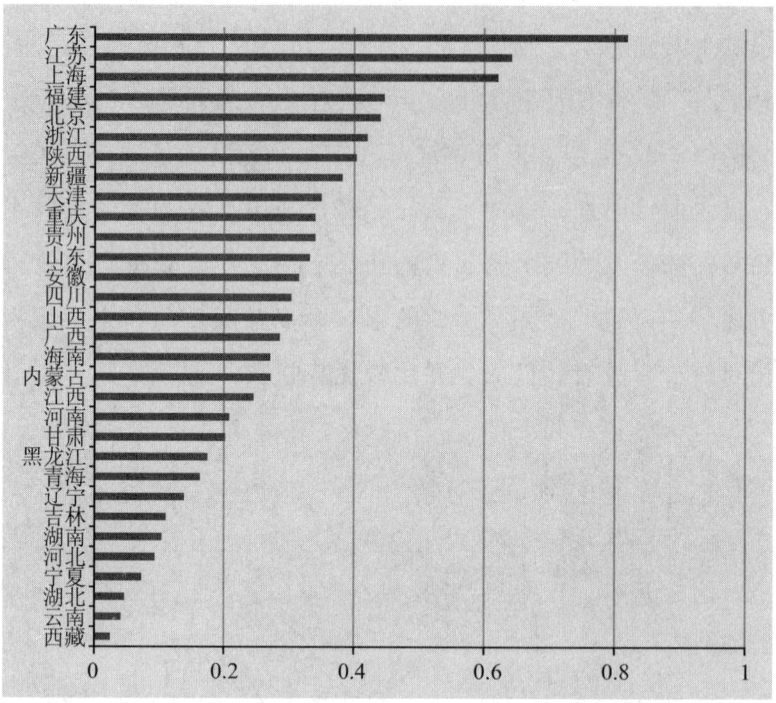

图 3-20 2010 年中国各省(区、市)对外贸易经济效益指标

如图 3-20 和表 3-3 所示,同 2002 年相比,2010 年中国各省(区、市)对外贸易经济效益指标的排名有相同之处,但也有略微变化。广东依然位居经济效益指标榜首,江苏和上海仍在前 3 位之列,分别为第 2 位、第 3 位;且前 10 位同样以东南沿海省(区、市)为主。然而,2010 年的排名也有不同之处。首先,最明显的改变是北京的经济效益指标由 2002 年的第 9 位上升到 2010 年的第 5 位,这充分体现了北京既是我国首都也作为经济中心城市的重要角色,尤其是在 2002 年我国加入 WTO 之后;而安徽的排名从第 4 位变为中等的第 13 位,这与安徽的出口市场集中度有很大关系。2002 年时安徽的出口市场集中度极高,而且主要出口国家和进口国家存在错位现象。而加入 WTO 之后,我国与

美国和欧盟产生了较多的贸易摩擦，经常受到这两个国家（地区）反倾销措施的制约，这对出口市场过于集中的安徽来说有很大影响，因此为了改善状况，2010 年安徽开拓了多元市场，加大了对非洲和拉丁美洲的出口。其次，在指标大于 0.3 的地区中多了陕西、福建、新疆、贵州和山西 5 个地区；而辽宁的经济效益指标由 2002 年的 0.328 下降到 2010 年的 0.139。经济效益指标大于 0.3 的省（区、市）越来越多，一方面得益于我国对外贸易总体水平的提高，同时也与各地区自身贸易、经济发展目标及其他因素有关。例如，作为经济欠发达地区，陕西在"十一五"时期取得了显著成果。在 2008 年金融危机的冲击下，陕西成为我国 4 个实现外贸正增长的省（区、市）之一，并且进出口贸易进一步优化。"十五"时期，一般贸易是陕西进出口的主要方式，而"十一五"时期，一般贸易和加工贸易一并成为陕西进出口的主要方式，机电产品出口所占比重也不断提高。而福建作为东南沿海省份之一，实现外贸的快速增长也是情理之中。

表 3-3　2010 年中国各省（区、市）对外贸易经济效益指标及其二级指标值

地区	总指标	经济效益指标		
		贸易规模指数	贸易结构指数	贸易竞争力指数
北京	0.460 982 7	0.513 806 007	0.305 930 753	0.537 654 115
天津	0.346 033 2	0.179 025 983	0.513 040 333	N/A
河北	0.088 125 8	0.056 929 171	0.119 322 496	N/A
山西	0.301 705 3	0.021 646 070	0.553 796 687	0.322 681 182
内蒙古	0.269 248 2	0.010 666 566	0.492 246 408	0.295 935 744
辽宁	0.138 538 4	0.120 784 756	0.156 292 083	N/A
吉林	0.108 774 9	0.031 577 561	0.236 991 508	0.070 510 38
黑龙江	0.174 024 9	0.049 065 124	0.180 306 755	0.263 033 443
上海	0.619 262 5	0.592 629 024	0.139 447 711	0.999 098 734
江苏	0.640 641 6	0.540 750 043	0.387 557 118	0.905 373 734
浙江	0.416 107 8	0.331 285 768	0.445 121 119	0.457 964 367
安徽	0.314 651 8	0.040 351 892	0.577 341 447	0.323 359 563
福建	0.442 840 8	0.187 093 408	0.519 901 880	0.576 855 553
江西	0.2 423 250	0.043 240 663	0.219 627 778	0.408 661 048

续表

地区	总指标	经济效益指标		
		贸易规模指数	贸易结构指数	贸易竞争力指数
山东	0. 330 241 8	0. 219 708 328	0. 358 343 380	0. 392 065 748
河南	0. 206 363 6	0. 019 207 450	0. 477 495 532	0. 143 381 798
湖北	0. 043 056 2	0. 037 491 853	0. 048 620 532	N/A
湖南	0. 101 896 4	0. 018 447 252	0. 044 138 067	0. 207 802 054
广东	0. 815 834 4	0. 890 381 313	0. 690 519 821	0. 853 910 033
广西	0. 284 098 2	0. 033 402 567	0. 422 533 673	0. 368 293 298
海南	0. 269 529 9	0. 062 058 196	0. 480 682 807	0. 266 769 030
重庆	0. 339 876 4	0. 025 555 131	0. 453 946 767	0. 490 064 464
四川	0. 303 260 8	0. 047 232 496	0. 498 461 979	0. 348 881 113
贵州	0. 336 252 7	0. 005 682 842	0. 666 822 645	N/A
云南	0. 036 352 0	0. 029 906 473	0. 042 797 493	N/A
西藏	0. 020 292 0	0. 020 292 023	N/A	N/A
陕西	0. 398 313 5	0. 019 748 357	0. 386 737 073	0. 690 919 727
甘肃	0. 198 496 6	0. 020 532 119	0. 538 214 217	0. 077 181 624
青海	0. 161 191 3	0. 002 297 371	0. 454 337 604	0. 060 502 091
宁夏	0. 069 053 8	0. 011 135 974	0. 126 971 674	N/A
新疆	0. 379 287 6	0. 053 602 773	0. 704 972 360	N/A

　　图 3-21 呈现了 2010 年中国各省（区、市）的贸易规模指数。同 2002 年一样，贸易规模指数的排名同经济效益总指标的排名十分类似，广东、上海和江苏仍旧占据排名的前三甲。青海、贵州等欠发达地区贸易规模较小。而天津由于拥有重要港口，贸易规模远大于其他内陆省份。广西的贸易规模指数同 2002 年相比有较大的提升，这要归功于广西的出口市场分布。与其他地区不同，广西的主要出口市场为东盟国家，尤其是越南，越南已经连续十年保持广西第一大贸易伙伴国，相比美国和欧盟等国家（地区）受到金融危机的冲击较小，因此并未影响到广西的出口。然而广西的出口结构中仍以一般贸易为主，并保持了高速增长，机电产品和高新技术产品所占比例有所下滑。这几点可在图 3-22 和图 3-23 中看出。此外，江西的贸易规模指数明显提高，排名由 2002 年的倒数第 5 位上升到第 15 位；而内蒙古的贸易规模指数由第 16 位下降到第 29 位。

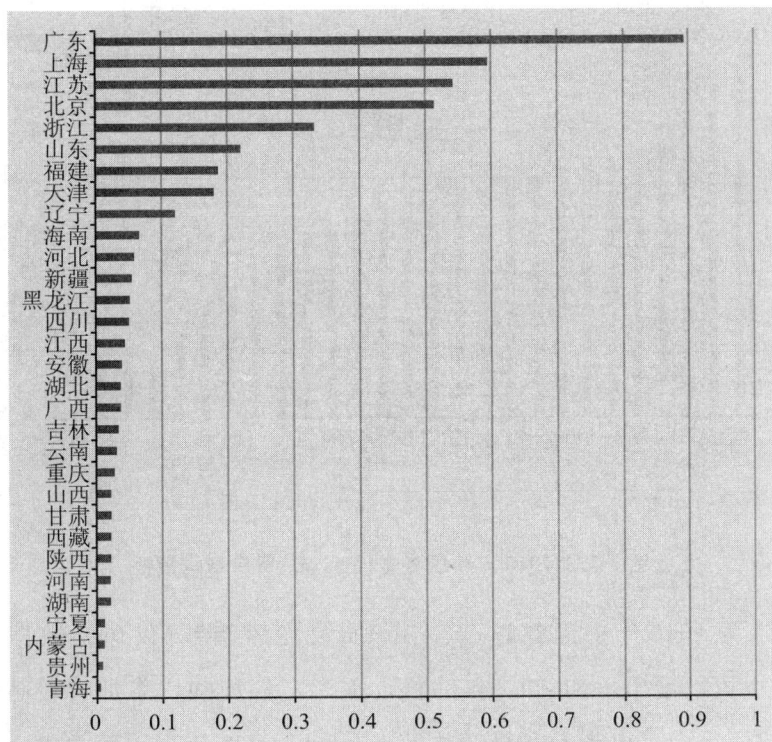

图 3-21　2010 年中国各省(区、市)贸易规模指数

　　图 3-22 呈现了 2010 年中国各省(区、市)贸易结构指数(仅包括数据完整的地区)。新疆的贸易结构指数高居首位,是一个较为意外的结果。因为数据缺失,所以无法将其同 2002 年相比较,但由三级指标的情况可以看出,新疆的出口市场分布度指数较高,多集中在东亚地区,而这些国家受金融危机影响较小,所以 2008 年的金融危机并未给新疆的出口带来过大影响。位居第 2 位的是广东,与 2002 年相比有明显的提升,这从侧面反映了我国 8 年来在贸易结构转变方面的成果。四川排名靠前应归因于较高的工业制成品出口份额,正如前文所说,四川加大对贸易的投入,机电产品占出口比例创新高,拉动了四川的贸易结构指数。此外,从图 3-22 还可以看出,贸易结构指数排名前列的省(区、市),几乎都为内陆地区,由以上分析得知,这些内陆地区有些有较高的出口市场分布度指数,有些出口商品集中度较高,有些工业制成品比重较高,这些都拉高了它们的贸易结构指数排名。

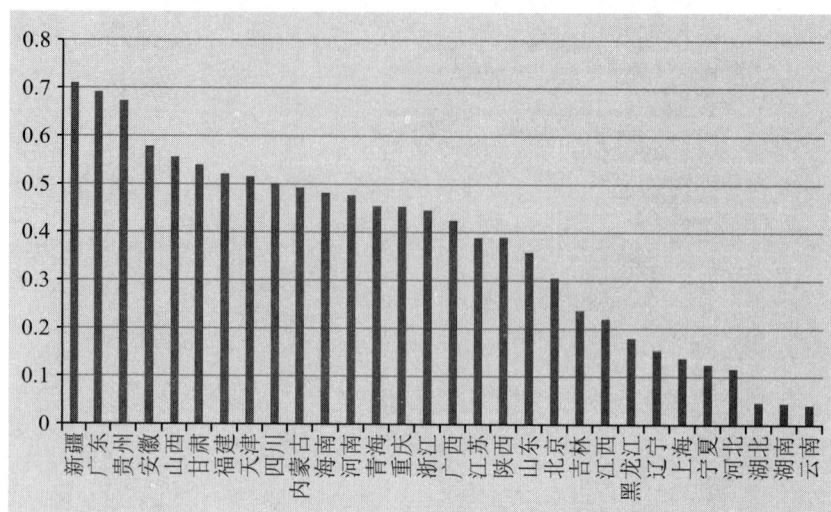

图 3-22 2010 年中国各省(区、市)贸易结构指数

　　图 3-23 为 2010 年中国各省(区、市)贸易竞争指数(仅包括数据完整的地区)。从图中可以看出,和 2002 年一样,上海、江苏和广东拥有较高的出口竞争力,出口商品中机电产品和高新技术产品所占比例较高。而甘肃、吉林和青海,由于地处内陆,机电产品和高新技术产品占比较低,故有较低的贸易竞争指数。福建的贸易竞争指数同 2002 年相比发生了很大变化,上升幅度很大,这与福建在外贸方面采取的一系列措施是分不开的。为了调整优化出口商品结构,福建加大了从政策上引导扶持计算机及其外部设备、飞机配件、通信、视听、药品等高新技术产品,特别是具有自主知识产权的高新技术产品出口的力度,使得高新技术产品的进出口占比大幅增加,拉动了福建的贸易竞争指数。同时,福建改变了长期以来在对外贸易发展中"重出口、轻进口"的观念,为实现对外贸易的平衡发展,积极采取相关措施鼓励扩大进口,尤其是鼓励企业引进国外先进设备和关键技术,扩大资源性商品进口,以提升福建企业生产技术水平和创新能力,提高产品的国际竞争力。总体来说,2010 年各省(区、市)的贸易竞争力均有所提高,但贸易竞争指数排名与 2002 年相比变化不是很大。

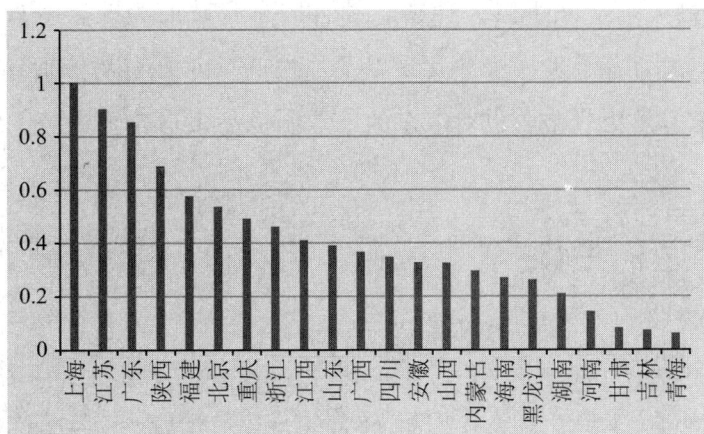

图 3-23　2010 年中国各省(区、市)贸易竞争指数

图 3-24 为 2010 年中国各省(区、市)外贸依存度指数。同 2002 年相比稍有不同，进口依存度最高的地区仍为北京，但出口依存度最高的地区由 2002 年的广东变为 2010 年的上海。主要原因还是在于 2008 年的金融危机对传统贸易大省广东产生了显著影响，尤其是广东多以加工贸易为主，出口市场也集中于美国、欧洲等发达国家(地区)，因而出口贸易额大幅下降。江苏、浙江和福建等省份，出口依存度与进口依存度之间的差距进一步扩大，除了少数地区如北京、甘肃、海南等，其他省(区、市)出口依存度指数均大于进口依存度指数(但并不意味着出口大于进口，因为指数经过标准化调整)，且部分省(区、市)的进、出口依存度指数之间的差距也越来越明显。例如，海南不仅进口依存度指数仍大于出口依存度指数，二者之间的差距也在扩大，进口增速十分明显；而福建的出口依存度指数仍大于进口依存度指数，二者间的差距也越来越大。此外，西藏、云南的出口依存度指数也比 2002 年时增加了很多。

图 3-25 呈现了 2010 年中国各省(区、市)的工业制成品出口比重指数。同 2002 年相比，江苏、浙江依然有最高的工业制成品出口比重，重庆和四川的工业制成品出口也居高位；广东的工业制成品出口比重也较高，但与 2002 年相比略有下降。广东的贸易结构主要是受到了 2008 年金融危机的影响，主要出口市场内需下降，失业率不断攀升，新的贸易保护主义抬头，给有着"加工贸

易基地"称号的广东带来了巨大冲击。并且广东省政府为改善对外贸易依存度过高的情况，大力着手发展服务贸易以及加快广东对外贸易产业结构的高端转移，实行市场多元化战略，也对广东的工业制成品出口比重带来了影响。

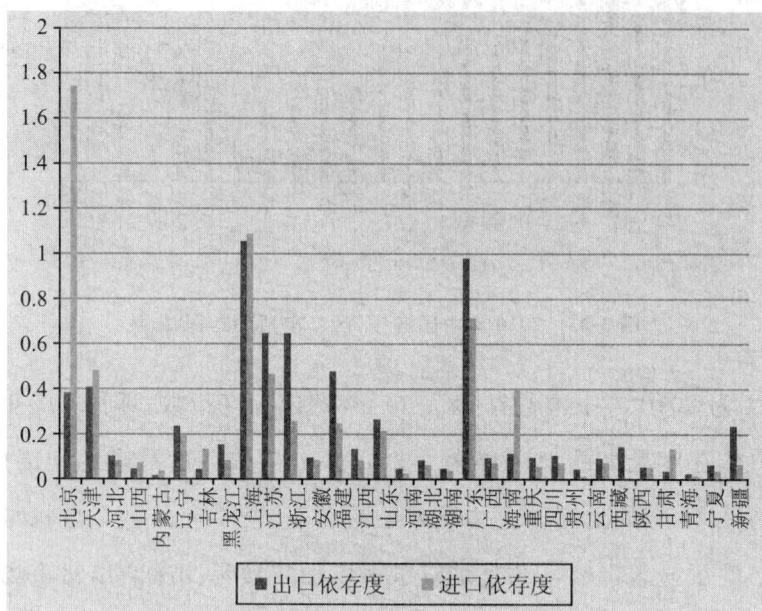

图 3-24　2010 年中国各省(区、市)外贸依存度指数

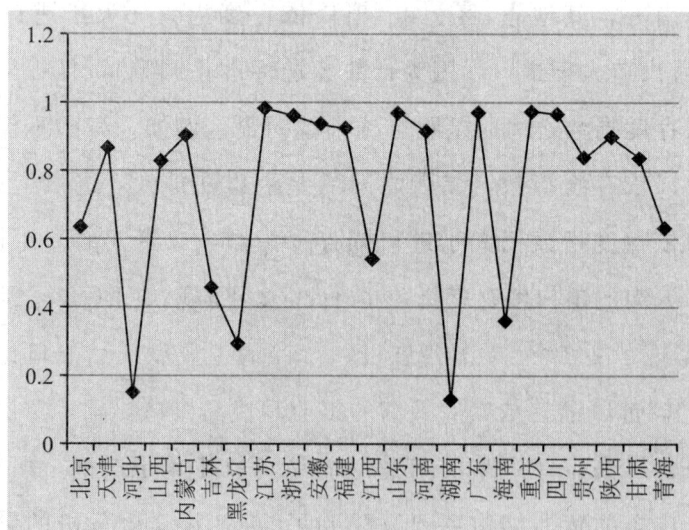

图 3-25　2010 年中国各省(区、市)工业制成品出口比重指数

图 3-26 为 2010 年中国各省(区、市)机电产品显性比较优势指数(经过标准化处理)。同 2002 年相比,上海和江苏仍然有最高的显性比较优势指数。北京的显性比较优势指数比 2002 年有很大幅度上升,机电产品的出口比重增加了很多。为贯彻"十五"期间促进机电产品出口的精神,北京推出了一系列政策性文件,以促进北京的机电产品出口,如《北京市支持出口机电产品研究开发和技术更新改造项目资金管理办法》等,对北京出口机电产品企业从研究开发、技术更新改造以及在京设立研发中心三个方面予以资金支持,收效显著。

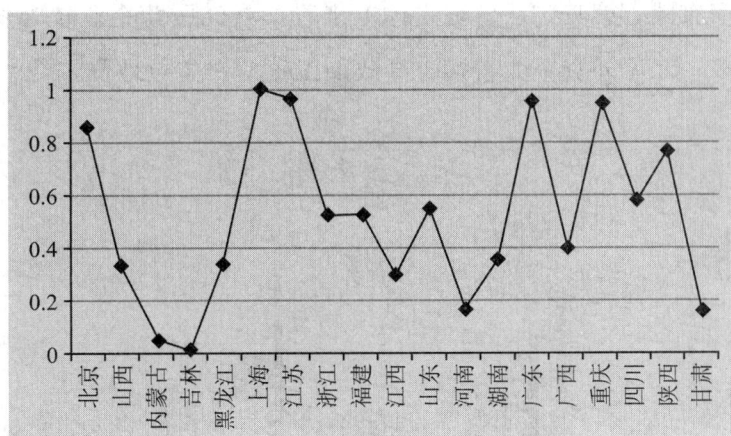

图 3-26　2010 年中国各省(区、市)机电产品显性比较优势指数

3.3.3　2002 年与 2010 年中国各省(区、市)对外贸易可持续发展经济效益指标的比较

上文对 2002 年和 2010 年中国各省(区、市)的经济效益指标以及各二级指标作了综述,图 3-27 汇总了各省(区、市)这两年的经济效益指标对比情况。因三级指标经过标准化处理,所以两年的指标并不能单纯地定量比较,要更多地从排名方面来对比。

广东、上海、江苏和浙江四个对外贸易大省(市)两年的指标排名变化幅度很小,一直居于领先地位。这里我们发现,虽然浙江和江苏在地理位置上极为接近,同样是指标居前,但相比之下还有一定差距,其原因可归结为三个方面：第一，从出口商品结构上看，浙江机电产品和高新技术产品出口占比较低（2010 年分别为 43.84％和 8.16％），而纺织品等轻工业产品所占比重较高；江苏的机电产品和高新技术产品出口占比较大（2010 年分别为 69.61％和 46.61％）。第二，从贸易方式上看，浙江的对外贸易方式以一般贸易为主，加工贸易所占比重小于一般贸易，且出口从初级产品和资源性产品起步，逐步转向以劳动密集型和资本、技术密集型制成品为主；江苏的贸易方式主要以加工贸易为主，具有"两头在外，大进大出"的特点，建立在相对低廉的劳动力成本上，增值率有限。第三，从外贸主体上来看，浙江民营企业较为发达，因此一般贸易居多；江苏外资企业发达，导致加工贸易占主导地位。

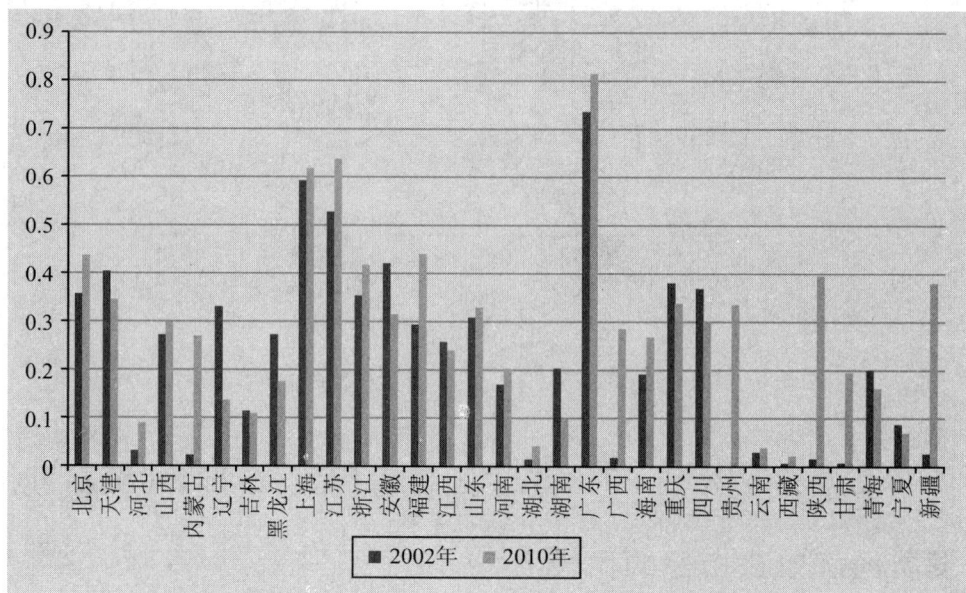

图 3-27 2002 年与 2010 年中国各省（区、市）经济效益指标对比

虽然从图 3-27 中看，东北三省 2010 年的经济效益指标较 2002 年相比均有所下降，但由于指标经过标准化处理，因此只能说东北三省的指标增速要略缓于其他省（区、市）。国家出台实施振兴东北老工业基地政策以来，东北地区对外开放程度不断扩大，对外贸易在地区经济发展中的地位稳步上升。然而各省的贸易方式却不尽相同。辽宁拥有优越的临海地理位置，加工贸易占主要地位；吉林以一般贸易占绝对地位；而黑龙江因为与俄罗斯接壤，除一般贸易外

边境小额贸易也很发达。由于地理位置上的优越性，日本、俄罗斯和韩国是东北三省最主要的贸易伙伴。在出口结构中，辽宁机电产品出口占比较大，而吉林出口低附加值的产品以及农产品和钢材较多，黑龙江出口则以机电产品和纺织品为主。国家的振兴东北工业政策加速了东北三省第二产业尤其是重工业的发展，但第三产业比例仍然较低，这种产业结构不利于出口结构的优化。因此，在其他省份大力发展加工贸易、出口增速势头猛烈的对比下，东北三省的进出口增仍速较为平缓。

新疆、甘肃、陕西和广西这四个地区的 2010 年经济效益指标都比 2002 年有显著提高，可见这四个地区 8 年间对外贸易取得了相当大的成果。新疆的外贸进出口总额每年都增长 50％～80％，就连 2008 年多数省（区、市）面临金融危机冲击、进出口出现负增长的时候，新疆的外贸增长率仍保持在 50％左右，这显示出新疆外贸发展的巨大潜力。由于新疆独特的地缘优势，因此它成为联结我国与中亚各国的桥梁和窗口，哈萨克斯坦为新疆第一大贸易伙伴国，边境贸易在新疆的贸易中占据着重要地位。出口商品结构方面，新疆初级产品有逐渐向制成品发展的趋势，但出口的初级产品比重依然高于全国平均水平，服装、鞋类、纺织品以及番茄酱等成为新疆出口过亿美元的商品。新疆进口的商品中，主要以原油、钢材以及机电产品为主。拥有丰富的自然资源和矿产资源，新疆在矿产和农产品方面有着得天独厚的比较优势，这也为新疆大力发展外贸打下了良好的基础。然而，过高的出口商品集中度和出口市场分布度也会给新疆带来一定的风险。如第二大贸易伙伴吉尔吉斯斯坦政局动荡多变，会影响新疆对吉贸易以及通过吉转口中亚其他国家的贸易。

加入 WTO 后甘肃的外贸发展增速明显，但是 2008 年的金融危机给甘肃对外贸易带来了一定冲击。甘肃是一个贸易逆差较大的省份，美国为甘肃第一大出口国，澳大利亚是甘肃第一大贸易伙伴和第一大进口国。从进出口商品结构来看，甘肃主要进口矿产品、金属原材料以及机电产品，而主要出口苹果汁、鲜苹果和葵花籽等初级农产品。可见甘肃进出口商品结构单一，资源类产品占主导地位，产品多为原材料和农产品等初级产品，商品附加值小，加工程度浅。贸易方式上，甘肃基本以一般贸易为主，加工贸易所占比重小，而且一般贸易所占比重还在增长，对外贸易结构存在一定的不合理性。

陕西 2010 年的进出口总值为 120.828 3 亿美元，几乎是 2002 年的 5 倍。其中进口 58.75 亿美元，出口 62.07 亿美元。8 年来陕西的进出口市场扩展到 180 多个国家(地区)，主要出口市场是欧盟和美国，因此 2008 年金融危机时受到了一定影响。从贸易方式上来看，仍以一般贸易为主，加工贸易占比较低。值得注意的是，对外承包工程在陕西对外贸易方式中的比例正快速增长，从出口商品结构来看，机电产品和高新技术产品的出口一直保持较快速度增长，而矿产品和农产品的出口因市场需求减少和产品价格下降而受到严峻考验。总的来看，陕西还存在外贸依存度较低、经济增长多依赖于投资拉动和进出口企业规模小不稳定等问题。

如前文所述，广西的主要贸易伙伴为东盟国家，尤其是越南，且以一般贸易为主。因此在 2008 年金融危机时，广西受到的影响较小。2005 年以后，由于中国—东盟自由贸易区的全面减税政策，大大促进了广西的进出口贸易，同时随着广西经济的发展，进出口商品结构不断优化，工业制成品占比得到大幅度提高。2010 年 1 月 1 日，中国—东盟自贸区正式成立后，中国与东盟 10 个国家的 60 多种商品实现了零关税，广西的进出口贸易实现巨大突破。

天津和湖南这两个省市 2010 年的经济效益指数排名与 2002 年相比有较大幅度的下降。天津作为重要港口，一直以来外贸都保持迅猛发展的势头，然而 2008 年之后的进出口增速明显下降。究其原因，这是受到 2005 年以后人民币升值、企业生产成本提高特别是金融危机对实体经济的冲击等因素的影响。而这些进出口的减少主要来自天津的外商投资企业，内资企业在天津的发展稳定而迅速。这段时期天津对外贸易的另一个特点是，加工贸易增长回落，一般贸易发展迅速。在天津的出口产品中，机电产品和高新技术产品占比较大，此类商品在外商投资企业和加工贸易中又占据主要位置。机电产品和高新技术产品的收入弹性相对较大，在全球经济不振和需求萎缩的情况下，消费者对其的需求会有较大幅度的下降，由此加工贸易发展呈回落态势。天津的出口市场主要是欧盟、美国和日本，因此受到的冲击更为明显。

湖南近年来外贸规模不断扩大，出口质量不断提升，培育了机电产品、钢材、有色金属、纺织服装、农产品、陶瓷和烟花鞭炮等一批支柱型出口产品。
出口市场也不断扩大，增加到 180 多个国家和地区，新兴市场贸易额占比也不
断增加。然而湖南仍存在一些问题：一是外贸总量比较小；二是外贸结构仍需
优化。湖南的进口在外贸中所占比重过小，机电产品进出口的比重也低于全国
平均水平。外商投资企业对全省进出口的贡献较低，出口商品以传统资源性产
品为主，附加值不高，出口品牌建设还比较落后。

3.3.4　中国东西中部地区对外贸易可持续发展经济效益指标的比较

　　图 3-28 至图 3-30 分别为我国东部、中部和西部地区 2002 年与 2010 年贸易
规模指数对比图。这里对东部、中部和西部的划分参照我国 1986 年全国人大六
届四次会议和 1997 年全国人大八届五次会议，以及 2000 年制定"西部大开发"
政策时所采取的标准。[①]

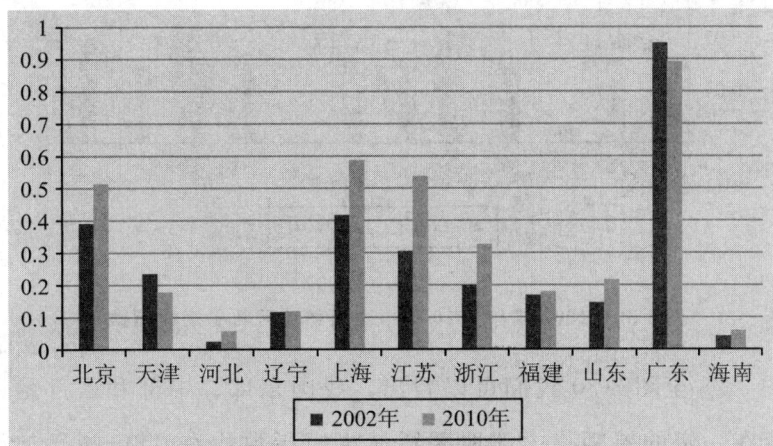

图 3-28　2002 年与 2010 年中国东部地区贸易规模指数

---

　　① 东部地区包括：北京、天津、河北、辽宁、上海、江苏、浙江、福建、山东、广东和海
南；中部地区包括：山西、吉林、黑龙江、安徽、江西、河南、湖北和湖南；西部地区包括：
内蒙古、广西、重庆、四川、贵州、云南、西藏、陕西、甘肃、青海、宁夏和新疆。

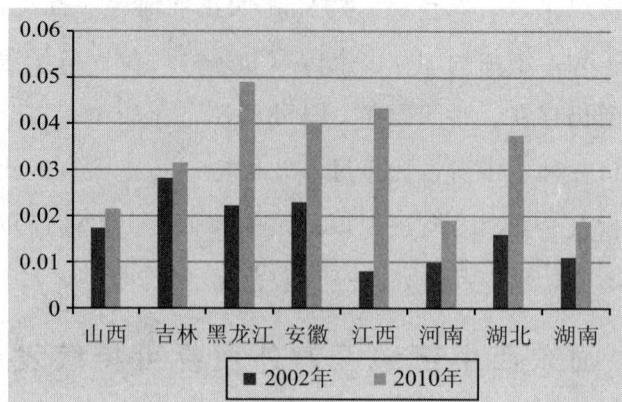

图 3-29   2002 年与 2010 年中国中部地区贸易规模指数

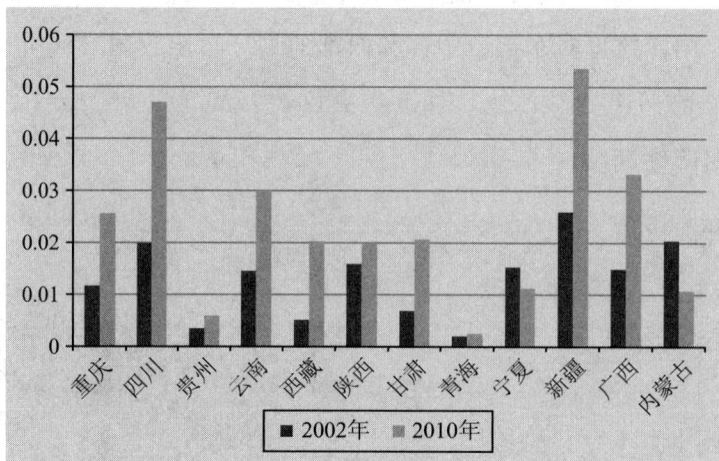

图 3-30   2002 年与 2010 年中国西部地区贸易规模指数

　　对比图 3-28 至图 3-30 我们可以看出，我国东部、中部和西部地区的贸易规模指数存在一定的差距。中部地区贸易规模指数均在 0.05 以下，西部地区贸易规模指数均在 0.06 以下，大大低于东部地区。但是中部地区和西部地区的增长速度还是比较快的，尤其是江西、四川和新疆。

　　东部地区虽然在 2008 年金融危机中受到巨大影响，但在经济回暖的过程中，第三产业异军突起，成为"保增长"的主力军，增幅大大快于第二产业。拥有优越的地理区位优势和国家政策的大力扶持，东部地区成为带领全国经济增长的领头羊。东部地区作为加工贸易的重要地区,其制成品出口占总出口比重较大。然而过度集中的商品出口不利于产业结构的优化,因此东部地区在逐渐向内陆省份转移优势产业。北京、上海等地都在大力发展服务贸易,优化出口结构,也取得了可喜的成绩。

中部地区各省份之间无论从地理位置还是比较优势方面,差距都比较大。河南作为中国"中部崛起"政策的重要省份,可以较好地作为中部地区的代表。2008 年金融危机对中部地区的冲击也比较大。受国际市场需求减弱、竞争更加激烈以及大宗商品价格持续大幅下降等因素的影响,进出口价格同比持续下降,主要资源性产品进口价格降幅均超过两位数,因此在实际进口量上升时,进口金额却是在下降的。由于纺织服装等劳动密集型产品需求弹性较小,加上提高出口退税率等政策措施带动,受金融危机的冲击相对较轻,但机电产品出口受到的影响较为明显。中部地区的贸易方式中,一般贸易比加工贸易要略占优势。由于加工贸易产业链相对较短,在危机爆发初期受冲击较大。不过值得欣慰的是,随着"走出去"战略的深入实施,中部地区企业"走出去"步伐明显加快,一批优势企业纷纷走出国门,在全球范围内积极开展对外投资、工程承包和劳务合作,利用两个市场、两种资源的能力不断增强,在发展当地经济和就业的同时也带动了当地产品出口,逐渐成为带动产品出口的重要渠道。但是作为内陆省份,中部地区的外向度较低,出口额占全国比例很低。而且出口结构中,以资源性大宗商品居多,高新技术产品占比不高。虽然中部地区在地理区位上并不占优势,但这引发了更多中部地区企业对外投资的意向。尤其是一些国家和地区在金融危机后吸收外资政策相对宽松,为刺激经济大量投资基础设施,这些都为企业"走出去"提供了良好机遇。并且面临东部地区的产业转移,中部地区的要素、成本、区位优势不断上升,扩大开放和承接产业转移的有利条件增多。

西部地区虽然对外贸易增速加快,但与东部地区相比差距仍在扩大。造成西部地区对外贸易落后的原因主要有经济、政策与客观等方面因素。经济因素包括经济水平、产业结构等;政策因素主要指宏观政策影响;客观因素包括技术、信息、交通基础设施、地理位置和环境等。这些因素交织在一起,共同影响和制约着西部地区对外贸易的发展。

第一，西部地区没有东部沿海城市那种河道密布、面临大海所带来的发达且成本低廉的水上运输之便利，取而代之的是沙漠戈壁、高原山地、地形崎岖和交通不便，这就造成西部地区运输方式多以陆上运输为主，导致对外贸易的运输成本较高。

第二，西部地区尚处于工业化初级阶段，发展水平与全国水平相比具有较大差距，而且工业的整体化发展水平还比较薄弱，主要依靠少数大企业集团快速增长带动。由于西部地区经济发展水平落后，经济增长速度缓慢，经济增长对对外贸易推动力较弱，从而导致对外贸易发展滞后。

第三，国家节能减排的刚性约束政策对西部"两高一资"的经济发展模式影响很大，加上政府对东、西部实施了不同的发展战略，这样便使东部地区处于一种相对优势的地位。西部地区不但没有享受到很多进出口政策的优惠，而且长期以来作为东部地区资源的提供地，在国家价格计划管理负面影响下，造成"低价输出和高价输入"的双重利润的流失，导致西部地区日益落后，与东部地区的经济和对外贸易的差距不断加大。

第四，由于经济的落后，西部地区在高新技术投入方面较少，使得生产技术落后，产品技术含量低，也阻碍了进出口贸易的发展。

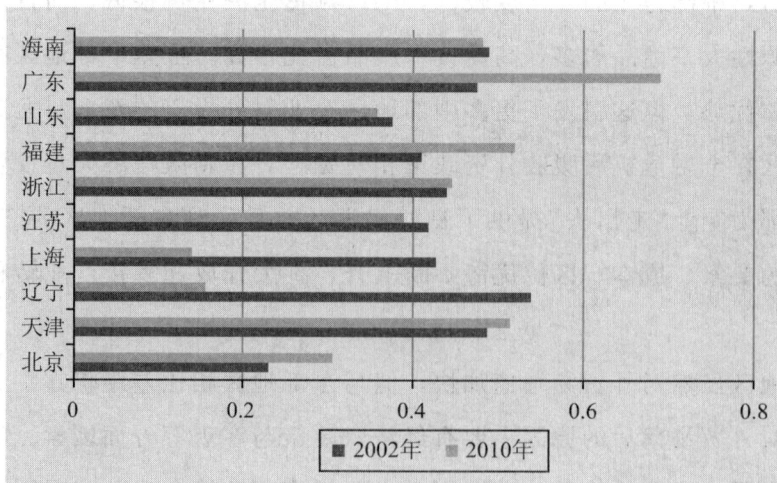

图 3-31　2002 年与 2010 年中国东部地区贸易结构指数

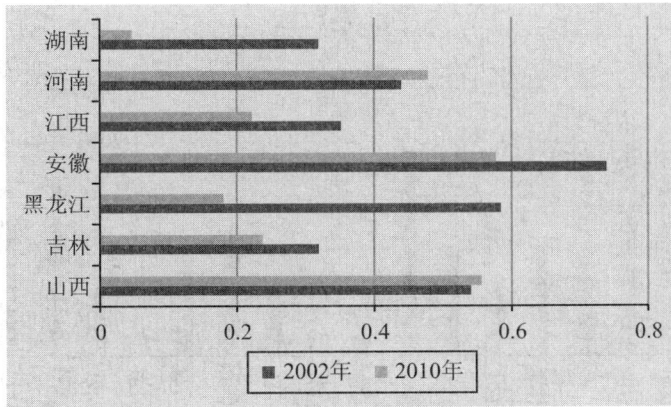

图 3-32　2002 年与 2010 年中国中部地区贸易结构指数

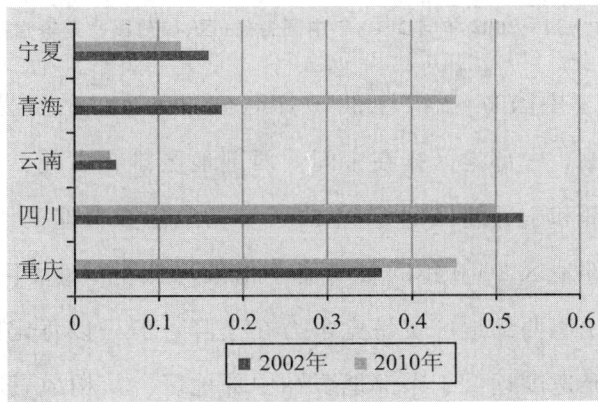

图 3-33　2002 年与 2010 年中国西部地区贸易结构指数

　　图 3-31 至图 3-33 分别为我国东部、中部和西部地区 2002 年与 2010 年贸易结构指数对比图，其中只列出了 2002 年和 2010 两年数据均可获得的部分省（区、市）。从图中我们可以看出，东部地区的贸易结构指数仍然高于中部和西部地区，但差距明显小于贸易结构指数的差距。并且我们发现，除个别省（区、市）外，多数地区 2010 年的贸易结构指数比 2002 年有所下降。东部地区下降尤其明显。究其原因，从构成贸易结构指数的三级指标来看，出口商品集中度的下降和出口市场分布度的下降是主要原因。随着贸易结构的逐年优化，出口市场越来越多，新兴市场份额加大，这对我国的外贸来说是一个比较可观的前景。

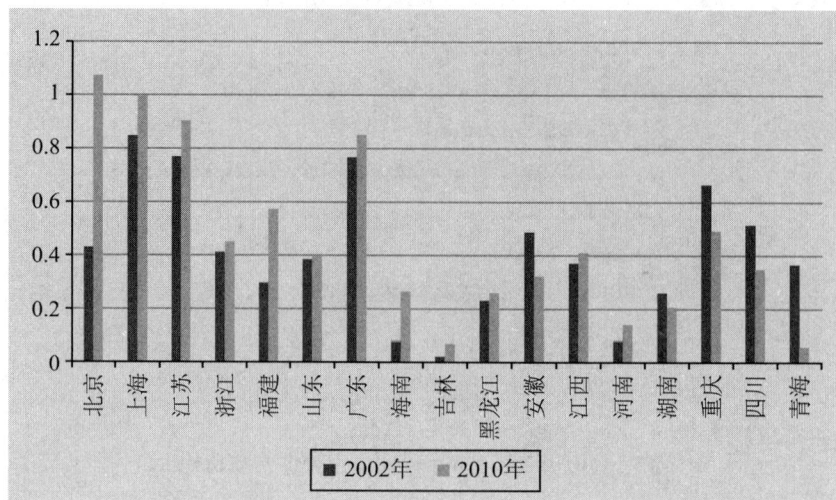

图 3-34　2002 年与 2010 年中国各省(区、市)贸易竞争指数

　　图 3-34 呈现了中国 2002 年与 2010 年各省(区、市)的贸易竞争指数对比,东部地区排在左侧,中部地区排在中间,西部地区排在右侧。这里我们可以发现一个事实,东部和中部地区 2010 年的贸易竞争指数普遍高于 2002 年的贸易竞争指数,而西部地区 2010 年的贸易竞争指数均低于 2002 年。当然,经过标准化的指数不能说明西部地区贸易竞争力在下降,但可以肯定的是,西部地区贸易竞争力的提升速度远低于东部地区和中部地区。从构成贸易竞争指数的三级指标也容易看出,东部地区高新技术产品的进出口增长非常快,国家采取了一系列措施来鼓励高新技术产品的进出口,并在发达城市设立了众多研发中心,这些都促使东部地区的贸易竞争力提升快于西部地区。

　　然而,东部地区的外贸发展也存在着问题。东部地区过高的外贸依存度和过于集中的出口市场将会成为制约外贸进一步发展的因素,尤其当一些国家搞贸易保护主义时,会对国际贸易产生不利影响。许多发达国家和新兴工业化国家已经开始寻求通过绿色、技术、标准壁垒等非关税措施来保护本国产业。对此,外贸企业应加强对贸易伙伴非关税壁垒及贸易摩擦的关注,并学会在WTO 的框架下通过 WTO 相关协议及条款来保护自己的利益。同时,政府外贸部门应给予相应的支持,如为企业提供咨询服务等,以此提高外贸企业的经营管理水平和抗风险能力，防止其他国家转嫁经济危机。

　　除此之外，对于那些以加工贸易为主的地区，也应开始考虑延伸加工贸易产业链。当前，加工贸易处于增长的低潮时期，这正是对加工贸易升级思考和实践的绝佳时机。鼓励和支持向研发、营销服务等上游产业链延伸以及发展生产性服务业具有积极意义。加大研发力度，促进企业从 OEM 向 ODM 和 OBM 转变，提高自主创新能力，形成自主知识产权，可以提高企业的利润率和话语权。同时，可以培养出一批高素质的研发人员，他们带来的产品附加值要远远大于劳动密集型环节的从业者。但同时要注意加工贸易升级的速度和节奏，要整合好现有资源，在没有具备人才、资本等生产要素聚集的情况下，应以稳定目前加工贸易企业发展为主，摆脱对传统加工贸易的路径依赖，不能操之过急。

　　东部地区还应开拓新的出口市场，多元化的市场结构有利于分散企业的经营风险和促进对外贸易的良性发展。因此，继续加大拓展其他海外市场的力度，对提升对其他外贸出口市场的占有率具有积极的意义。

　　对于西部地区，国家应该加大政策支持力度，如对优势产品在出口配额和出口信用保险等方面给予支持；建设加工贸易口岸，开放城市间出入境口岸，以吸引、集中国内外资源；建立自由贸易区，引导外贸企业发展，开拓出口市场，同时应加大技术方面的投入，以打破科技水平落后这一制约西部地区对外贸易发展的瓶颈；调整产业布局，促进外贸结构升级，获得对外贸易的规模经济效益，在退税上予以适当的优惠，创造有利于外贸发展的宽松环境。

　　发展滞后的交通基础设施建设制约了西部地区对外贸易的发展，所以加快基础设施建设，也是发展西部地区对外贸易的必要措施。同时还应改善物流环境，解决制约西部地区外贸发展的物流瓶颈问题。如制定扶持西部地区外贸企业物流运输的补贴政策，积极促进各省国际货运航线的开通等。

　　与此同时，提高西部地区出口产品附加值，转变增长方式也刻不容缓。西部地区进出口贸易方式以一般贸易为主，加工贸易占比较小，这种贸易方式不利于经济的长远发展，因此应大力支持加工贸易的发展，提高加工贸易企业的竞争力和发展层次，缩短加工贸易阶段发展时期，通过加工贸易引进发展经济所需的资本、技术，引导外商投资流向技术含量高、附加值高的产业部门，通过技术扩散和渗透效应，逐步实现这些产业的本土化，为高层次的一般贸易积累力量。各省内部还需加快产业结构调整，积极做好承接产业转移的促进工作，在产业转移承接中抢占先机。

在开拓进出口市场方面，要加大对一些新兴市场的开拓力度。在继续巩固欧盟、北美、东盟等传统市场的同时，鼓励企业积极参与新兴国家和国际组织举办的各类展览会、洽谈会和推介会，开拓新兴市场，重点开拓非洲、拉美、中亚、西亚和东欧市场。

总体而言，不管是从中国对外贸易可持续发展总体经济效益指标还是从具体的贸易规模、贸易结构和贸易竞争指数来看，中国的对外贸易可持续发展优势和经济效益在逐年提高和增强。与此同时，在未来的可持续发展过程中，不管是国内经济还是对外贸易，都要全面均衡，不仅要重视贸易规模的发展，更要关注贸易结构和贸易竞争力的优化和提高，使中国在保持贸易大国优势的同时优化和改善贸易结构、提高贸易竞争力，从而促使中国国内经济发展模式调整和转变、产业结构升级和完善，并最终过渡到贸易强国，这才是中国对外贸易可持续发展的关键因素之一。

第4章　中国对外贸易
可持续发展的生态效益

中国对外贸易的快速发展在推动经济快速腾飞的同时也带来了大量环境问题，资源消耗和环境污染不断加剧。中国出口贸易中，污染密集型工业占了较大比例，与之伴随的工业废水、废气和固体废物排放量逐年上升，2000 年中国工业废气排放量为 13.82 亿立方米，废水排放量为 194.24 亿吨，固体废物排放量为 8.16 亿吨，到 2010 年分别增加到了 51.9 亿立方米、237.5 亿吨和 24.09 亿吨。大量"三废"的排放导致我国生态环境不断恶化，已经威胁到了经济社会的可持续发展。要全面评估中国对外贸易的可持续发展情况，必须充分考虑对外贸易的生态效益。本章我们将从贸易的环境效益和贸易的资源效益两个方面构造中国对外贸易的生态效益指数，并分析中国对外贸易的生态效益情况。

>> 4.1　对外贸易可持续发展生态效益指标体系的构建 <<

我们选取了贸易环境效益和贸易资源效益两个二级指标来构建贸易生态效益指标。贸易环境效益是指与外贸相关的生产、开发、储存、转运及销售等各环节所带来的环境影响，本报告选取 3 个三级指标来衡量贸易的环境效益，依次为出口贸易废水排放、出口贸易废气排放和出口贸易固体废物排放。贸易资源效益反映了进出口对资源能源的消耗情况，本报告选取贸易能源密集度和初级产品效益度 2 个三级指标来衡量(见图 4-1)。

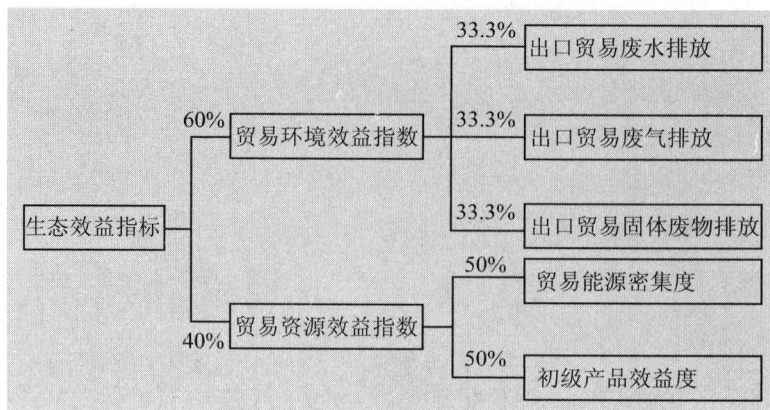

图 4-1　生态效益指标构成

上述二级指标的权重是在吸收北京师范大学部分专家意见基础上，经过多次分析讨论，采用主观赋权法确定的。对外贸易的生态效益指标中，环境效益是基础，权重应该比资源效益大，每个一级指标下，二级指标合成为 100 分，因此环境效益和资源效益的权重分别为 60％和 40％。对于每个二级指标下的三级指标，我们认为其同等重要，赋予相同的权重。具体来说，环境效益下面有 3 个三级指标，每个指标权重为 1/3；资源效益下面有 2 个三级指标，每个指标权重为 1/2。

根据上述指标构成情况，得出贸易生态效益指数计算公式如下：

贸易生态效益指数＝60％×贸易环境效益指数＋40％×贸易资源效益指数

二级指标计算公式如下：

贸易环境效益指数＝1/3×（出口贸易废水排放＋出口贸易废气排放＋出口贸易固体废物排放）

贸易资源效益指数＝1/2×（贸易能源密集度＋初级产品效益度）

三级指标计算公式如下：

出口贸易废水排放＝（工业制成品出口总值/工业总产值）×工业废水排放

出口贸易废气排放＝（工业制成品出口总值/工业总产值）×工业废气排放

出口贸易固体废物排放＝（工业制成品出口总值/工业总产值）×工业固体废物排放

贸易能源密集度＝[（进口总额/总产值）×能源消耗总量]/[（工业制成品出口/工业总产值）×工业总能耗]

初级产品效益度＝初级产品进口比重/初级产品出口比重

由于缺乏贸易"三废"排放的直接数据，本报告借助工业制成品出口和工业"三废"排放来获取该指标。2011 年中国工业制成品出口占出口商品的 94.7%，是中国出口贸易"三废"排放的主要来源，因此考察出口贸易"三废"排放时，可以利用工业制成品出口占工业总产值比重乘工业"三废"排放来获取该指标值。贸易能源密集度衡量的是进口能源消耗和出口能源消耗之比，进口能源消耗是通过进口总额、总产值以及能源消耗总量估计出来的，出口能源消耗则是根据工业制成品出口、工业总产值和工业总能耗估计出来的。能源密集度越高，表明进口所耗费能源相对于出口耗能要多，越有利于地区能源保护性利用。初级产品效益度衡量的是进口资源和出口资源之比，采用初级产品在进口中的比重除以初级产品在出口中的比重来衡量。初级产品效益度越高，进口资源相对于出口资源就越多，越有利于节约资源。

贸易生态效益指数中所选评价指标计量单位多不相同，不能直接进行合成，需要消除指标量纲影响。为使最终结果判断有一致的趋势，需先将原矩阵中负指标[1]进行倒数变化，然后对所有指标进行标准化处理，消除量纲影响。如同全书所述，本部分主要采取阈值法对数据进行标准化处理。具体方法同前文类似，此处不再赘述。

计算贸易生态效益指数所需的各种数据主要来源于 1993—2012 年《中国统计年鉴》、《中国环境统计年鉴》、《中国能源统计年鉴》、《中国商务统计年鉴》、《中国对外经济统计年鉴》和各地区统计年鉴。

>> 4.2　对外贸易可持续发展生态效益指标的年度比较 <<

利用上述计算方法，计算了 1993—2011 年间中国生态效益指标，并进行了

---

[1]　指标体系中出口贸易废水排放、出口贸易废气排放和出口贸易固体废物排放为负指标。

排名，结果见表 4-1。总体上来说，1993—2011 年间中国生态效益指数呈现先下降后上升的态势。1993 年的生态效益指数值最大，2007 年该值最小，对外贸易对环境的负面影响在 2007 年达到了顶峰，2007 年之后生态效益指数逐渐上升，贸易的生态效益有所改善。这一变化过程与中国对外贸易发展情况以及发展措施密切相关。改革开放以来，中国大量吸引外资，推动外贸快速发展，拉动经济快速发展，中国经济取得了举世瞩目的成就。在外贸发展过程中，贸易商品结构不断变化，工业制成品贸易在对外贸易中所占比重不断攀升，成为中国对外贸易出口的主要产品，由此带来的工业"三废"排放也在不断增加，表现在贸易生态效益方面不断恶化；随着经济的快速发展，人们环保意识不断提高，越来越关注绿色增长，在发展经济的同时保护环境，外贸转型势在必行；尤其是 2008 年以后，中国政府高度重视经济的可持续发展，提倡绿色增长，不断推动外贸结构升级，逐步减少并限制高能耗、高污染和高排放产品的出口，降低了贸易对环境的负面影响，取得了一定的成果，外贸对环境的损害逐渐减轻，生态效益指数有了一定程度的提高，但该值仍然较小，未来仍需进一步降低外贸对环境的不利影响。

表 4-1　生态效益指标及构成指标值

年份	贸易环境效益指数	排名	贸易资源效益指数	排名	贸易生态效益指数	排名
1993	1	1	0.5	3	0.8	1
1994	0.600 0	6	0.287 1	14	0.474 8	3
1995	0.598 4	7	0.214 3	17	0.444 8	6
1996	0.757 1	2	0.244 4	16	0.552 0	2
1997	0.703 4	3	0.112 3	18	0.466 9	4
1998	0.619 3	4	0.093 2	19	0.408 8	8
1999	0.607 3	5	0.249 8	15	0.464 3	5
2000	0.483 8	8	0.343 9	10	0.427 8	7
2001	0.441 1	9	0.330 4	12	0.396 8	9
2002	0.332 0	10	0.300 6	13	0.319 5	10
2003	0.222 9	11	0.370 1	7	0.281 8	11

续表

年份	贸易环境效益指数	排名	贸易资源效益指数	排名	贸易生态效益指数	排名
2004	0.123 6	12	0.429 2	5	0.245 8	14
2005	0.064 2	15	0.336 4	11	0.173 1	17
2006	0.033 4	18	0.358 2	9	0.163 3	18
2007	0.016 5	19	0.369 7	8	0.157 8	19
2008	0.041 1	17	0.446 5	4	0.Z03 3	16
2009	0.112 4	13	0.425 5	6	0.237 7	15
2010	0.064 3	14	0.528 2	2	0.249 8	13
2011	0.055 8	16	0.620 2	1	0.281 6	12

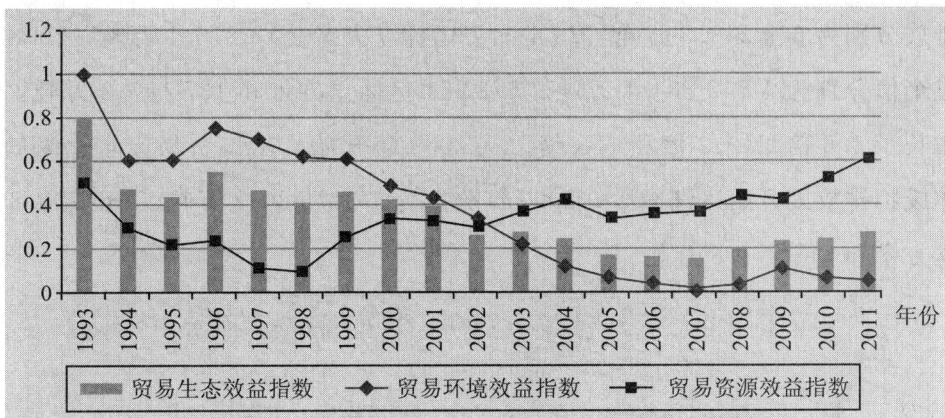

图 4-2　贸易生态效益指数及构成

从二级指标来看（见图 4-2），1993—2011 年间贸易环境效益指数不断下降，2008 年后才有所上升，表明中国的贸易环境效益在不断下降，2008 年后有所改善，即长期来，中国贸易"三废"排放不断增加，2008 年后开始慢慢减少，对环境的危害在慢慢减小。贸易资源效益指数则先下降后持续上升，1993—1998年间，中国贸易资源效益指数不断下降，表明中国出口贸易耗费较多的能源，进口的资源相对较少，1999 年开始，贸易资源密集度持续平稳上升，表明贸易的资源效益在不断提高和改善，出口能耗不断降低，进口资源逐渐增加，有利于中国资源的合理开发和应用。另外，从图形上可以看出，贸易环境效益指数同贸易生态效益指数基本保持一致，这是因为其在生态效益指标中所占比重较大，决定了生态效益指数的走势。

　　从三级指标来看(见图 4-3 和图 4-4)，图 4-3 所示为贸易环境效益指数的三级指标出口贸易废水排放指标、出口贸易废气排放指标和出口贸易固体废物排放指标。图中所示为指标值而不是出口贸易"三废"排放的实际值。由于出口贸易"三废"排放是负指标，对其进行了处理，采取的是其倒数，因此值越小代表污染排放越多。从图中可以看出，1993—2008 年间"三废"排放指数总体上是下降的，即排放不断增加，但 2009 年以后"三废"排放指数逐渐增加，表明排放在逐渐减少，其中贸易废水排放指数增加最为明显，废水排放量减少也最为明显，这同贸易环境效益指数的变化趋势相一致。从出口贸易废水、废气以及固体废物排放的具体数值来看(见表 4-2)，1993 年出口贸易废水、废气和固体废物排放分别为 669 243.5 万吨、28 485.2 亿标立方米、18 815.1 万吨，2008 年这三个值分别为 1 742 884.1 万吨、291 284 亿标立方米和 137 127.2 万吨，分别增长了 1.6 倍、10.2 倍和 7.3 倍。从 2009 年开始，出口贸易废水、废气和固体废物排放则开始逐渐减少，2009 年分别为 1 347 836.2 万吨、250 758.8 亿标立方米和 117 277.8 万吨。

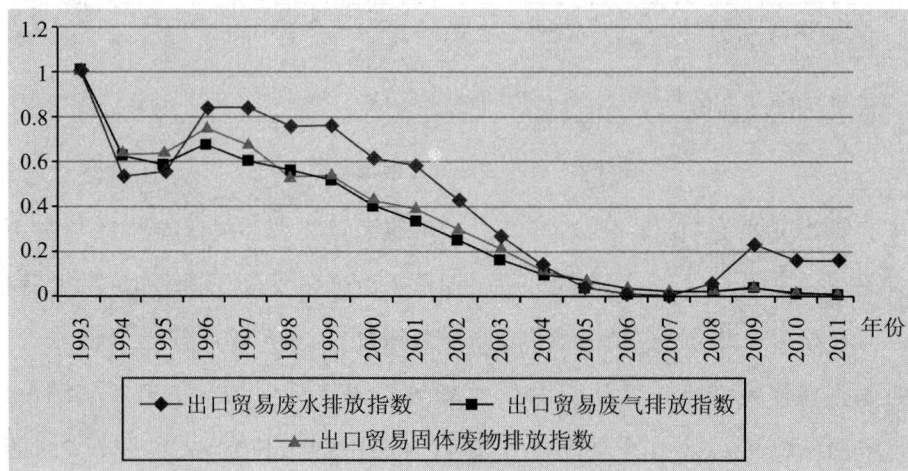

图 4-3　贸易环境效益指数分项指标

表 4-2　生态效益各三级指标具体数值

年份	出口贸易废水排放（万吨）	出口贸易废气排放（亿标立方米）	出口贸易固体废物排放（万吨）	贸易能源密集度	初级产品效益度
1993	669 243.475	28 485.212	18 815.125	0.777	0.752
1994	965 845.162	43 679.498	27 653.569	0.644	0.876
1995	945 398.245	45 791.853	27 469.659	0.581	1.280
1996	750 594.385	40 538.085	24 023.690	0.599	1.262
1997	753 254.329	45 346.143	26 297.763	0.507	1.534
1998	796 975.208	48 145.489	31 805.425	0.500	1.467
1999	797 005.285	51 223.520	31 686.542	0.586	1.584
2000	898 692.429	63 915.541	37 757.569	0.619	2.032
2001	922 690.833	73 250.819	40 454.317	0.618	1.898
2002	1 074 018.659	90 849.293	48 991.343	0.600	1.904
2003	1 289 872.998	120 876.426	61 030.727	0.625	2.219
2004	1 551 565.271	166 770.759	84 214.687	0.617	3.057
2005	1 838 351.524	203 401.846	101 666.895	0.541	3.478
2006	1 920 880.605	264 698.820	121 190.138	0.510	4.329
2007	1 961 917.164	308 760.424	139 702.262	0.481	5.034
2008	1 742 884.055	291 284.257	137 127.171	0.484	5.872
2009	1 347 836.231	250 758.838	117 277.762	0.491	5.485
2010	1 496 566.302	327 144.983	151 826.809	0.525	6.002
2011	1 482 706.987	380 824.443	175 380.698	0.552	6.544

　　图 4-4 所示为贸易资源效益指数的三级指标贸易能源密集度和初级产品效益度的变化趋势。贸易能源密集度衡量的是对外贸易带来能源净消耗的变化，该值越大表示进口产品所耗能源越多，出口产品所耗能源越少；初级产品效益度衡量的是初级产品进出口的情况，初级产品进口越多，一定程度上也就意味着进口的能源越多，初级产品效益度越大说明净进口资源越多，有利于地区资源生态保护。由图中可以看出贸易能源密集度波动较大，1993—1998 年间贸易能源密集度大幅下降，因为随着中国外贸的发展，外贸顺差不断增加，工业制成品出口不断增加，相比于进口而言，出口能耗更多，而且在不断增加，导致了贸易能源密集度不断下降，贸易能源密集度从 1993 年的 0.78 下降到了 1998 年的 0.50；而在这一阶段初级产品效益度则呈现出上升的趋势，1993 年初级产

品效益度为 0.75，1998 年该值为 1.47，1993—1998 年间贸易能源密集的大幅下降决定了中国贸易资源效益的不断下降。1999—2004 年间贸易能源密集度上升，中间存在小幅波动，2003 年，贸易能源密集度上升到 0.63，初级产品效益度也不断上升，2003 年为 2.22，表现在贸易资源效益指标上，1999—2004 年间贸易资源效益指标平稳上升。2004—2008 年间贸易能源密集度又开始不断下降，2007 年能源密集度下降到了 0.5 以下，为 0.48，而初级产品效益度则持续上升，且幅度大于能源密集度下降幅度，2007 年初级产品效益度为 5.03，贸易资源效益在这段时间表现出平稳上升的趋势。2008 年后，贸易能源密集度开始逐渐提高，到 2010 年，该值重新上升到了 0.50 以上，为 0.53，2011 年为 0.55，初级产品密集度除在 2009 年有所下降外，依然保持上升趋势，2010 年中国贸易初级产品效益度为 6.00，2011 年为 6.54，贸易资源效益指数也呈现平稳上升的趋势。

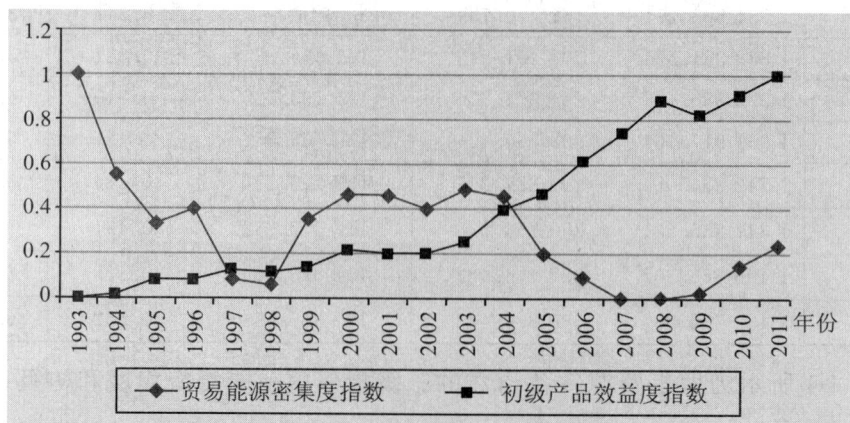

图 4-4　贸易资源效益指数分项指标

　　贸易能源密集度和初级产品效益度与中国外贸商品结构有密切联系。1993—1998 年间为中国对外贸易快速发展阶段，主要注意力集中在经济增长上面，忽视了经济增长的环境影响，再加上环境相关法律、法规还不完善以及各地为了吸引外资纷纷放松环境管制，国外大量能源、资源密集型生产环节转移到了中国，资源和能源密集型产品成为了这一阶段中国出口的主要商品，出口消耗的能源和资源不断增加，由此导致贸易能源密集度和初级产品效益度不断下降；1999 年后中国意识到"先污染、后治理"发展模式的不可持续性，开始逐渐加强对外资的审批，限制高能耗、高排放行业的外商直接投资，逐步转变外贸发展方式，减少高能耗产品的出口，降低出口能源消耗，同时初级产品进口，尤其是能源类产品进口逐渐增加，初级产品效益度不断增加，2008 年全球金融危机后，中国认真反思传统经济增长模式的种种弊端，更加重视经济和环境的和谐发展，并采取了切实的措施推动中国对外贸易发展模式的转变，明显改善了贸易的能源密集度以及初级产品效益度。

>> 4.3 对外贸易可持续发展生态效益指标的省际比较 <<

4.3.1 各省(区、市)生态效益指标的测算结果

为了进一步考察中国各省（区、市）的贸易生态效益情况，我们利用上述方法计算了 2002 年、2009 年和 2010 年 31 个省（区、市）的生态效益指标并进行了比较分析。中国 31 个省（区、市）生态效益指数的测算结果见表 4-3。

表 4-3 2002 年、2009 年、2010 年中国各地区贸易生态效益指数及排名

地区	2002 年		2009 年		2010 年	
	生态效益指数	排名	生态效益指数	排名	生态效益指数	排名
北京	0.212	4	0.194	7	0.234	5
天津	0.059	27	0.083	25	0.074	26
河北	0.072	24	0.125	15	0.076	25
山西	0.095	19	0.189	8	0.172	10
内蒙古	0.113	15	0.203	6	0.185	9
辽宁	0.049	29	0.094	21	0.083	22
吉林	0.166	6	0.177	9	0.220	7
黑龙江	0.131	10	0.234	5	0.207	8
上海	0.140	8	0.084	24	0.081	23
江苏	0.140	7	0.126	14	0.107	16
浙江	0.082	23	0.091	22	0.083	21
安徽	0.096	18	0.098	20	0.123	14
福建	0.051	28	0.057	29	0.052	31

续表

地区	2002 年		2009 年		2010 年	
	生态效益指数	排名	生态效益指数	排名	生态效益指数	排名
江西	0.132	9	0.148	10	0.231	6
山东	0.061	26	0.062	28	0.059	28
河南	0.130	12	0.115	17	0.103	18
湖北	0.121	13	0.045	31	0.056	29
湖南	0.085	22	0.110	18	0.106	17
广东	0.119	14	0.066	27	0.069	27
广西	0.101	16	0.144	11	0.137	12
海南	0.067	25	0.285	4	0.424	2
重庆	0.087	21	0.135	12	0.136	13
四川	0.040	31	0.048	30	0.054	30
贵州	0.130	11	0.135	13	0.148	11
云南	0.097	17	0.073	26	0.079	24
西藏	0.606	1	0.530	1	0.530	1
陕西	0.044	30	0.088	23	0.091	20
甘肃	0.201	5	0.369	3	0.290	4
青海	0.434	2	0.398	2	0.350	3
宁夏	0.274	3	0.117	16	0.114	15
新疆	0.094	20	0.106	19	0.099	19

2010 年 31 个省(区、市)生态效益指数排名为：1. 西藏；2. 海南；3. 青海；4. 甘肃；5. 北京；6. 江西；7. 吉林；8. 黑龙江；9. 内蒙古；10. 山西；11. 贵州；12. 广西；13. 重庆；14. 安徽；15. 宁夏；16. 江苏；17. 湖南；18. 河南；19. 新疆；20. 陕西；21. 浙江；22. 辽宁；23. 上海；24. 云南；25. 河北；26. 天津；27. 广东；28. 山东；29. 湖北；30. 四川；31. 福建。

全国贸易生态效益指数的平均值为 0.539，全国 31 个省(区、市)中有 10 个省(区、市)的贸易生态效益指数高于全国平均水平。

为了考察 2002 年、2009 年和 2010 年中国各地区生态效益指数及排名，我们在表 4-3 的基础上绘制了图 4-5。

总体来看，2002—2009 年间贸易生态效益指数发生了显著变化，而

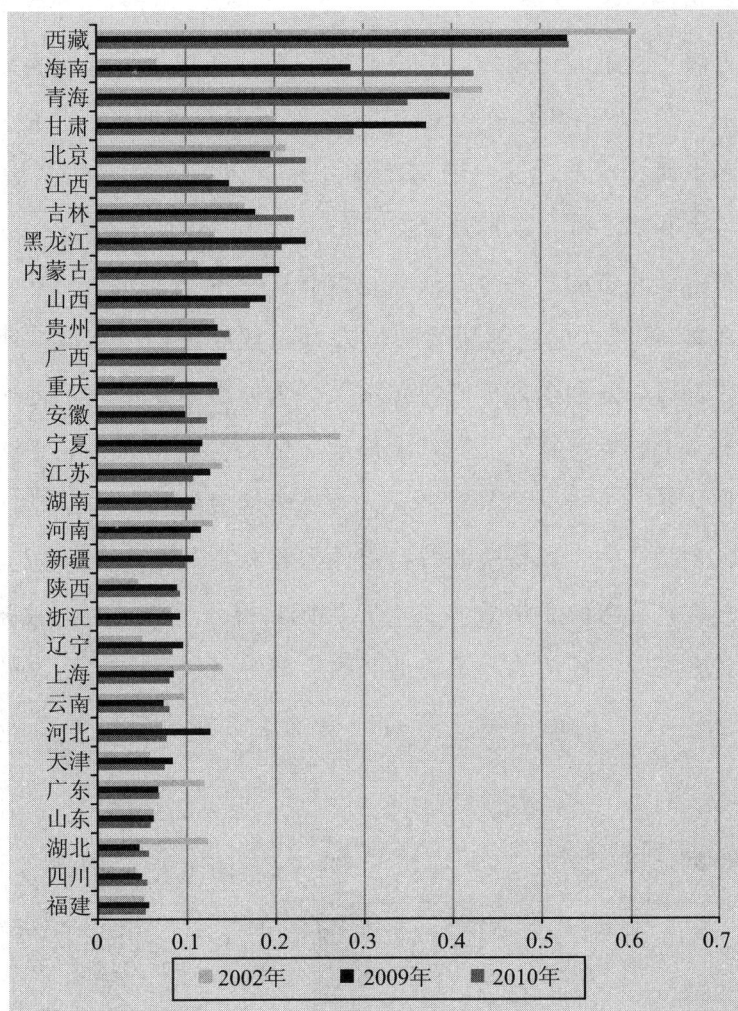

图 4-5　2002 年、2009 年和 2010 年中国各地区贸易生态效益指数及排名

2009 年和 2010 年则差别不大，多数省（区、市）贸易的生态效益呈现小幅改善。因为 2002—2009 年间是中国对外贸易快速发展的阶段，2009 年和 2010 年则是 2008 年全球金融危机后中国对外贸易的恢复阶段，两年差别不大。下面我们主要以 2010 年中国贸易生态效益为例并对比 2002 年和 2009 年数据，分析中国各地区贸易生态效益水平的特征及变化趋势。

　　首先，贸易生态效益水平区域差异明显，总体呈现出西部地区较好、中部地区居中、东部地区较差的特点，与中国贸易"东强西弱"的局面刚好相反。在贸易生态效益指数前 10 名省(区、市)中,有 4 个省(区、市)属于西部地区,分别是西藏、青海、甘肃和内蒙古,其中西藏、青海和甘肃中国贸易生态效益指数的排名分别为第 1、第 3 和第 4 位;4 个省份属于中部地区,分别是江西、吉林、黑龙江和山西;东部地区只有海南和北京进入贸易生态效益指数的前 10 名,分别为第 2 和第 5 位,东部地区有 6 个省(区、市)位于第 22~29 位,且东部地区仅有海南和北京的贸易生态效益指数高于全国平均水平。从贸易生态效益指标构成来看(见图 4-6),就贸易环境效益指数而言,西部地区明显高于东部和中部地区,而中部和东部地区差别不大,具体数值上则东部地区略高于中部地区;就贸易资源效益指数而言,中部地区的指标数值最高,东部其次,西部最低。但是从各二级指标的差距来看,贸易环境效益指数东部地区和中部地区同西部地区差距最大,贸易资源效益指数差距相对较小。由于贸易环境效益指数的权重占贸易生态效益指数的 60%,因此其得分对贸易生态效益指数的最终得分和排名影响较大。例如,东部地区的大部分省(区、市)生态效益指数位于第 22~29 位,主要原因就在于贸易环境效益指标得分较低影响了最终的排名。

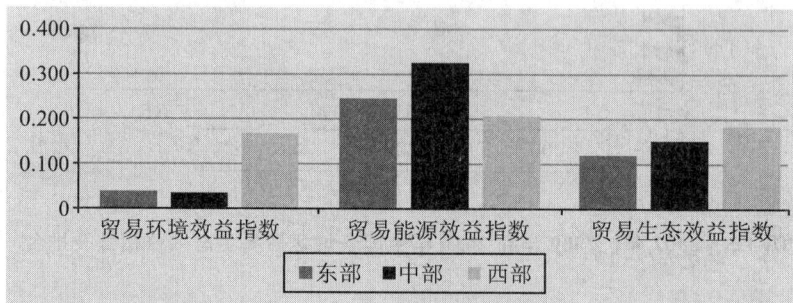

图 4-6　2010 年东、中、西部地区贸易生态效益指数情况

注:图中数据为东、中、西部地区中各省(区、市)指标值的算术平均值,下同。

其次,贸易生态效益水平与出口贸易规模呈现出负相关的关系,即出口贸易规模大的地区贸易生态效益水平较低。2010 年中国出口贸易额前 10 名的省(区、市)分别为广东、江苏、上海、浙江、山东、福建、北京、辽宁、天津和河北,而与之相应的生态效益指数排名除北京外均处于第 16~28 位,低于全国贸易生态效益指数的平均值（见表 4-4）。总体上看，对外贸易规模越大，生态效益水平也就越低。这是因为我们的贸易生态效益指标包括了贸易环境效益和资源效益两个维度，而有利于贸易生态效益改善的绿色贸易出口[①]等相关维度则因数据的缺乏未包括在内，因此这里的贸易生态效益水平和贸易规模密切相关。对外贸易规模越大，出口所要耗费资源和产生的"三废"也就越多，对环境带来的危害也就越大，其贸易生态效益水平也就越低。

表 4-4　2010 年中国出口总额前 10 名及其生态指数排名

地区	出口额（万美元）	出口额排名	贸易生态效益指数	指数排名
广东	45 319 116.0	1	0.069	27
江苏	27 053 869.0	2	0.107	16
上海	18 071 398.2	3	0.081	23
浙江	18 046 478.3	4	0.083	21
山东	10 422 560.4	5	0.059	28
福建	7 149 312.8	6	0.052	31
北京	5 543 621.1	7	0.234	5
辽宁	4 309 871.1	8	0.083	22
天津	3 748 482.6	9	0.074	26
河北	2 255 644.3	10	0.076	25

　　最后，经济发展水平对贸易的生态效益水平有很大影响。从生态效益指数排名来看，生态效益水平与各省（区、市）的经济发展水平密切相关，基本上呈现出经济发展水平越高，贸易的生态效益水平越低的特点。东部地区省份经济发展水平高，而其贸易生态效益水平则相对较低。从贸易生态效益指标构成来看，二级指标包括贸易的环境效益指标和资源效益指标，而环境效益指标所占比重为 60%，因此贸易的环境效益指标对贸易生态效益指标影响很大。贸易环境效益指标的三级指标为贸易的"三废"排放，而贸易的"三废"排放主要源于工业制成品出口的排放，即在其他条件不变的情况下，工业制成品出口越多，贸易的"三废"排放也就越多，贸易生态效益水平也就越低。工业制成品出口在很

---

　　①　绿色贸易出口主要指的是服务贸易出口。

大程度上取决于该地区工业和经济发展水平，也就意味着工业的发展水平对贸易生态效益指标影响较大。从中国经济发展现实情况来看，经济发展水平与工业化所处的发展阶段是对应的，东部地区已经进入工业化后期阶段，而中西部地区还处于工业中期阶段，中西部地区工业发展水平滞后于东部地区。因此工业水平和经济发展水平较高的东部地区，工业制成品出口多，其贸易的"三废"排放相对较多，生态效益水平低。

从变动趋势来看，2002—2010 年间，全国贸易生态效益指数的平均值从 0.136 上升到了 0.154，增加了 0.018。分省份来看，上升幅度超过 0.02 的有 14 个，分别是海南、江西、甘肃、山西、黑龙江、内蒙古、吉林、重庆、陕西、广西、辽宁、安徽、北京和湖南。上升幅度介于 0~0.02 的有 7 个，分别是贵州、天津、四川、新疆、河北、福建和浙江。有 10 个省份的贸易生态效益水平下降，主要是东部地区及对外贸易快速发展的一些省份，由于贸易规模的扩大，贸易环境效益指数较大幅度下降，在很大程度上影响了贸易生态效益水平。

2002—2010 年间各个省份的贸易生态效益指数排名变化显著（见表 4-5），其中位次有所上升的省（区、市）有 16 个，分别是海南、陕西、山西、重庆、辽宁、内蒙古、湖南、安徽、广西、江西、黑龙江、浙江、天津、四川、甘肃和新疆。提高幅度最大的省份是海南，上升了 23 个位次，其次是陕西和山西，分别上升了 10 个和 9 个位次。位次有所下降的省（区、市）有 13 个，分别是湖北、上海、广东、宁夏、江苏、云南、河南、福建、山东、青海、吉林、河北和北京。其中下降幅度最大的是湖北，下降了 16 个位次；其次是上海，下降了 15 个位次。另外有 2 个省区位次没有变化，分别是西藏和贵州。海南是所有省份中贸易生态效益指数值变动最大的，这是因为一方面，2002—2010 年间海南大力发展旅游业，工业发展相对缓慢，由此带来的"三废"排放也相对较少，没有太大变化；另一方面，2002—2010 年间初级产品出口大幅增加，工业制成品出口则不断下降，2010 年初级产品出口占出口总额的 66.7%，工业制成品出口仅占 33.3%，2002 年这一比例为 54.6%，这意味着贸易环境效益指数提高，贸易环境效益水平有了较大改善，且海南进口产品以工业制成品为主，贸易能源密集度有了较大提高，提高了贸易资源效益指数，带动了贸易生态效益水平的进一步提高。

表 4-5　2002 年、2009 年和 2010 年中国各地区生态效益指标排名

地区	2002 年生态效益指数排名	2009 年生态效益指数排名	2010 年生态效益指数排名
北京	4	7	5
天津	27	25	26
河北	24	15	25
山西	19	8	10
内蒙古	15	6	9
辽宁	29	21	22
吉林	6	9	7
黑龙江	10	5	8
上海	8	24	23
江苏	7	14	16
浙江	23	22	21
安徽	18	20	14
福建	28	29	31
江西	9	10	6
山东	26	28	28
河南	12	17	18
湖北	13	31	29
湖南	22	18	17
广东	14	27	27
广西	16	11	12
海南	25	4	2
重庆	21	12	13
四川	31	30	30
贵州	11	13	11
云南	17	26	24
西藏	1	1	1
陕西	30	23	20
甘肃	5	3	4
青海	2	2	3
宁夏	3	16	15
新疆	20	19	19

4.3.2 各省(区、市)贸易生态效益分项指标的比较

1. 贸易环境效益指数

贸易环境效益指标在贸易生态效益指标中所占权重为60%，相比于贸易资源效益指标，该指标对贸易生态效益指标的贡献较大(见图4-7)，贸易生态效益指数同贸易环境效益指数基本保持一致。

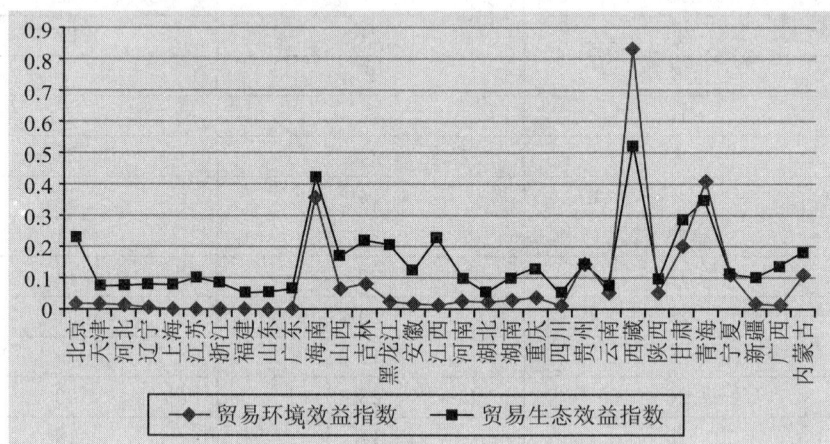

图 4-7　贸易环境效益指数与贸易生态效益指数对比

2010年贸易环境效益指数的全国平均值为0.088，有7个地区的贸易环境效益指标高于平均值，分别是西藏、青海、海南、甘肃、贵州、宁夏和内蒙古，从地理位置归属来看，均属于西部地区。其中贸易环境效益指数最高的是西藏，为0.838；其次是青海，为0.414。而贸易环境效益指数后10位的地区分别是江西、四川、广西、辽宁、山东、上海、福建、浙江、江苏和广东，除江西、四川和广西外，其他均属于东部地区。其中广东、江苏和浙江的贸易环境效益指数值位于最后3位。这也验证了我们前文关于贸易生态效益指数的结论，贸易规模越大，其贸易环境指数就越小，相应的贸易生态效益水平也就越低。

从区域划分来看，对于贸易环境效益指数，除海南外仅有西部地区的该指

数值高于全国平均值，中部和东部地区差别不大，均远小于该指标的全国平均值。西部地区该指数平均值为 0.168，其中最高的是西藏，为 0.838，最低的是广西，为 0.011。在贸易环境效益指标的前 10 名中，西部地区占据了 7 个，分别是西藏、青海、甘肃、贵州、宁夏、内蒙古和云南。中部地区的贸易环境效益指数平均值为 0.036，其中最高的是吉林，为 0.084，最低的是江西，为 0.014。东部地区的贸易环境效益指数平均值为 0.039，其中最高的是海南，为 0.363，最低的是广东。在贸易环境效益指标的后 10 名中，东部地区占据了 7 个，分别是辽宁、山东、上海、福建、浙江、江苏和广东。东部地区除海南外，贸易环境效益指数均处于 0.001～0.020，海南拉高了东部地区贸易环境效益指数的平均值，若不考虑海南，则东部地区的贸易环境效益指数平均值仅为 0.007，远低于中部地区该指标的平均值。

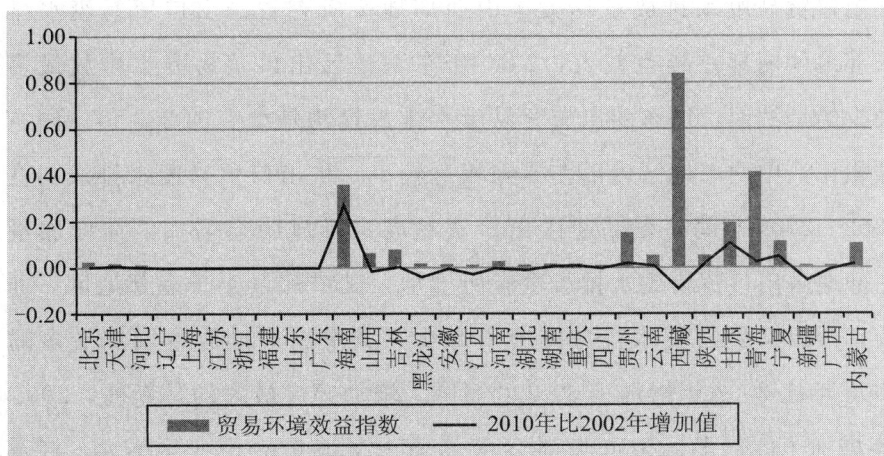

图 4-8　2002 年和 2010 年中国各省(区、市)贸易环境效益指数对比

从变动趋势来看，2002—2010 年间中国各省(区、市)贸易环境效益指数有上升有下降，其中有 15 个地区贸易环境效益指数下降，下降幅度从大到小依次为西藏、新疆、黑龙江、江西、山西、湖北、广西、山东、安徽、浙江、福建、四川、江苏、河北和北京。下降幅度最大的是西藏，下降了 0.095，因为相比 2002 年，西藏的工业水平有了一定的提高，且工业制成品的出口也在不断增加，由此带来了其贸易环境效益指数的大幅下降。有 16 个地区的贸易环境效益指数上升，按上升幅度从大到小依次为海南、甘肃、宁夏、青海、贵州、内蒙古、陕西、天津、重庆、湖南、吉林、云南、辽宁、上海、河南和广东。从全国平均水平来看，相比 2002 年，2010 年贸易环境效益指数的全国平均值提高了 0.01。这主要是因为 2009 年海南和甘肃的贸易环境效益指数上升幅度很大，分别上升了 0.277 和 0.112，而指数下降的地区除西藏外，下降幅度都相对较小，都在 0.05 以下，因此平均来看上升的幅度要大于下降的幅度。下面从三级指标来分析贸易环境效益指数的测算结果。

(1)出口贸易废水排放

从出口贸易废水排放量来看(见图 4-9)，东部地区出口贸易废水排放量要高于中西部地区，中部地区出口贸易废水排放量要高于西部地区。2010 年全国出口贸易废水排放最多的 3 个省份均位于东部地区，分别是广东、江苏和浙江，其出口贸易废水排放量均大于中西部地区所有省份出口贸易废水排放总量。东部地区内部差异也较大，2010 年东部地区出口贸易废水排放最多是广东，最少的是海南，广东的出口贸易废水排放量约是海南的 333 倍。同东部地区差异相比，中西部地区内部差异则相对较小。从出口贸易废水排放的变化来看，2002—2009 年间，东部地区出口贸易废水排放明显增加，其增加量也最大，中部地区出口贸易废水排放也有所增加，其增加量小于东部地区，西部地区多数省份出口贸易废水排放则有所减少。其中出口排放量增加最多的是福建，2009 年比 2002 年增加了 39 690 万吨，增加幅度最大的是新疆，2009 年比2002 年增加了 3 倍多。2010 年同 2009 年相比，多数省份变化不大，江苏、浙江则出现了大幅增加。

为了前后一致，下面将对出口贸易废水排放标准化后的指标进行分析，该指标值不是具体的出口贸易废水排放量，指标值越大表明废水排放越少，越小说明排放越多(见图 4-10)，排放量越多的省份，其指数值越小，排放量越少的省份，其指数值也越大。

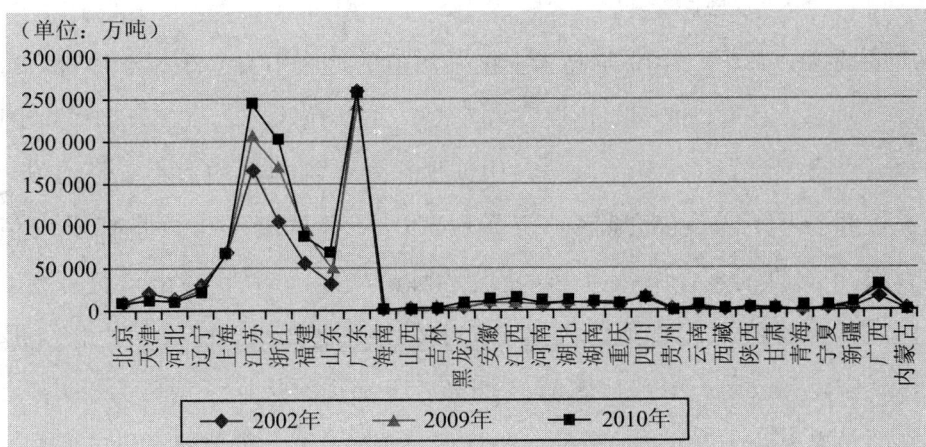

图 4-9　2002 年、2009 年和 2010 年出口贸易废水排放量的比较

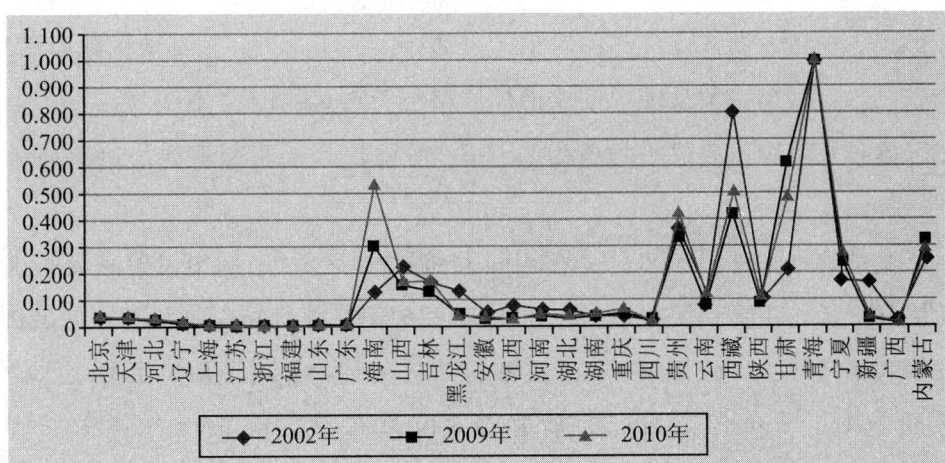

图 4-10　2002 年、2009 年和 2010 年出口贸易废水排放指标的比较

　　2010 年出口贸易废水指数全国平均值为 0.152，有 9 个地区出口贸易废水排放指标值高于全国平均值，分别是青海、海南、西藏、甘肃、贵州、内蒙古、宁夏、吉林和山西。其中青海的出口贸易废水排放指标值最大，为 1[①]，其次是海南。出口贸易废水排放指标后 10 位分别是江西、四川、辽宁、广西、上海、山东、福建、浙江、江苏和广东，其中广东该指数值最小，为 0，即 2010

———————————

① 由于采用的是标准化，所以最大值为 1，最小值为 0。

年其出口贸易废水排放最大。

从区域划分来看，2010 年高于全国平均值的地区中有 6 个属于西部，分别是青海、西藏、甘肃、贵州、内蒙古和宁夏，中部地区有 2 个，为吉林和山西，东部地区仅有海南高于全国平均值，中部地区和东部地区均远小于平均值，中部地区该指标值大于东部地区。西部地区出口贸易废水排放指标平均值为 0.283，其中最高的是青海，为 1，其次是西藏，为 0.513，在出口贸易废水排放指标的前 10 名中，西部地区占据了 7 个，分别是青海、西藏、甘肃、贵州、内蒙古、宁夏和云南。中部地区的出口贸易废水排放指标平均值为 0.077，其中最高的是吉林，为 0.176，最低的是江西，为 0.027。东部地区出口贸易废水排放指标平均值为 0.065，其中最高的是海南，为 0.552，最低的是广东，为 0。出口贸易废水排放指标的后 10 名分别是江西、四川、辽宁、广西、上海、山东、福建、浙江、江苏和广东，东部地区占了 7 个。东部地区除海南外，其余省（区、市）出口贸易废水排放指标值均位于 0.05 以下，若不考虑海南，东部地区出口贸易废水排放平均值为 0.016，海南拉升了东部地区出口贸易废水排放指标的平均值。

从变动趋势来看，2002—2009 年间大部分省（区、市）的出口贸易废水排放指标值降低了，主要是因为 2002—2009 年间中国对外贸易快速发展，工业制成品出口大幅增加，由此带来了工业废水排放的增加，导致了出口贸易废水排放指标的下降。2002 年该指标的全国平均值为 0.14，到 2009 年该指标值为 0.132，下降了 0.008。从东、中、西三个区域看，2002 年东部地区该指标平均值为 0.02，2009 年为 0.04，上升了 0.02；2002 年中部地区该指标平均值为 0.1，2009 年该值为 0.06，下降了 0.04；西部地区则基本无变化，从 2002 年的 0.27 变为 2009 年的 0.267。2002—2009 年间，22 个省份的出口贸易废水排放指标值降低，按照下降幅度从大到小依次为西藏、新疆、黑龙江、山西、江西、吉林、云南、湖北、广西、贵州、河北、北京、安徽、河南、四川、山东、福建、浙江、上海、江苏、湖南和辽宁。其中东部地区有 8 个，下降幅度较小；中部地区有 8 个，即中部地区所有省（区、市）出口贸易废水排放指标值均有所下降，下降幅度大于东部地区；西部地区有 6 个，下降幅度最大。22 个省(区、市)中下降幅度最大的是西藏,下降幅度为 0.36;其次为新疆,下降幅度为 0.137。有 6 个省(区、市)的出口贸易废水排放指标上升,按照上升幅度从大到小依次为甘肃、海南、宁夏、内蒙古、天津和重庆。其中东部地区有 2 个,西部地区有 4 个。上升幅度最大的是甘肃,上升了 0.399;其次为海南,上升了 0.166。有 3 个省(区、市)的出口贸易废水排放指标没有变化,分别为广东、陕西和青海。从图 4-10 中可以明显看出,相比 2002 年,2009 年东部地区出口贸易废水排放指标下降幅度较小,海南出口贸易废水排放指标的上升抬高了东部地区该指标的平均值;中部地区所有省份该指标值均有所下降,使中部地区该指标平均值大幅下降;尽管西部地区该指标值下降幅度最大,但是其上升幅度也最大,因此其出口贸易废水排放指标平均值基本无变化。与 2009 年相比,多数省(区、市)2010 年出口贸易废水排放指标值有所上升,仅有甘肃和内蒙古的该指标值下降,这说明相比 2009 年,2010 年全国出口贸易废水情况有所改善。

(2)出口贸易废气排放

从出口贸易废气排放量来看(见图 4-11),东部地区出口贸易废气排放量要高于中西部地区,中部地区出口贸易废气排放量要高于西部地区。2010 年全国出口贸易废气排放最多的 3 个省市均位于东部地区,也是东部出口贸易废气排放最多的 3 个省市,分别是广东、江苏和上海,其中广东出口贸易废气排放量大于中西部地区所有省份出口贸易废气排放量总和。东部地区内部差异也较大,2010 年东部地区出口贸易废气排放最多的省份是广东,最少的省份是海南,广东出口贸易废气排放量约是海南的 182 倍。而中西部地区内部则差异相对较小。从出口贸易废气排放的变化来看,2002—2009 年间,出口贸易废气排放明显增加,尤其是东部地区增加最大,增加最多的是江苏,2009 年比 2002 年增加了 13 150 亿标立方米,幅度最大的是新疆,2009 年比 2002 年增加了 7 倍多。中西部地区则增加量相对较小,但是由于 2002 年出口贸易废气排放相对较少,其增加幅度要大。与 2009 年相比,从整体上看,2010 年出口贸易废气排放有所增加,增幅最大的省份是江苏,增加了 6 836.4 亿标立方米,仅有河北和广西的出口贸易废气排放有所下降。

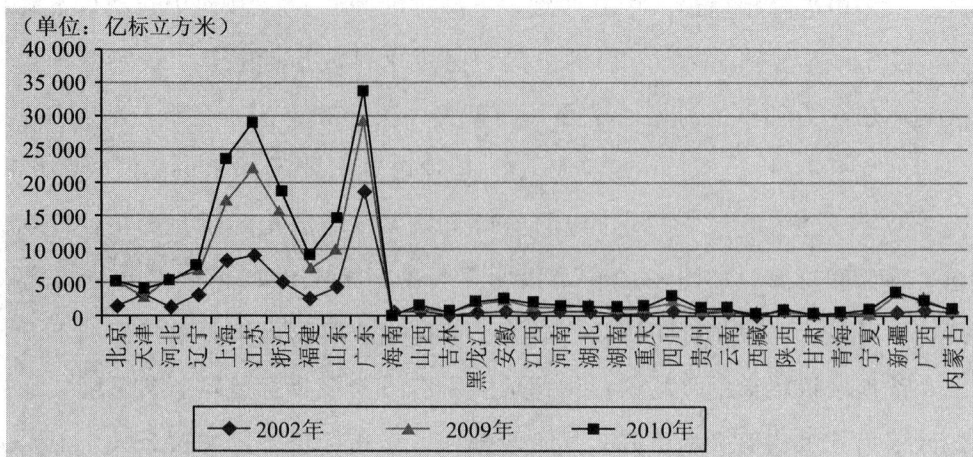

（单位：亿标立方米）

图 4-11　2002 年、2009 年和 2010 年出口贸易废气排放量的比较

　　从出口贸易废气排放指标来看，2010 年出口贸易废气排放指数全国平均值为 0.047 9，有 4 个省区的出口贸易废气排放指标值高于全国平均值，分别是西藏、海南、青海和甘肃。其中西藏的出口贸易废气排放指标值最大，为 1；其次是海南。出口贸易废气排放指标后 10 位的省（区、市）分别是天津、河北、北京、辽宁、福建、山东、浙江、上海、江苏和广东，其中广东该指数值最小，为 0，即 2010 年其出口贸易废气排放最大（见表 4-6）。

表 4-6　2002 年、2009 年和 2010 年出口贸易废气排放指标的比较

地区	2002 年	2009 年	2010 年	地区	2002 年	2009 年	2010 年
北京	0.004 3	0.001 7	0.002 9	河南	0.010 5	0.009 9	0.014 2
天津	0.001 6	0.003 1	0.004 2	湖北	0.014 6	0.008 6	0.011 9
河北	0.005 1	0.001 3	0.003 0	湖南	0.017 7	0.012 8	0.014 8
辽宁	0.001 8	0.001 2	0.001 9	重庆	0.026 5	0.008 5	0.012 0
上海	0.000 5	0.000 3	0.000 2	四川	0.007 1	0.004 5	0.005 0
江苏	0.000 4	0.000 1	0.000 1	贵州	0.028 9	0.022 0	0.024 6
浙江	0.000 9	0.000 3	0.000 4	云南	0.016 5	0.009 6	0.014 7
福建	0.002 4	0.001 2	0.001 4	西藏	1.000 0	1.000 0	1.000 0
山东	0.001 3	0.000 7	0.000 7	陕西	0.012 7	0.014 4	0.015 8
广东	0.000 0	0.000 0	0.000 0	甘肃	0.022 9	0.058 9	0.049 9

续表

地区	2002 年	2009 年	2010 年	地区	2002 年	2009 年	2010 年
海南	0.029 8	0.057 8	0.098 9	青海	0.062 8	0.094 7	0.096 1
山西	0.011 8	0.009 3	0.010 0	宁夏	0.019 5	0.041 0	0.015 6
吉林	0.027 7	0.025 9	0.034 6	新疆	0.017 3	0.003 0	0.004 5
黑龙江	0.022 8	0.005 4	0.007 3	广西	0.008 1	0.004 0	0.007 5
安徽	0.009 5	0.004 8	0.006 5	内蒙古	0.015 6	0.013 5	0.017 8
江西	0.023 2	0.008 2	0.008 5	全国	0.045 9	0.046 0	0.047 9

　　从区域划分来看，2010 年出口贸易废气排放指标值高于全国平均值的省份除海南外均为西部省份，中部地区和东部地区均远小于平均值，中部地区该指标值大于东部地区该指标值。西部地区出口贸易废气排放指标平均值为 0.105，其中最高的是西藏，为 1，其次是青海，为 0.096 1。在出口贸易废气排放指标的前 10 名中，西部地区占据了 7 个，分别是西藏、青海、甘肃、贵州、内蒙古、陕西和宁夏。中部地区的出口贸易废气排放指标平均值为 0.013，其中最高的是吉林，为 0.034 6，最低的是安徽，为 0.006 5。东部地区出口贸易废气排放指标平均值为 0.010，其中最高的是海南，为 0.098 9，最低的是广东，为 0。出口贸易废气排放指标的后 10 名分别是新疆、北京、河北、福建、辽宁、山东、浙江、上海、江苏和广东，东部地区占了 9 个。东部地区除海南外，其余省份出口贸易废气排放指标值位于 0.005 以下。若不考虑海南，东部地区出口贸易废气排放平均值为 0.001 5，海南拉升了东部地区出口贸易废气排放指标的平均值。

　　从变动趋势来看，2002—2009 年间大部分省（区、市）的出口贸易废气排放指标值降低了，但是下降幅度都较小，从图形上很难观察到其变化。2002 年该指标的全国平均值为 0.046，到 2009 年该值为 0.046，保持不变。从东、中、西三个区域看，2002 年东部地区该指标平均值为 0.004，2009 年为 0.006，上升了 0.002；2002 年中部地区该指标平均值为 0.017，2009 年该值为 0.011，下降了 0.006；西部地区则从 2002 年的 0.103 变为 2009 年的 0.106。2002—2009 年间，23 个省（区、市）的出口贸易废气排放指标值降低，按照下降幅度从大到小依次为重庆、黑龙江、江西、新疆、贵州、云南、湖北、湖南、安徽、广西、河北、北京、四川、山西、内蒙古、吉林、福建、辽宁、浙江、河南、山东、江苏和上海。其中东部地区有 8 个，下降幅度较小；中部地区有 8 个，即中部地区所有省份出口贸易废气排放指标值均有所下降，下降幅度大于东部地区；西部地区有 7 个，下降幅度最大。23 个省（区、市）中下降幅度最大的是重庆，下降幅度为 0.018；其次为黑龙江，下降幅度为 0.017 4。有 6 个省（区、市）的出口贸易废气排放指标上升，按照上升幅度从大到小依次为甘肃、青海、海南、宁夏、陕西和天津。其中东部地区有 2 个，西部地区有 4 个。上升幅度最大的是甘肃，上升了 0.036；其次为青海，上升了 0.031 9。有 2 个省区的出口贸易废气排放指标没有变化，分别为广东和西藏，其中广东一直为该指标的最小值 0，表明不论是 2002 年还是 2009 年，广东出口贸易废气排放始终是所有省（区、市）中最多的；而西藏则为最大值 1，说明 2002 年和 2009 年西藏出口贸易废气排放最少。2009—2010 年间，全国大部分省（区、市）出口贸易废气排放指标值均有所上升，上升幅度最大的是海南；宁夏和甘肃该指标值下降，分别下降了 0.025 和 0.009。

从表 4-6 可以看出，2002 年出口贸易废气排放指标、2009 年出口贸易废气排放指标和 2010 年出口贸易废气指标相比，变化幅度十分微小，但是这并不能说明出口贸易废气排放量没有变化。由于采用了标准化的方法，这里的指标值是相对指标，并不是绝对值，是根据不同省（区、市）在一年中所处的位置来确定的，实际上 2002—2010 年间全国出口贸易废气排放量显著增加。如西藏，尽管其 2002 年和 2010 年的该指标值均为 1，但是其出口贸易废气排放却从 2002 年的 7.03 亿标立方米增加到 2010 年的 18.36 亿标立方米，增加了 2.6 倍，相比 2010 年出口贸易排放最多的广东（2010 年广东出口贸易废气排放为 33 653.6 亿标立方米），2010 年西藏的出口贸易废气排放最少①，因此其指标值为 1。另外需要说明的是，出口贸易废气排放指标变化之所以非常小和出口贸易废气排放最大值与最小值之间的差距过大有关，因为本报告采取的标准化方法是阈值法，分母是最大值和最小值之差，所以差距越大，则相应的值越

---

① 与广东的出口贸易废气排放相比，西藏的量级要小得多。

小，在出口贸易废气排放指标中，出口贸易废气排放最多的广东，其排放量为33 653.64 亿标立方米，出口贸易废气排放最小的西藏，其排放量为 18.36 亿标立方米，差距是如此之大，以至于各指标值都相应比较小，因此，指标值变化显得非常小，从图形上很难辨清。

(3)出口贸易固体废物排放

从出口贸易固体废物放量来看(见图 4-12)，东部地区出口贸易固体废物排放量要高于中西部地区，中部地区出口贸易固体废物排放量要高于西部地区。2010 年全国出口贸易固体废物排放最多的 3 个省份均位于东部地区，也是东部出口贸易固体废物排放最多的 3 个省份，分别是江苏、广东和福建。东部地区内部差异也较大。2010 年东部地区出口贸易固体废物排放最多的省份是江苏，最少的省份是海南，江苏出口贸易固体排放量约是海南的 294 倍。中部地区内部差异则相对较小，中部地区出口贸易固体废物排放最多的省份是江西，最少的是吉林，江西出口贸易固体废物排放量约是吉林的 6.6 倍；西部地区出口贸易固体废物排放最多的省份是四川，最少的是西藏，四川出口贸易固体废物排放量是西藏的 148 倍。从出口贸易固体废物排放的变化来看，2002—2009 年间，出口贸易固体废物排放明显增加，尤其是东部地区增加量最大，其中排放量增加最多的是江苏，2009 年比 2002 年增加了 4 096 万吨，幅度最大的是新疆，2009 年比 2002 年增加了 8 倍多。中西部地区增加量则相对较小。2009—2010 年间，全国大部分省(区、市)出口贸易固体废物排放增加，增加最多的省份是江苏，其次是广东和山东；广西和北京的贸易出口固体废物排放减少，分别减少了 82.57 万吨和 50 万吨。

从出口贸易固体废物排放指标来看，2010 年出口贸易固体废物排放指数全国平均值为 0.064，有 4 个地区出口贸易固体废物排放指标值高于全国平均值，分别是西藏、海南、青海和宁夏。其中西藏的出口贸易固体废物排放指标值最大，为 1；其次是海南。出口贸易固体废物排放指标后 10 位的省(区、市)分别是四川、江西、河北、浙江、上海、辽宁、山东、福建、广东和江苏，其中江苏该指数值最小，为 0，即 2010 年江苏出口贸易固体废物排放最大。

从区域划分来看，高于全国平均值的 4 个省份中除海南外，其余均来自西

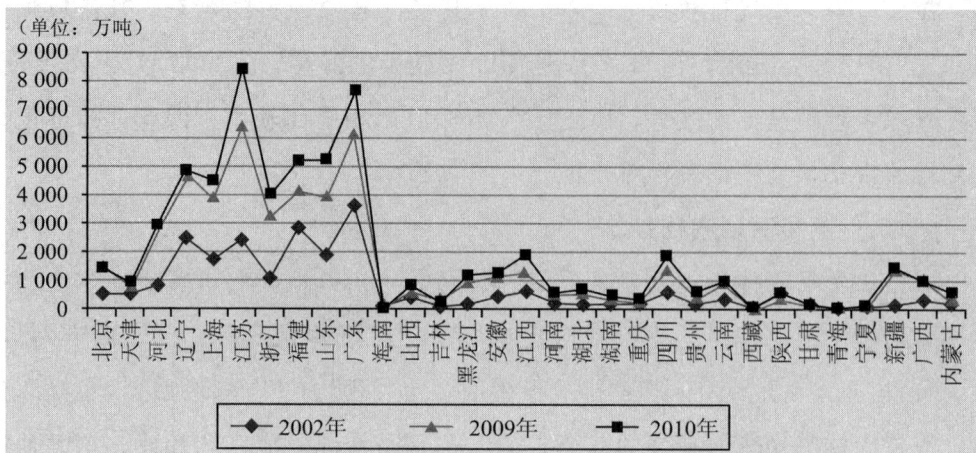

图 4-12 2002 年、2009 年和 2010 年出口贸易固体废物排放量的比较

部地区，中部地区和东部地区(除海南外)均小于平均值，西部地区该指标平均值大于东中部地区，东部地区该指标值大于中部地区。西部地区出口贸易固体废物排放指标平均值为 0.117，其中最高的是西藏，为 1，其次是青海，为0.146，在出口贸易固体废物排放指标的前 10 名中，西部地区占据了 7 个，分别是西藏、青海、宁夏、甘肃、重庆、陕西和贵州。中部地区的出口贸易固体废物排放指标平均值为 0.017，其中最高的是吉林，为 0.041，最低的是江西，为 0.005。东部地区出口贸易固体废物排放指标平均值为 0.04，其中最高的是海南，为 0.437，最低的是江苏，为 0。出口贸易废气排放指标的后 10 名省(区、市)分别是四川、江西、河北、浙江、上海、辽宁、山东、福建、广东和江苏，东部地区占了 9 个。东部地区除海南外，其余省份出口贸易固体废物排放指标值均位于 0.013 之下，若不考虑海南，东部地区出口贸易固体废物排放平均值为 0.002 8，海南拉升了东部地区出口贸易废气排放指标的平均值。

从变动趋势来看，2002—2009 年间大部分省份的出口贸易固体废物排放指标值降低了，但是下降幅度都较小。2002 年该指标的全国平均值为 0.049，到2009 年该指标值为 0.06，上升了 0.011。从东、中、西三个区域看，2002 年东部地区该指标平均值为 0.010 6，2009 年为 0.027 3，上升了 0.016 7；2002 年中部地区该指标平均值为 0.015，2009 年为 0.013，下降了 0.002；西部地区则从 2002 年的 0.106 8 变为 2009 年的 0.121 5。2002—2009 年间，18 个省(区、市)的出口贸易固体废物排放指标值有所降低,按照下降幅度从大到小依次为新疆、黑龙江、湖北、广西、贵州、云南、北京、河北、安徽、四川、浙江、江苏、吉林、上海、河南、江西、山东和辽宁。其中东部地区有 7 个,下降幅度较小;中部地区有 6 个,下降幅度大于东部地区;西部地区有 5 个,下降幅度最大。18 个省(区、市)中下降幅度最大的是新疆,下降幅度为 0.019 9,其次为黑龙江,下降幅度为 0.012 07。有 12 个省(区、市)的出口贸易固体废物排放指标上升,按照上升幅度从大到小依次为海南、甘肃、宁夏、青海、陕西、重庆、山西、天津、湖南、内蒙古、福建和广东。其中东部地区有 4 个,西部地区有 6 个,中部地区有 2 个。上升幅度最大的是海南,上升了 0.186 06;其次为甘肃,上升了 0.062 83。西藏的出口贸易固体废物排放指标没有变化,一直为 1,说明 2002 年和 2009 年西藏出口贸易固体废物排放最少。2009—2010 年间,全国大部分省(区、市)出口贸易固体废物排放指标数值有所上升,幅度较小,仅有甘肃、青海、宁夏和内蒙古出口贸易固体废物排放指标有所下降。

表 4-7　2002 年、2009 年和 2010 出口贸易固体废物排放指标的比较

地区	2002 年	2009 年	2010 年	地区	2002 年	2009 年	2010 年
北京	0.006 36	0.004 00	0.007 26	河南	0.014 50	0.014 11	0.020 01
天津	0.005 48	0.008 60	0.012 01	湖北	0.017 42	0.013 32	0.015 96
河北	0.003 60	0.001 62	0.002 85	湖南	0.016 73	0.019 27	0.025 29
辽宁	0.000 48	0.000 42	0.001 10	重庆	0.021 42	0.030 26	0.031 75
上海	0.001 17	0.000 78	0.001 33	四川	0.005 71	0.004 31	0.005 29
江苏	0.000 55	0.000 00	0.000 00	贵州	0.019 36	0.015 96	0.020 02
浙江	0.002 48	0.001 19	0.001 69	云南	0.009 21	0.006 70	0.010 76
福建	0.000 29	0.000 65	0.000 92	西藏	1.000 00	1.000 00	1.000 00
山东	0.000 99	0.000 77	0.000 93	陕西	0.007 75	0.019 97	0.020 62
广东	0.000 00	0.000 05	0.000 17	甘肃	0.021 72	0.084 55	0.056 50
海南	0.095 74	0.281 80	0.437 45	青海	0.106 66	0.167 21	0.145 99
山西	0.006 78	0.010 03	0.012 55	宁夏	0.038 63	0.099 22	0.071 97
吉林	0.033 54	0.033 07	0.041 44	新疆	0.024 07	0.004 08	0.006 81
黑龙江	0.018 75	0.006 68	0.008 65	广西	0.009 80	0.006 08	0.011 33
安徽	0.007 36	0.005 59	0.007 99	内蒙古	0.016 87	0.019 37	0.018 90
江西	0.004 93	0.004 56	0.005 00	全国	0.048 98	0.060 14	0.064 06

2. 贸易资源效益指数

如图 4-13 所示，贸易生态效益指数总体趋势同贸易资源效益指数相同，从指标数值大小来看，多数省份的贸易生态效益指数要小于贸易资源效益指数，也就是说贸易资源效益指数并不能对贸易生态效益指数的大小起到决定性作用，主要是因为贸易资源效益指标在贸易生态效益指标中所占权重为 40%。如西藏，其贸易资源效益指数仅为 0.069，而生态效益指数为 0.53，可见资源效益指数可以影响贸易生态效益指数的大小，但是不起决定性作用。

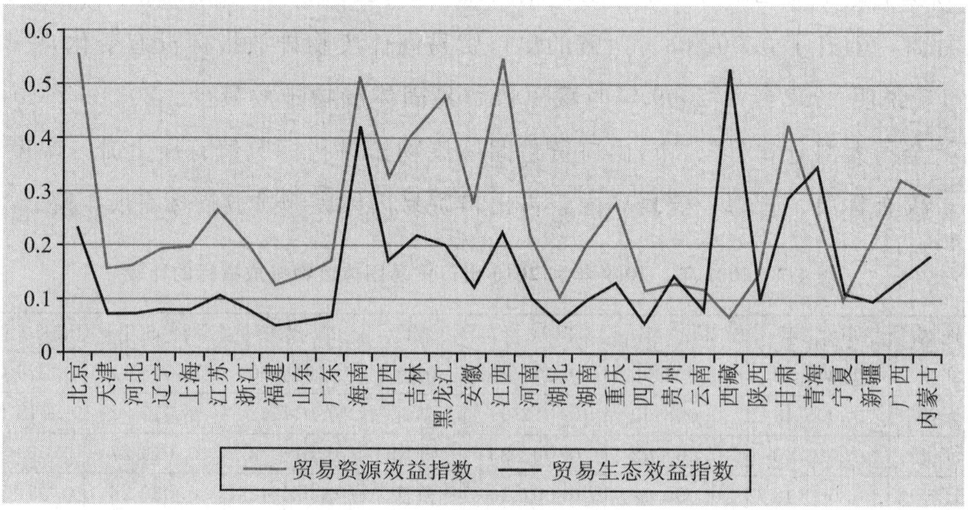

图 4-13　贸易环境资源效益指数与贸易生态效益指数的比较

2010 年贸易资源效益指数的全国平均值为 0.25，有 13 个省（区、市）的贸易资源效益指标高于平均值，分别是江西、北京、海南、黑龙江、甘肃、吉林、山西、广西、内蒙古、重庆、安徽、江苏和青海。其中贸易资源效益指数最高的是江西，为 0.557；其次是北京，为 0.556。而贸易环境效益指数后 10 位的省（区、市）分别是天津、陕西、山东、贵州、福建、云南、四川、湖北、宁夏和西藏。其中西藏的贸易资源效益指数值最小，为 0.068。

从区域划分来看，对于贸易资源效益指数，仅有中部地区的该指数值高于全国平均值，东部地区该指标值略大于西部地区。相比贸易环境效益指数，三个地区之间的贸易资源效益指数的差距较小。从地区内部来看，东部和中部地区的内部差距相对较小，西部地区的内部差距较大。中部地区该指数平均值为0.33，其中最高的是江西，为 0.557，最低的是湖北，为 0.104，在贸易资源效益指标前 10 名的省份中，中部地区占据了 4 个，分别是江西、黑龙江、吉林、和山西。东部地区的贸易资源效益指数平均值为 0.246，其中最高的是北京，为 0.556，最低的是福建，为 0.127。西部地区的贸易资源效益指数平均值为0.13，其中最高的是甘肃，为 0.428，最低的是西藏，为 0.069，贸易资源效益指标后 10 名的省份中，西部地区占据了 6 个，分别是陕西、贵州、云南、四川、宁夏和西藏。

从变动趋势来看，2002—2010 年间大部分省(区、市)的贸易资源效益指数提高了，但是省(区、市)之间的贸易环境效益指数变化的幅度差别较大，其中有 21 个省(区、市)的贸易环境效益指数上升，按上升幅度从大到小依次为海南、江西、黑龙江、山西、内蒙古、吉林、重庆、广西、陕西、新疆、辽宁、安徽、甘肃、北京、湖南、四川、天津、贵州、河北、福建和浙江。10 个省(区、市)贸易资源效益指数下降，下降幅度从大到小依次为宁夏、青海、湖北、上海、广东、江苏、河南、云南、西藏和山东。下降幅度最大的是宁夏，下降了 0.47，因为相比 2002 年，宁夏的工业水平有了一定的提高，且工业制成品的出口也在不断增加，而其进口则主要为初级产品，由此对外贸易的能源消耗在不断增加，致使其贸易资源效益指数大幅下降。相比 2002 年，2010 年贸易资源效益指数的全国平均值上升了 0.029(见图 4-14)。

下面从三级指标来分析贸易资源效益指数的测算结果。贸易资源效益指标包括 2 个三级指标，分别是贸易能源密集度和初级产品效益度。

(1)贸易能源密集度

贸易能源密集度等于进口产品能耗总量除以出口产品能耗总量，衡量的是进口和出口所耗费能源的多少，若贸易能源密集度大于 1，则表示进口产品所耗能源量大于出口产品所耗能源量，有利于降低能耗，促进地区能源保护性开发。能源密集度越高，进口能耗相比于出口则越多。

如图 4-15 所示，2010 年全国能源密集度前 10 名的分别是海南、北京、吉

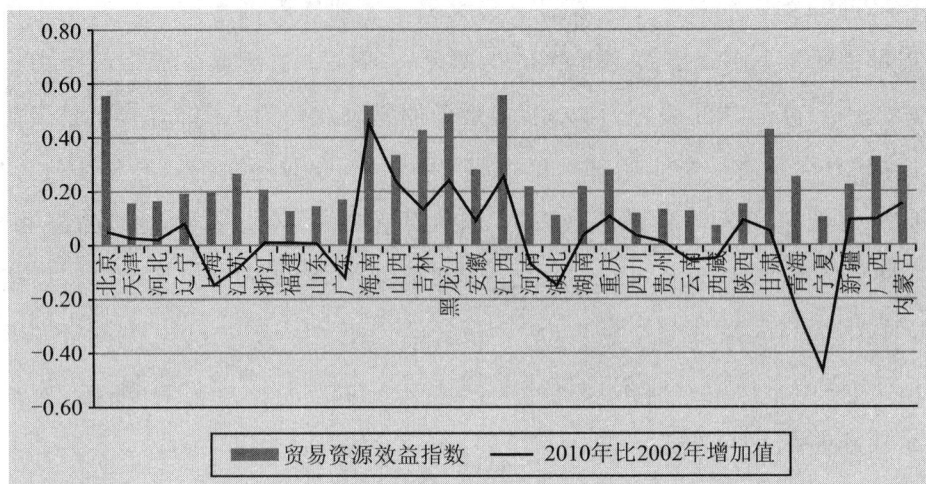

图 4-14　2002 年和 2010 年中国各(区、市)贸易资源效益指数的比较

林、甘肃、山西、内蒙古、河北、辽宁、天津和陕西，其中海南的能源密集度
为 3.177。位于后 10 名的分别是四川、青海、江苏、贵州、江西、黑龙江、福
建、浙江、新疆和西藏，其中西藏的能源密集度最低，为 0.018。

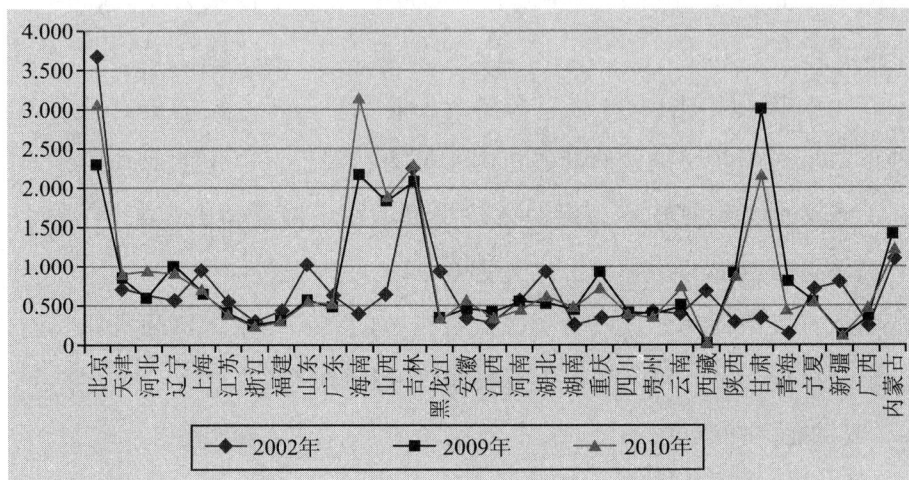

图 4-15　2002 年、2009 年和 2010 年贸易能源密集度的比较

从区域分布来看，2010 年东部地区能源密集度平均值要大于中西部地区，
中部地区能源密集度平均值要高于西部地区。表明同中西部地区相比，东部地
区相对于出口所耗能源而言进口所耗能源较小，这与其外贸进出口结构有关。

相比于中西部，东部地区进口的工业制成品更多，进口所耗能源就多，其能源密集度也较高。2010 年东部地区能源密集度平均值为 1.091，高于能源密集度的全国平均值 0.891。东部地区高于全国平均值的省市有 5 个，分别为海南、北京、河北、辽宁和天津。东部地区内部能源密集度差异较大，能源密集度最高的省份是海南，为 3.177，能源密集度最低的省份是浙江，为 0.261，前者是后者的 12 倍多。中部地区的能源密集度平均值为 0.839，低于全国平均值，其中高于全国平均值的省份有 2 个，分别为山西和吉林。中部地区内部能源密集度差异相对较小，能源密集度平均值为 0.901，也高于全国平均水平，其中最高的省份为吉林，为 2.306，最低的省份为黑龙江，为 0.360，前者是后者的 6 倍多，除去能源密集度较高的省份吉林和山西，其他省份能源密集度处于 0.7 以下。西部地区能源密集度平均值为 0.700，低于全国平均值，其中高于全国平均值的地区有 2 个，分别为甘肃和内蒙古。西部地区内部能源密集度差异较大，其中能源密集度最高的地区为甘肃，为 2.202，最低的地区为西藏，为 0.018，前者是后者的 124 多倍。

从能源密集度的变化来看，2002—2009 年间，能源密集度的全国平均值从 0.71 上升到 0.837，全国有 16 个省（区、市）能源密集度上升，按照上升幅度从大到小依次为甘肃、海南、山西、青海、重庆、陕西、辽宁、内蒙古、湖南、江西、云南、安徽、天津、广西、四川和河南。其中甘肃上升幅度最大，上升了 2.644；河南上升幅度最小，上升了 0.006。有 15 个省（区、市）能源密集度下降，下降幅度从大到小依次为北京、西藏、新疆、黑龙江、山东、湖北、上海、吉林、宁夏、广东、江苏、福建、河北、浙江和贵州。其中北京下降幅度最大，下降了 1.349；贵州下降幅度最小，下降了 0.032。2009—2010 年间，全国有 21 个省（区、市）的能源密集度水平有所改善，10 个省（区、市）的能源密集度下降，其中能源密集度提升最多的是海南，下降最多的是甘肃。

从能源密集度指标来看，图 4-16 是归一化后的能源密集度指标的测算结果，从图形上可以看出，能源密集度指标和能源密集度变化趋势基本上一致。2010 年全国能源密集度指标前 10 名的分别是海南、北京、吉林、甘肃、山西、内蒙古、河北、辽宁、天津和陕西。后 10 名的分别是四川、青海、江苏、贵州、江西、黑龙江、福建、浙江、新疆和西藏。其中对应于前文中能源密集度，海南的能源密集度最高，所以其能源密集度指标值为 1，西藏的能源密集度最低，所以其能源密集度指标值为 0。

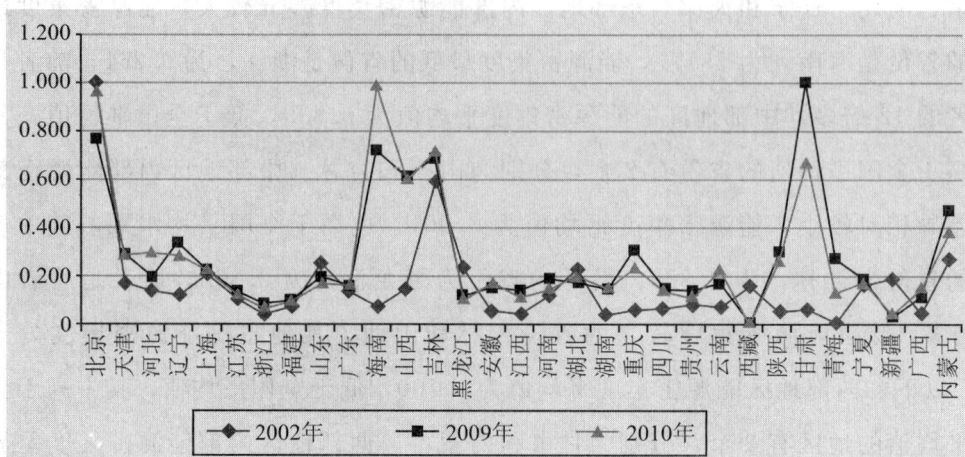

图 4-16　2002 年、2009 年和 2010 年贸易能源密集度指标的比较

从区域分布来看，2010 年东部地区能源密集度指标的平均值要大于中西部地区，中部地区能源密集度指标平均值要高于西部地区。2010 年东部地区能源密集度指标平均值为 0.340，高于能源密集度指标的全国平均值 0.276。东部地区高于全国平均值的省市有 5 个，分别为海南、北京、河北、辽宁和天津。东部地区内部能源密集度指标差异较大，能源密集度指标值最高的省份是海南，为 1，能源密集度最低的省份是浙江，为 0.077。中部地区的能源密集度指标平均值为 0.280，高于全国平均值，其中高于全国平均值的省份有 2 个，分别为吉林和山西。中部地区内部能源密集度指标差异相对较小，除去能源密集度指标较高的省份吉林和山西，其他省份能源密集指标值度介于 0.10～0.18，其中最高的省份为吉林，为 0.724，最低的省份为黑龙江，为 0.108。西部地区能源密集度平均值为 0.216，低于全国平均值，其中高于全国平均值的省区有 2 个，分别为甘肃和内蒙古。西部地区内部能源密集度差异较大，其中能源密集度指标值最大的为甘肃，为 0.691，最低的为西藏，为 0。

从能源密集度指标的变化来看，2002—2009 年间，能源密集度指标的全国平均值从 0.159 上升到 0.276，上升了 0.117。全国有 24 个省（区、市）能源密集度指标上升，按照上升幅度从大到小依次为甘肃、海南、山西、青海、重庆、陕西、辽宁、内蒙古、湖南、天津、云南、江西、安徽、吉林、广西、四川、河南、河北、贵州、浙江、广东、江苏、福建和宁夏。其中甘肃上升幅度最大，上升了 0.943；宁夏上升幅度最小，上升了 0.018。有 7 个省（区、市）能源密集度下降，下降幅度从大到小依次为北京、西藏、新疆、黑龙江、山东、湖北和上海。其中北京下降幅度最大，下降了 0.225；上海下降幅度最小，下降了 0.009。2009—2010 年间，全国 15 个省（区、市）的能源密集度指标值下降，16 个省（区、市）能源密集度指标上升。指标值下降幅度最大的是甘肃，从 2009 年的全国能源密集度第 1 名，下降到了 2010 年的第 4 名；上升幅度最大的是海南，从 2009 年的第 3 名，上升到 2010 年的第 1 名。能源密集度指标的变化和能源密集度存在一些差别，是因为能源密集度变化反映的是其实际值，而能源密集度指标的变化反映的是其在 31 个省（区、市）的相对值。

（2）初级产品效益度

初级产品效益度等于初级产品进口比重除以初级产品出口比重，用来衡量进口资源和出口资源的比较。初级产品效益度值越大，说明进口资源越多，越有利于地区资源生态保护。

如图 4-17 所示，2010 年全国初级产品效益度的前 10 名分别是江西、黑龙江、广西、江苏、新疆、安徽、青海、浙江、重庆和河南，其中江西的初级产品效益度为 20.975。后 10 名分别是辽宁、四川、山西、陕西、河北、海南、天津、宁夏、云南和湖北，其中湖北的初级产品效益度为 0.64。

从区域分布来看，2010 年中部地区初级产品效益度平均值要高于东西部地区，西部地区初级产品效益度平均值略高于东部地区。表明同东西部地区相比，中部地区相比初级产品在出口中的比重而言初级产品在进口中比重更高，意味着进口资源要大于出口资源更多，这与其外贸进出口结构有关。中部地区进口商品结构中，初级产品所占比重较高；而出口商品结构中，初级产品所占比重则相对较低。2010 年中部地区初级产品效益度平均值为 8.246，高于初级产品效益度的全国平均值 5.278。中部地区高于全国平均值的省份有 5 个，分

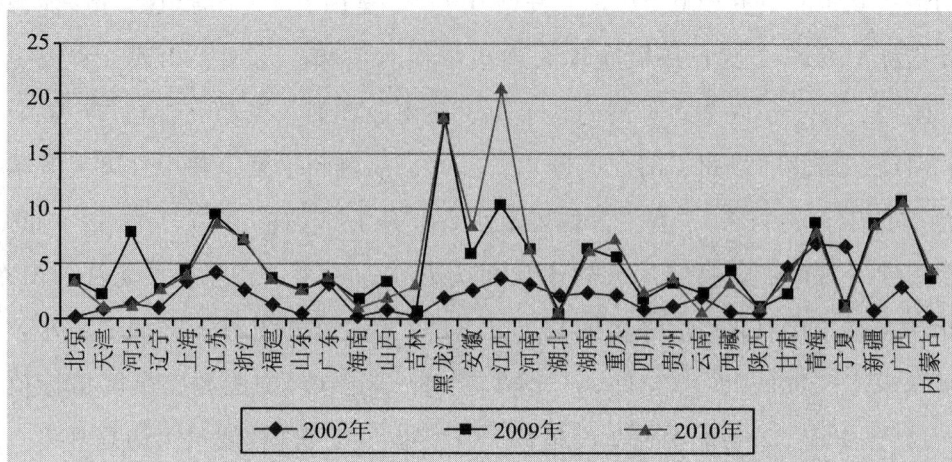

图 4-17　2002 年、2009 年和 2010 年初级产品效益度的比较

别为江西、黑龙江、安徽、河南和湖南。中部地区内部初级产品效益度差异较大，既有全国初级产品效益度最高的省份为江西，又有全国初级产品效益度最低的省份为湖北。其中最高的省份江西，其初级产品效益度为 22.975，最低的省份为湖北，其初级产品效益度为 0.640，前者是后者的 32 倍多。西部地区的初级产品效益度平均值为 4.714，低于全国平均值，其中高于全国平均值的省（区、市）有 4 个，分别为广西、新疆、青海和重庆。西部地区内部初级产品效益度差异相对较小，除去上述 4 个初级产品效益度较高的省（区、市），其他省（区、市）初级产品效益度介于 0.838～4.628。其中最高的为广西，为 10.801，最低的为云南，为 0.838，前者是后者的 12 倍多。东部地区初级产品效益度平均值为 3.733，低于全国平均值，其中高于全国平均值的省份有 2 个，分别为江苏和浙江。东部地区内部初级产品效益度差异较小，其中初级产品效益度最高的为江苏，为 8.857，最低的地区为天津，为 1.065，前者是后者的 8 倍多。

　　从初级产品效益度的变化来看，2002—2009 年间，初级产品效益度的全国平均值从 2.06 上升到 5.51，全国有 28 个省（区、市）初级产品效益度上升，按照上升幅度从大到小依次为河南、黑龙江、新疆、广西、江西、河北、江苏、浙江、湖南、西藏、内蒙古、重庆、北京、安徽、山西、福建、山东、贵州、青海、辽宁、海南、天津、四川、上海、吉林、陕西、云南和广东。其中河南上升幅度最大，上升了 19.2；广东上升幅度最小，上升了 0.36。有 3 个地区初级产品效益度下降，下降幅度从大到小依次为宁夏、甘肃和湖北。其中宁夏下降幅度最大，下降了 5.63；湖北下降幅度最小，下降了 1.45。2009—2010 年间，初级产品效益度的平均值从 4.994 上升到了 5.278，上升幅度最大的是江西，下降幅度最大的是河北。

从初级产品效益度指标来看，图 4-18 是归一化后的初级产品效益度指标的测算结果。2009 年全国初级产品效益度指标的前 10 名分别是江西、黑龙江、广西、江苏、新疆、安徽、青海、浙江、重庆和河南。后 10 名的分别是辽宁、四川、山西、陕西、河北、海南、天津、宁夏、云南和湖北。其中对应于前文中初级产品效益度，江西的初级产品效益度最高，所以其初级产品效益度指标值为 1；湖北的初级产品效益度最低，所以其初级产品效益度指标值为 0。

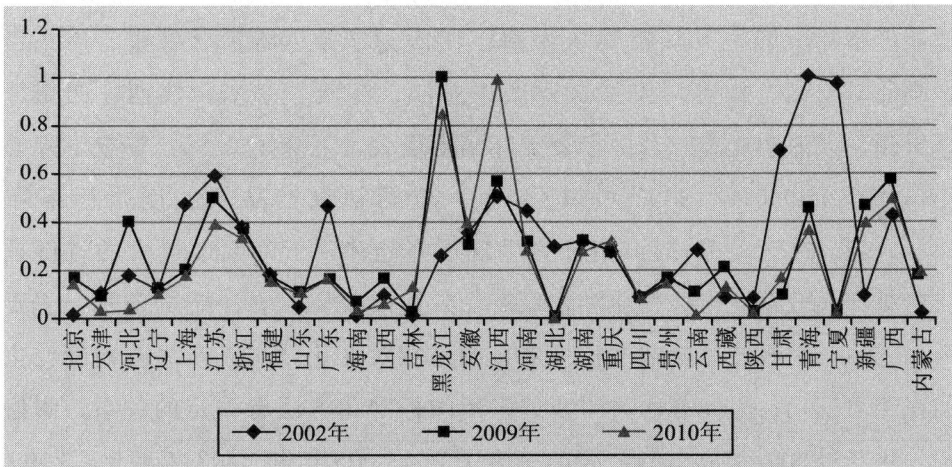

图 4-18　2002 年、2009 年和 2010 年初级产品效益度指标的比较

从区域分布来看，2010 年中部地区初级产品效益度指标平均值要高于东西部地区，西部地区初级产品效益度指标平均值略高于东部地区。2010 年中部地区初级产品效益度指标平均值为 0.374，高于初级产品效益度的全国平均值 0.228。中部地区高于全国平均值的省份有 5 个，分别为江西、黑龙江、安徽、河南和湖南。中部地区内部初级产品效益度差异较大，既有全国初级产品效益度最高的省份为江西，又有全国初级产品效益度最低的省份为湖北，其中最高的省份为江西，其初级产品效益度指标值为 1；最低的省份为湖北，其初级产品效益度指标值为 0。西部地区的初级产品效益度指标平均值为 0.200，低于全国平均值，其中高于全国平均值的省（区、市）有 4 个，分别为广西、新疆、青海和重庆，其中最高的为广西，为 0.500；最低的为云南，为 0.009。东部地区初级产品效益度指标平均值为 0.152，低于全国平均值，其中高于全国平均值的省份有 2 个，分别为江苏和浙江。其中初级产品效益度指标最高的为江苏，为 0.404；最低的为天津，为 0.021。

从初级产品效益度指标的变化来看，2002—2009 年间，初级产品效益度指标的全国平均值从 0.289 下降到 0.225，全国有 12 个省（区、市）初级产品效益度指标上升，按照上升幅度从大到小依次为河南、黑龙江、新疆、河北、内蒙古、北京、西藏、山东、海南、广西、山西和吉林。其中河南上升幅度最大，上升了 0.553；吉林上升幅度最小，上升了 0.004。有 19 个省（区、市）初级产品效益度指标下降，下降幅度从大到小依次为宁夏、青海、甘肃、广东、上海、湖北、云南、江苏、安徽、重庆、浙江、江西、海南、陕西、四川、福建、贵州、天津和辽宁。其中宁夏下降幅度最大，下降了 0.95；辽宁下降幅度最小，下降了 0.015。2009—2010 年间，全国初级产品效益度指标下降到 0.228，多数省（区、市）的该指标均呈现下降趋势，下降幅度最大的省份是河北。初级产品效益度指标变化和初级产品效益度变化存在一定的差别，主要是因为一方面，初级产品效益度指标度量的是相对变化，初级产品效益度变化度量的是绝对变化；另一方面，跟我们采用的标准化方法有一定的关系，阈值法的归一化与最大值和最小值之间的差有关系，2009 年和 2002 年相比，2009 年最大值和最小值之间的差距更大，尽管初级产品效益度绝对量上升，但是采用阈值法归一化后其指标值却在下降，造成了初级产品效益度的变化与初级产品效益度指标的变化不同，而若仅仅对比 2009 年的初级产品效益度和初级产品效益度指标，发现各个省（区、市）在全国的排位是相同的。相比 2009 年，2010 年初级产品效益度指标下降的原因同样与所采用的标准化方法有关，2010 年初级产品效益度最大值和最小值之间的差值更大，造成了该指标的普遍下降，但是指标值变化并不代表各省（区、市）初级效益度的具体变化，指标值只衡量了各省（区、市）初级产品效益度在当年全国中的相对位置。

第5章　中国对外贸易可持续发展的社会效益

　　对外贸易可持续发展的社会效益，主要关注对外贸易发展过程中引致的就业和社会福利增长程度。从某种意义上来说，一国对外贸易能否带来良好而持续的促进就业和提高居民福利水平的效果，是对外贸易可持续发展的重要衡量标准。构建我国对外贸易可持续发展评价体系，衡量对外贸易可持续发展的社会效益是不可或缺的。

　　近年来，关于我国对外贸易引致就业的效果问题，学术界进行了深刻而全面的讨论，代表性的成果有张华初、李永杰（2004），胡昭玲、刘旭（2007），蒋荷新（2007），梁平等（2008），毛日昇（2009），高文书（2009），魏浩（2011）等。基本的结论是：一般而言，出口贸易对就业的影响显著正向，进口贸易对就业的影响则由于产业、地区和贸易方式的不同而不同。就对外贸易引致就业的机制而言，认为对外贸易提高国家经济增长水平和发展质量，从而增加就业。此外，如 Helpman 等（2010）提出有别于对外贸易—经济增长—就业增加的另一种外贸影响就业的"筛选"机制，指出对外贸易发展可能带来就业水平的降低。陈昊（2011）利用中国的数据验证了这一机制的存在。无论具体机制如何，从效果上讲，对外贸易发展会显著影响就业水平是毋庸置疑的。然而，对外贸引致就业水平的精确衡量，现今为止还没有很好的方法，因而本章首先将外商（包括中国港、澳、台商）投资企业的就业水平作为衡量对外贸易引致就业的指标，然后利用实证数据通过计量手段对其进行修正。

对外贸易会带来整体社会福利的增进，早在斯密的《国富论》中就已经得到逻辑上的严格论证。然而数量化社会福利，不仅很难面面俱到，而且由于基于一般均衡分析增加了计量和数理测算的难度，目前为止还不具备数据和方法条件。学术界一般使用外贸部门职工工资或居民可支配收入作为福利水平的替代变量，研究对外贸易发展对工资或居民收入的影响程度。国内代表性的研究成果有刘力(2005)，佟家栋(2005)，戴枫(2005)，胡超(2008)，喻美辞(2008)，赵晓霞、李金昌(2009)等。本章将同样使用外商(包括中国港、澳、台商)投资企业的职工平均工资作为衡量对外贸易引致福利变动程度的标准。

本章将在介绍社会效益指标评价体系构成与计算方法的基础上，重点进行国家层面的年度纵向比较与省际层面典型年份的横向比较。考虑到数据的可获得性，我们考察了 1993—2011 年间国家的社会效益指数变动情况，并选择 1993 年、2002 年、2009 年和 2010 年作为典型年份进行省际比较分析。此外如前所述，对外贸易可持续发展的社会效益评价，不仅包括外贸部门的就业和收入变动，还包括对外贸易带来的整体国民就业与收入水平的提高。换言之，对外贸易可持续发展的评价还应该考虑到对外贸易溢出外贸部门的就业效应。虽然学术界还没有获得精确量化对外贸易对整体经济福利增进的方法，但是通过实证方程进行粗略的估算却是可行和值得尝试的。因此本章的最后将对该问题进行初步探讨，并获得对外贸易引致就业水平提高程度的粗略估计值，以便进一步修正只考虑外资企业条件下的社会效益指标。

此外，外商投资企业的就业人数(或职工人数)，并不能够等同于对外贸易行业的就业人数，虽然用作相关性替代是可以的。为此，还需对行业就业人数进行修正。我们将借鉴孙治宇、赵曙东(2010)的做法，用出口额占工业总产值的比重来衡量外贸行业就业占工业部门就业的比重。当然，由于数据的可获得性限制，目前的做法也存在一定的不准确性，因而利用实证工具衡量外贸引致就业的程度，仍然是非常必要的工作。

>> 5.1　对外贸易可持续发展社会效益指标体系的构建 <<

衡量我国对外贸易可持续发展的社会效益指标，主要包括外贸部门的就业和工资两部分。根据第 1 章的设计，我们对就业和工资两个三级指标赋予相同的权重，当然前提在于消除指标量纲的影响。为了保证最终所得指标符合一致性判断标准，借鉴孙治宇、赵曙东(2010)的处理方法对样本进行标准化：

$$y_{ij} = \frac{x_{ij} - \min x_j}{\max x_j - \min x_j} \qquad (5\text{-}1)$$

需要说明的是，在比较国家层面的年度指数时，$j = 0$ 是有可能的。在获得标准化指标基础上，可以分别对就业和工资两部分指标进行描述性统计，然后根据所设定的权重计算出社会效益指数的终值。

基础数据来源于《中国劳动统计年鉴》、《中国人口和就业统计年鉴》及各省(区、市)统计年鉴。1993—2011 年间国家层面的就业和工资数据如表 5-1 所示，变化趋势见图 5-1、图 5-2。可以发现：第一，总体来看，除个别年份出现微小波动外，1993—2009 年间我国外商投资企业的就业人数和职工工资基本呈现逐年递增趋势，但是可能由于金融危机的影响，2010 年和 2011 年两年的就业人数大幅下降，职工平均工资却没有受到任何影响。第二，1993—2009 年间有两个异常年份值得注意。1997 年外商投资企业就业人数出现一个较大增幅，而 2000 年外商投资企业的职工平均工资出现较为明显的下降。这可能与香港回归和即将加入 WTO 有关：香港回归和一国两制的实施无疑消除了外商进一步进入中国投资的疑虑，因而 1997 年外商投资企业就业人数显著上升；2000 年我国基本已经确定将加入 WTO，国内外商投资企业预期未来将面临更加严峻的市场竞争和挑战，因而开始调整发展战略，增加扩大再生产的利润留存比例，从而降低职工的平均工资。但就业和工资的波动都没有改变递增的整体趋势。第三，无论是就业人数还是平均工资水平，增长都比较平缓，没有出现大幅度的波动，可以看出在吸引外商投资企业方面，国家政策是比较平稳和持续的。

表 5-1　1993—2011 年中国外商投资企业的就业与职工平均工资水平

年份	就业人数（千人）	就业人数比前一年增加（千人）	平均工资（元）	平均工资比前一年增加（元）
1993	2 881		5 231.0	
1994	4 061	1 180	6 454.5	1 223.5
1995	5 577	1 516	7 776.0	1 321.5
1996	5 400	−177	8 853.5	1 077.5
1997	7 673	2 273	9 027.0	173.5
1998	5 875	−1 798	10 897.0	1 870.0
1999	6 121	246	11 971.0	1 074.0
2000	6 423	302	11 068.5	−902.5
2001	6 709	286	14 322.5	3 254.0
2002	7 580	871	15 824.0	1 501.5
2003	8 631	1 051	17 028.5	1 204.5
2004	10 333	1 702	18 083.5	1 055.0
2005	12 452	2 119	19 587.5	1 504.0
2006	14 073	1 621	21 914.5	2 327.0
2007	15 836	1 763	24 947.0	3 032.5
2008	16 218	382	28 994.0	4 047.0
2009	16 988	770	32 595.5	3 601.5
2010	10 530	−6 458	41 739.0	9 143.5
2011	12 170	1 640	48 869.0	7 130.0

注：就业人数指的是当年年末从业人数，平均工资指的是就业职工的平均工资收入。

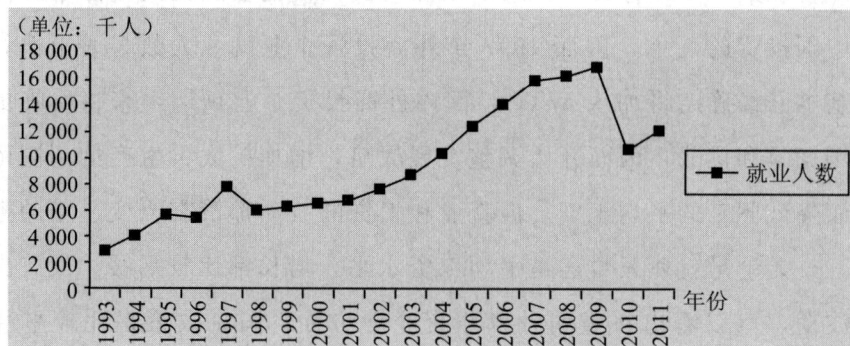

图 5-1　外商投资企业就业人员年末数

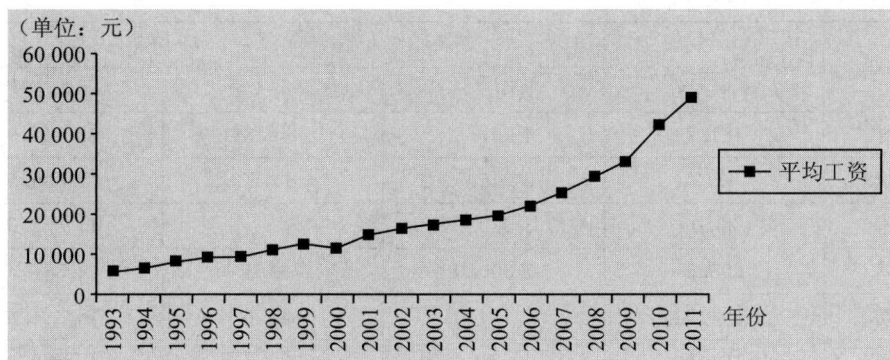

图 5-2　外商投资企业员工平均工资

当然，近年来国家开始采取的"两税合一"政策，一定程度上降低了对外资企业的优惠待遇标准，因而必然带来一定程度的指数下降，这在后面的指数分析中可以看出。但是就中国目前的外资引进状况而言，保证外资引进质量可能比扩大引资规模要更加重要和有意义。

1993 年、2002 年、2009 年和 2010 年中国内地 31 个省（区、市）相关数据如表 5-2 所示。我们发现，2009 年外商投资企业就业人数最高的三个地区为广东、浙江和福建，而外商投资企业职工平均工资最高的三个地区则为北京、上海和黑龙江；2002 年外商投资企业就业人数最高的三个地区为广东、福建和上海，而外商投资企业职工平均工资最高的三个地区则为北京、上海和广东；1993 年外商投资企业就业人数最高的三个地区为广东、福建和江苏，而外商投资企业职工平均工资最高的三个地区则为上海、天津和海南。

表 5-2(1)　1993 年和 2002 年中国各省(区、市)外商投资企业的就业与职工平均工资水平

地区	1993 年		2002 年	
	就业人数	平均工资	就业人数	平均工资
北京	174.3	5 593.0	461.6	33 310.5
天津	87.2	7 180.5	412.0	16 754.0
河北	82.1	3 048.5	147.5	10 654.0
山西	37.9	3 544.0	29.1	8 939.5
内蒙古	21.2	3 044.5	37.7	7 289.5

续表

地区	1993 年		2002 年	
	就业人数	平均工资	就业人数	平均工资
辽宁	111.7	4 597.5	340.3	13 541.0
吉林	41.2	3 046.5	88.5	12 839.5
黑龙江	33.0	3 029.0	65.7	11 361.0
上海	203.9	7 800.0	782.1	24 887.5
江苏	204.9	4 114.0	640.6	14 344.0
浙江	167.9	4 671.0	339.7	15 182.5
安徽	22.3	2 847.5	64.5	9 635.5
福建	391.9	5 108.0	1 050.8	11 867.5
江西	27.5	2 823.0	57.5	9 275.5
山东	118.9	3 116.5	641.1	9 950.5
河南	46.7	2 667.5	131.7	10 168.0
湖北	57.8	3 259.5	116.0	10 378.5
湖南	32.9	3 300.0	59.8	11 394.0
广东	841.6	6 470.0	1 747.2	16 836.0
广西	45.6	3 351.0	77.6	11 392.5
海南	21.3	6 477.0	33.0	10 176.5
重庆	—	—	51.8	12 918.5
四川	38.2	3 378.5	72.5	11 812.5
贵州	10.1	4 751.5	19.7	9 607.0
云南	6.2	—	33.8	12 072.0
西藏	0.6	5 566.0	—	—
陕西	22.0	3 629.0	30.9	15 282.5
甘肃	14.4	3 435.5	19.3	12 075.5
青海	1.2	2 984.0	0.9	13 406.0
宁夏	3.3	2 968.5	10.0	10 650.0
新疆	13.9	3 553.5	17.1	11 749.5

注：就业人数单位为千人，平均工资单位为元，保留一位小数。"—"表示未做统计。表 5-2(2) 与此同。

表 5-2(2)　2009 年和 2010 年中国各省(区、市)外商投资企业的就业与职工平均工资水平

地区	2009 年		2010 年	
	就业人数	平均工资	就业人数	平均工资
北京	1 078.4	82 249.5	748.5	100 409.0
天津	553.2	37 786.5	469.6	47 111.0
河北	276.0	26 287.5	220.6	31 098.0
山西	96.7	23 396.0	44.2	32 612.0
内蒙古	44.1	25 427.5	27.9	32 218.0
辽宁	518.5	29 336.5	415.2	34 563.0
吉林	100.8	28 120.5	80.4	42 284.0
黑龙江	104.2	46 440.0	65.5	25 428.0
上海	1 408.2	47 612.0	1 043.6	63 182.0
江苏	1 917.8	28 214.5	1 436.8	36 749.0
浙江	1 979.8	27 182.0	1 191.0	32 093.0
安徽	179.7	24 107.5	146.6	30 688.0
福建	1 806.7	23 540.0	818.8	29 703.0
江西	205.8	18 853.0	123.4	24 905.0
山东	1 374.8	25 004.0	1 120.6	29 305.0
河南	216.4	26 136.5	123.1	29 620.0
湖北	265.1	26 031.5	200.3	38 398.0
湖南	234.2	22 033.0	122.3	27 201.0
广东	3 883.9	29 597.0	1 619.7	37 386.0
广西	147.2	25 539.0	89.9	37 428.0
海南	55.1	23 826.5	40.3	29 495.0
重庆	123.7	29 772.5	94.3	35 738.0
四川	152.7	25 364.0	102.9	29 872.0
贵州	30.8	22 152.0	23.8	27 944.0
云南	56.8	24 860.0	29.2	28 562.0
西藏	—	—	—	—
陕西	110.1	30 512.5	92.8	38 728.0
甘肃	15.1	21 438.5	2.4	32 877.0
青海	13.4	20 386.5	2.6	24 019.0
宁夏	10.9	24 741.0	3.5	34 545.0
新疆	28.0	25 523.0	4.9	31 311.0

对比三个典型年份可以看出，外资企业就业人数高不一定意味着外资企业职工工资水平高。如 2002 年和 2009 年，北京外资企业职工工资水平远远高于国家平均水平，排名第 1，而其外资企业就业人数却远远低于广东和福建等地。值得一提的是，1993 年以后广东外商投资企业吸引的就业人数增幅最大，但同期外商投资企业的职工平均工资却增幅较小；相反的情况是，北京外商投资企业就业人数增幅较小，而职工平均工资增幅明显。可见沿海城市进一步开放以后，外商投资企业吸纳就业的能力仍然保持平稳上升的趋势，这与外商投资企业数量和规模的增加有直接关系，但外商投资企业的发展潜力和利润空间却存在一定的制约。相反，作为拥有首都优势的北京，虽然外商投资企业吸纳就业的能力增长并不显著，但企业的利润空间与发展潜力比较理想，有利于大幅度提高就业职工的生活水平。

对基础数据的描述，还仅仅停留在统计层面，本章第二部分将通过计算对外贸易可持续发展的社会效益指标，来进一步衡量对外开放带来的就业水平和工资水平的提高。第三部分将通过更加严格的实证方法，衡量对外贸易对国家就业和收入的边际影响。

>> 5.2 对外贸易可持续发展社会效益指标的年度比较 <<

根据式 5-1 和所收集的数据，可以计算中国对外贸易可持续发展的社会效益指标如表 5-3 所示，并在此基础上进行国家层面的年度比较。

表 5-3 1993—2011 年中国对外贸易可持续发展的社会效益指数

年份	外资企业就业指数	外资企业员工工资指数	社会效益指数
1993	0	0	0
1994	0.083 646	0.028 037	0.055 842
1995	0.191 111	0.058 321	0.124 716
1996	0.178 564	0.083 013	0.130 788
1997	0.339 690	0.086 988	0.213 339

年份	外资企业就业指数	外资企业员工工资指数	社会效益指数
1998	0.212 235	0.129 841	0.171 038
1999	0.229 673	0.154 453	0.192 063
2000	0.251 081	0.133 771	0.192 426
2001	0.271 355	0.208 339	0.239 847
2002	0.333 097	0.242 747	0.287 922
2003	0.407 599	0.270 349	0.338 974
2004	0.528 248	0.294 525	0.411 387
2005	0.678 458	0.328 991	0.503 724
2006	0.793 365	0.382 316	0.587 840
2007	0.918 338	0.451 808	0.685 073
2008	0.945 417	0.544 548	0.744 983
2009	1	0.627 080	0.813 540
2010	0.542 213	0.836 610	0.689 412
2011	0.658 467	1	0.829 234

注：社会效益指数是对就业指数和工资指数进行加权平均获得，权重暂定各 50%。第三部分指标修正后会对该指数进行调整。

可以发现 1993—2011 年间，除 1998 年和 2010 年出现短暂回落外，中国对外贸易可持续发展的社会效益指数基本维持平稳上升趋势。需要说明的是，我们在计算指标时进行指标归一化处理，默认以考察年份中的最值年份作为 0、1 标准，因而会得到 1993 年为 0，2009 年和 2011 年某个指标为 1 的结果。为消除归一化影响，我们做如下调整：

$$y'_{ij} = \frac{(y_{ij} - y_{jp})}{\sigma_j} \tag{5-2}$$

其中 y_{jp} 为指标的平均值，σ_j 为指标的标准差，调整值如表 5-4 所示。为消除负值进行坐标平移，即：

$$z_{ij} = y'_{ij} - \text{int}(y'_{ij}) \tag{5-3}$$

表 5-4　1993—2011 年中国对外贸易可持续发展的社会效益指数调整值

年份	外资企业就业指数	外资企业员工工资指数	社会效益指数
1993	0.523 570	0.885 466	0.704 518
1994	0.797 606	0.986 753	0.892 180
1995	0.149 677	0.096 157	0.122 917
1996	0.108 571	0.185 360	0.146 965
1997	0.636 443	0.199 720	0.418 081
1998	0.218 882	0.354 531	0.286 707
1999	0.276 012	0.443 445	0.359 728
2000	0.346 147	0.368 729	0.357 438
2001	0.412 568	0.638 114	0.525 341
2002	0.614 844	0.762 417	0.688 630
2003	0.858 923	0.862 132	0.860 527
2004	0.254 186	0.949 470	0.601 828
2005	0.746 296	0.073 983	0.410 139
2006	0.122 747	0.266 625	0.194 686
2007	0.532 177	0.517 673	0.524 925
2008	0.620 891	0.852 707	0.736 799
2009	0.799 713	0.150 863	0.475 288
2010	0.299 937	0.907 813	0.603 875
2011	0.680 802	0.498 078	0.589 440

　　消除归一化影响后的社会效益指数，更加准确地反映了对外贸易可持续发展社会效益的真实变动情况。直观的趋势可参见图 5-3。1993—2011 年间我国对外贸易可持续发展的社会效益指数波动很大，且整体而言并不理想。如 2009 年社会效益指数较之 2008 年降低了 30% 左右，从分解的指数来看，主要是外资企业职工工资指数下降严重，从 2008 年的 0.85 下降到 2009 年不足 0.15，当然 2010 年略有回升。对外贸易的福利效应过低值得引起重视。

　　几个变化显著的年份值得关注：第一，1995 年是本报告考察范围内第一次社会效益指数大幅下降的年份，从 1994 年的 0.89 下降到 0.12。通过观察外资企业就业指数和工资指数，我们发现这一次的下降是就业指数和工资指数同时大幅度下降造成的。第二，1998 年社会效益指数出现第二次大幅下降，主要是

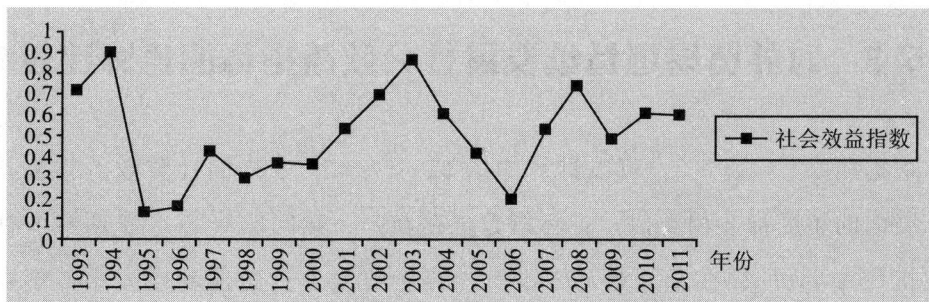

图 5-3　中国对外贸易可持续发展的社会效益指数

外资企业员工就业指数大幅度下降造成的。如前分析所示，可能是由于加入WTO以后，外资企业的利润受到进口商品较大程度的冲击，从而促使大量外资企业减少员工数量，进而造成社会效益指数的下降。2004 年和 2006 年的社会效益指数下降也是类似的情形。第三，2005 年和 2009 年社会效益指数出现的下降，主要是外资企业员工平均工资指数下降造成的，这可能是由于外商投资企业吸纳就业人员的能力逐渐接近极限。需要明确的是，随着改革开放进程的推进和吸引外资企业规模及质量的不断提高，外资企业吸纳就业逐渐趋于饱和是必然趋势，一味希望通过吸引外资解决本地就业的政策思路需要进行适当调整，对外资企业质量和环保的要求应该更加重视，对外资企业技术外溢效果的评估应该作为引进外资的重要衡量标准。

根据数据的可获得性，我们考察的年份到 2011 年为止。我们发现，2011年对外贸易可持续发展的社会效益指数只有 0.59 左右，在整个考察年份范围内都不算高，尤其较之 1994 年下降 34% 左右。这提醒我们在注重经济增长的同时，应该重视经济发展质量的提升和人民生活水平的提高。仅从外资企业方面而言，应该通过努力构建更加完备的市场体系，保证外资企业的质量和外资企业的员工待遇，切实提高外资企业职工的收入水平。

国家层面的社会效益指标年度比较，还不能系统反映各地区的对外贸易可持续发展社会效益的差别，因而进行省际比较是必要的。

>> 5.3 对外贸易可持续发展社会效益指标的省际比较 <<

根据式 5-1 和表 5-2，可以计算中国 31 个省（区、市）的社会效益指标。与国家层面的年度指数相类似，省际指数也存在归一化问题：2002 年西藏的社会效益指数为 0，原因在于西藏几乎没有外资企业或外资企业规模太小，难以获得数据，但是这并不意味着西藏不存在对外贸易可持续发展的就业效应，因而归一化问题会带来指数的异常值。通过式 5-2 或式 5-3 进行去归一化处理，得到调整的社会效益指数如表 5-5 所示。

表 5-5 1993 年、2002 年、2009 年和 2010 年中国各省（区、市）社会效益调整指数

地区	1993 年	2002 年	2009 年	2010 年
北京	0.885 637	0.295 278	0.637 329	0.647 858
天津	0.213 051	0.680 418	0.394 760	0.410 415
河北	0.592 921	0.652 319	0.694 001	0.686 632
山西	0.638 746	0.285 855	0.424 154	0.454 311
内蒙古	0.389 616	0.148 743	0.461 173	0.464 812
辽宁	0.291 997	0.257 841	0.024 200	0.104 321
吉林	0.456 649	0.750 183	0.618 265	0.624 547
黑龙江	0.422 692	0.573 660	0.360 266	0.383 253
上海	0.840 029	0.081 899	0.521 664	0.544 256
江苏	0.413 152	0.860 179	0.174 470	0.200 136
浙江	0.506 698	0.408 241	0.185 786	0.199 871
安徽	0.316 821	0.412 343	0.523 773	0.532 523
福建	0.418 323	0.353 251	0.890 957	0.864 125
江西	0.324 544	0.366 814	0.334 081	0.451 217
山东	0.741 213	0.455 686	0.581 014	0.595 235
河南	0.327 815	0.579 685	0.636 988	0.670 128
湖北	0.594 286	0.571 489	0.674 360	0.699 989
湖南	0.527 510	0.566 326	0.486 641	0.520 147
广东	0.436 561	0.036 691	0.910 047	0.841 458
广西	0.589 372	0.597 499	0.553 759	0.569 528

续表

地区	1993 年	2002 年	2009 年	2010 年
海南	0.721 777	0.406 849	0.405 980	0.414 751
重庆	—	0.692 914	0.704 480	0.441 765
四川	0.575 530	0.627 280	0.551 397	0.532 221
贵州	0.015 167	0.330 908	0.317 661	0.346 258
云南	0.158 639	0.583 147	0.449 128	0.457 177
西藏	0.299 726	0.409 850	0.397 629	0.362 354
陕西	0.619 055	0.874 268	0.722 716	0.714 557
甘肃	0.518 800	0.557 964	0.275 461	0.289 565
青海	0.299 887	0.648 358	0.231 566	0.247 428
宁夏	0.300 829	0.410 079	0.405 111	0.414 478
新疆	0.562 926	0.524 015	0.451 271	0.469 685

　　仅从表格所提供的数据粗略分析，即可发现外资企业就业和职工工资比较理想的省（区、市），其对外贸易可持续发展的社会效益指标未必高于其他省（区、市）。例如，2002 年北京的社会效益指数只有不到 0.3，而广东的社会效益指数甚至只略高于 0.03，远远低于一些中西部地区。经过去归一化处理后的指数，更能够排除由于单纯的地理优势和政策优势带来的社会效益指数的虚高，因而更能准确地将各省（区、市）的指数放在同一衡量体系中进行比较。

　　图 5-4 至图 5-7 报告了中国 31 个省（区、市）1993 年、2002 年、2009 年和 2010 年的社会效益指数变动情况。我们发现存在以下三个方面的特点：第一，北京、上海、广东的社会效益指数波动较大，且均在 2002 年陷入低谷，即加入 WTO 对北京、上海、广东的对外贸易可持续发展社会效益影响较大。第二，中西部各省（区、市）的社会效益指数平均高于东部地区，且波动相对较小，但中西部地区社会效益指数很少高于 0.8，东部地区诸如江苏、福建等地均高于 0.8，可见虽然中西部地区对外贸易可持续发展的社会效益指数存在较大的提高潜力，但是现在还没有充分展示出来。第三，就 2009 年而言，一些传统的东部开放省份社会效益指数下降较为明显，如江苏和浙江。与之相反，一些中西部省市社会效益指数明显提高，如重庆和湖北。但是整体而言，2009 年西部地区的指数较之 2002 年普遍下降，中部地区的下降趋势则更不明显，可见近年

来我国对外贸易可持续发展的社会效益指数普遍下降，且东部地区下降趋势比中西部地区显著。第四，2010 年大部分省（区、市）对外贸易可持续发展的社会效益指数有所回升，这可能是因为 2008 年金融危机对外贸社会效益的消极影响已经有所减弱。但是沿海或发达省份，如广东、河北、福建等 2010 年的外贸社会效益指数依然略有降低，可见开放程度高的地区将要承受更长时期的消极影响，这也是理所当然的。

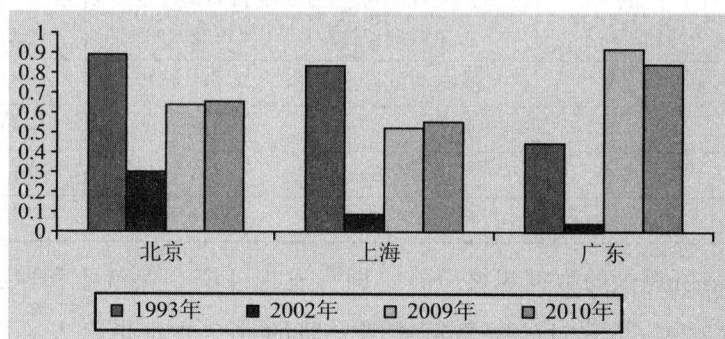

图 5-4　北京、上海、广东的社会效益指数

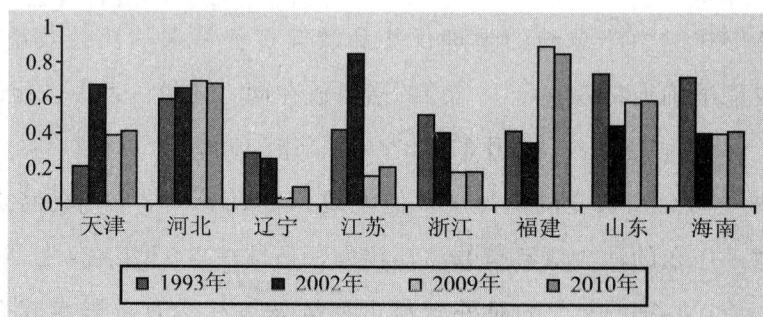

图 5-5　东部地区社会效益指数

如前所述，使用外商投资企业的就业人数来代表对外贸易行业的就业人数是不够严谨的，因而需要对其进行修正。此外，对外贸易对国家整体就业水平的影响远远不是外贸行业就业所能够概括的，因而有必要通过实证分析的方法，衡量对外贸易发展对就业整体水平提高的边际影响，在此基础上进一步修正对外贸易可持续发展的社会效益指数，将对外贸易带来的就业外溢效应也考虑进来。

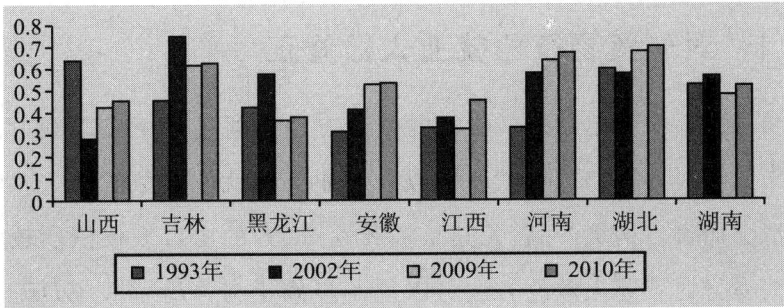

图 5-6　中部地区社会效益指数

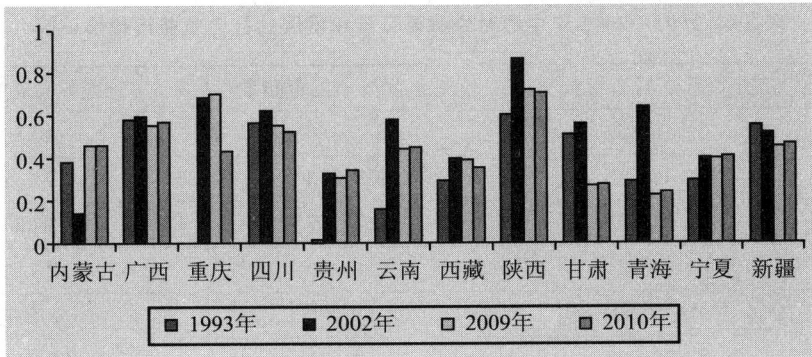

图 5-7　西部地区社会效益指数

>> 5.4　对外贸易可持续发展社会效益指标的修正 <<

我们将从两个方面对社会效益指标进行修正：第一，对外贸易行业就业人数不应完全用外资企业的就业人数来概括。我国并没有公开公布对外贸易行业的就业人数，但是可以通过适当的转化替代方法进行估计。第二，对外贸易对就业水平的影响，绝不仅仅限于对外资企业或外贸行业就业的影响。对外贸易是经济增长的"引擎"，对外贸易的发展也必然带来国家整体就业水平的变化，因而使用外资企业就业或对外贸易行业就业不能完全体现对外贸易对就业的影响。我们将采用实证分析的方法，衡量对外贸易引致的就业水平，进而对社会效益指标进行修正。

5.4.1 对外贸易行业就业人数修正

我们参考孙治宇、赵曙东(2010)的处理方法，通过使用出口额占工业总产值的比重来衡量对外贸易行业就业人数占工业部门就业人数的比重。但是就中国目前的情况而言，初级产品(尤其是资源性产品)的出口规模依然较大，因而衡量对外贸易行业就业人数的方法可以进一步修正为：$L=(X/GDP)\times M$，其中 L 为对外贸易行业就业人数，X 为出口总额，M 为全社会就业人数，得到外贸行业就业人数及修正后的社会效益指数如表 5-6 所示。

表 5-6　1993—2011 年中国对外贸易可持续发展的社会效益指数修正值

年份	外贸行业就业指数	外资企业员工工资指数	社会效益指数
1993	0.513 877	0.885 466	0.699 672
1994	0.742 568	0.986 753	0.864 661
1995	0.151 235	0.096 157	0.123 696
1996	0.100 124	0.185 360	0.142 742
1997	0.606 758	0.199 720	0.403 239
1998	0.199 896	0.354 531	0.277 214
1999	0.220 236	0.443 445	0.331 841
2000	0.383 124	0.368 729	0.375 927
2001	0.393 999	0.638 114	0.516 057
2002	0.607 825	0.762 417	0.685 121
2003	0.824 569	0.862 132	0.843 351
2004	0.223 247	0.949 470	0.586 359
2005	0.525 149	0.073 983	0.299 566
2006	0.101 136	0.266 625	0.183 881
2007	0.505 785	0.517 673	0.511 729
2008	0.626 364	0.852 707	0.739 536
2009	0.630 147	0.150 863	0.390 505
2010	0.301 477	0.907 813	0.604 645
2011	0.667 895	0.498 078	0.582 987

比较表 5-4 和表 5-6 我们发现，经过修正后的对外贸易可持续发展社会效益指数，与使用外资企业就业人数的指数除个别年份外，相差并不明显，且值域几乎相同。可见使用外资企业就业人数作为衡量标准亦无大错。为直观起见，我们同样给出趋势变化见图 5-8。

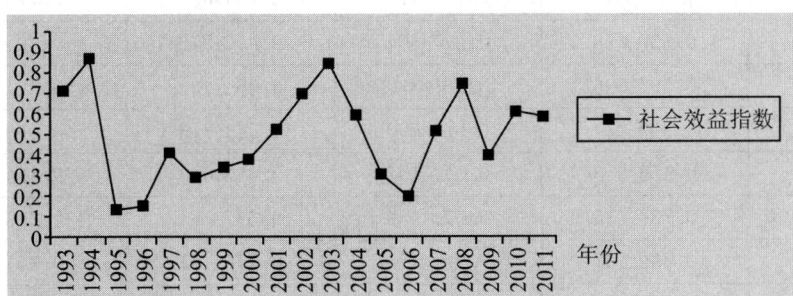

图 5-8　修正的社会效益指数

比较图 5-8 与图 5-3，我们发现 1993—2010 年间修正的社会效益指数与未修正的指数并无显著差异。但是无论修正与否，2011 年的社会效益指数较之 2010 年有明显下降，这一结论并没有改变，可见近年来我国对外贸易可持续发展的社会效益正在逐渐降低，这必然会严重影响对外贸易整体的可持续发展潜力，应当引起足够的重视。

1993 年、2002 年、2009 年和 2010 年中国 31 个省（区、市）的修正社会效益指数如表 5-7 所示。修正后的省际社会效益指数见图 5-9 至图 5-11。我们将其与修正前的指数进行比较发现：第一，北京、上海和广东修正后的社会效益指数波动较之修正前更小，且 2002 年没有出现低谷。可见，考虑外贸行业就业而非外资企业就业后，加入 WTO 后对外贸易可持续发展的社会效益没有降低，这与我国加入 WTO 的对外贸易整体情况是相符的，即对外贸易并没有先前预期的受到巨大冲击，因而修正后的社会效益指数比较理想。第二，中西部的社会效益指数平均水平依然高于东部，且波动较之东部要小，这与修正前相比没有明显变化。第三，2009 年和 2010 年一些东部地区的社会效益指数下降明显，如上海、广东、辽宁和浙江，中西部地区虽然下降幅度较小，但基本较之 2002 年也有所下降。可见整体而言，近年来我国对外贸易可持续发展的社会效益正在下降是不争的事实。

表 5-7 1993 年、2002 年、2009 年和 2010 年中国各省(区、市)社会效益修正指数

地区	1993 年	2002 年	2009 年	2010 年
北京	0.098 117	0.875 575	0.894 008	0.901 124
天津	0.200 922	0.763 204	0.621 646	0.635 821
河北	0.880 895	0.797 478	0.761 698	0.778 745
山西	0.530 478	0.617 671	0.492 878	0.501 142
内蒙古	0.596 506	0.569 339	0.461 220	0.474 588
辽宁	0.309 274	0.956 698	0.541 213	0.568 585
吉林	0.456 649	0.510 497	0.483 040	0.484 471
黑龙江	0.730 436	0.573 959	0.617 864	0.665 824
上海	0.899 267	0.936 120	0.276 481	0.301 014
江苏	0.258 515	0.126 519	0.840 100	0.893 175
浙江	0.317 984	0.865 382	0.464 469	0.478 478
安徽	0.316 821	0.771 206	0.734 972	0.745 852
福建	0.432 352	0.296 315	0.302 412	0.354 217
江西	0.639 527	0.574 724	0.634 291	0.678 595
山东	0.342 908	0.710 132	0.608 661	0.645 274
河南	0.703 500	0.713 166	0.641 925	0.695 526
湖北	0.746 775	0.601 092	0.649 720	0.689 520
湖南	0.022 640	0.652 661	0.586 926	0.612 174
广东	0.772 972	0.693 561	0.138 279	0.174 785
广西	0.927 712	0.671 494	0.719 363	0.685 258
海南	0.589 802	0.525 455	0.405 980	0.447 147
重庆	—	0.583 673	0.549 166	0.569 625
四川	0.858 991	0.785 915	0.889 544	0.895 547
贵州	0.015 167	0.330 908	0.510 825	0.562 010
云南	0.640 427	0.661 121	0.619 391	0.636 987
西藏	0.425 835	0.473 238	0.449 507	0.452 013
陕西	0.788 301	0.630 704	0.522 201	0.585 224
甘肃	0.538 501	0.542 442	0.464 318	0.474 478
青海	0.447 493	0.479 109	0.442 404	0.541 247
宁夏	0.454 275	0.501 497	0.452 857	0.496 852
新疆	0.562 926	0.539 980	0.628 622	0.698 528

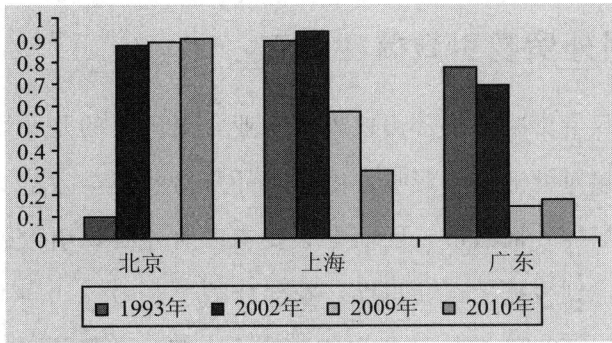

图 5-9　部分东部省市修正后的社会效益指数

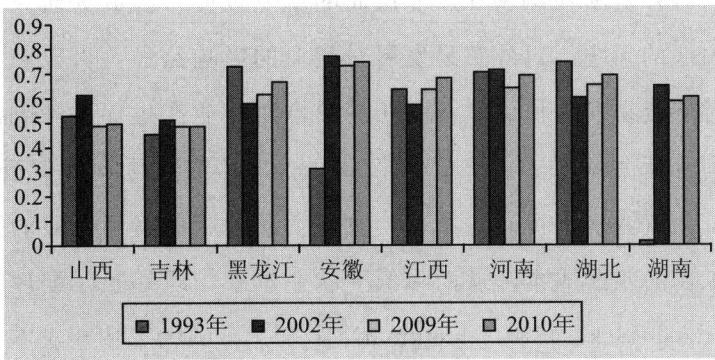

图 5-10　中部地区修正后的社会效益指数

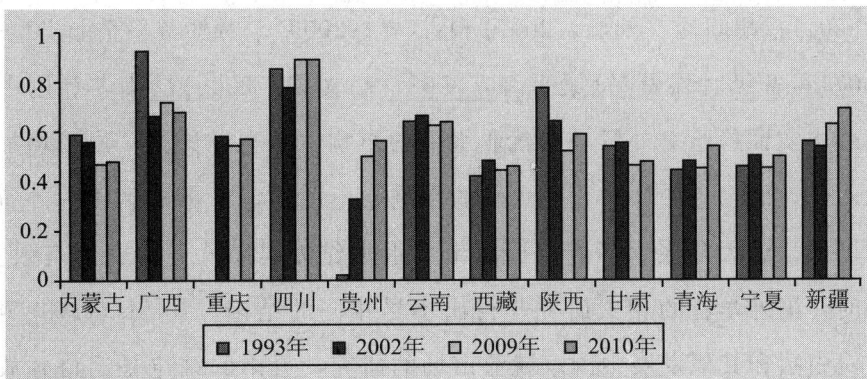

图 5-11　西部地区修正后的社会效益指数

5.4.2 对外贸易引致就业修正

对外贸易不仅会影响外贸部门或外资企业，更重要的是会影响国家整体经济运行，从而间接对就业产生影响，因而对外贸易的社会效益必然应该包含对外贸易对就业市场的外溢效应，因而有必要考虑对外贸易引致就业对社会效益指数的修正。考虑到数据的可获得性，本部分基于1997—2009年间的数据。根据大数定律，1993—2011年间的样本应该符合本部分计量结果的一致性，因而并不影响修正的科学与准确。

近年来，对外贸易在国家和产业层面的就业效应，已成为研究人员和政策制定者非常关注的问题。对外贸易发展对就业的影响路径，可以归纳为两个方面：第一，对外贸易发展作为经济增长的引擎对就业产生促进影响，笼统来说是简单的菲利普斯曲线关系（Scarth，2006），即对外贸易发展促进经济增长，而经济增长带动就业水平提高。第二，对外贸易发展提高了企业的筛选意愿和劳动者搜寻工作的匹配成本，从而降低了就业水平，即基于匹配理论的对外贸易筛选机制（Pissarides，1985；Helpman，et al.，2010）。由于存在以上两种相反效应的机制，因而实证研究对外贸易的就业效应出现了不一致的结果。

国内文献分别从对外贸易类型（张华初、李永杰，2004），特定贸易部门（魏浩，2011；胡昭玲、刘旭，2007；毛日昇，2009），对外贸易企业类型（蒋荷新，2007）和省级对外贸易（梁平等，2008；高文书，2009）层面，利用中国对外贸易样本实证检验对外贸易对就业水平的影响。基本结论是：出口增加提高了就业水平，而进口增加对就业水平的影响则不能确定。考虑到国内外贸产业特点，国内学者大多认为不能将提高出口水平作为提高就业的长期有效方法。与此同时，国外学者的相关研究却得出不尽相同的结论。如 Milner 和 Wright（1998）对中国和其他发展中国家就业市场的研究，得出的结论是出口开放度的增加会显著促进就业的增长，而 Leichenko（2000）研究了美国各州的出口与就业的关系，指出就业增加会显著地提高出口水平，但是出口的增加却会对就业产生负面影响，即出口增加会降低就业水平。

国内外现有的研究，虽然较为全面地从理论和实证角度阐述了对外贸易的就业效应，但尚未达成一致的结论。现有研究的缺陷主要有两个方面：第一，现有文献大多分别研究出口和进口的就业效应，但对贸易顺差的就业效应没有做充分衡量。就中国目前的情况而言，外贸顺差的增加是出口和进口不同规模增加造成的结果，因此进一步研究外贸顺差和就业的关系，有利于比较出口和进口对就业影响的大小。况且严格来说，贸易顺差的就业效应，并不能简单等同于出口和进口的就业效应之和（Bruce，1996），因而衡量顺差与就业的关系也存在纯理论层面的意义。第二，现有文献大多没有考虑微观的匹配和贸易筛选机制对就业的影响。学者研究出口和进口对就业的影响，往往在理论机制上先验地归结于宏观层面的经济发展对就业的影响，即遵循菲利普斯曲线关系构建模型。[①] 然而根据 Helpman 等（2010）的研究，对外贸易带来就业者搜寻匹配成本和企业筛选成本的变化，是对外贸易就业效应的基础路径。因此考察对外贸易的就业效应，基于匹配模型和贸易筛选机制构建计量方程应该是有意义的。本章将通过构建包含贸易筛选机制的匹配模型，得到对外贸易就业效应的可计量方程，衡量我国对外贸易对就业水平的边际影响程度。

1. 研究方法与分析框架

借鉴 Pissarides（1985）的搜寻匹配模型思想，先验地认为劳动市场异质，因此企业和劳动者都需要通过一个匹配过程，才能最终找到令自己满意的对方。当然，厂商由于存在保留生产率的要求，因而宁可保留空位，也不会招聘不合格的人才。于是，单位时间内的新工作流 M 可以用失业工人和"空位"来表示：

$$M = M(U,V) = KU^{\beta}V^{\gamma}, 0 \leqslant \beta \leqslant 1, 0 \leqslant \gamma \leqslant 1 \tag{5-4}$$

其中，K、β、γ 为常数，U、V 分别代表失业工人和"空位"。上式给出了模型的核心匹配函数，即认为搜寻发生在失业工人（U）和虚位（V）之间，且搜寻

---

① 表现在国内的许多研究将国内生产总值（GDP 或相关经济总量指标）、外商直接投资（FDI）、产业或企业产量等宏观和中观指标引入模型作为解释变量。这些做法固然没有错误，但在一定程度上可能会忽视微观企业的理性选择对就业的根本性影响。

结果是双方努力的乘积。Pissarides(1994)对该匹配函数做了修正，但基本形式没有本质改变，因而本报告沿用如式 5-4 所示的方程。具体而言，会出现两种情况，如果 $\beta+\gamma>1$，说明增加搜寻努力会带来效用的增加，称之为"密集市场效应"(thick-market effects)；如果 $\beta+\gamma<1$，说明增加搜寻努力会带来效用的减少，称之为"拥挤效应"(crowding effects)。

除空位与失业工人之间的匹配以外，认为还存在一个与现存职工的交接（如顶替退休员工等[①]）过程。设单位时间内有 b 比率的工人退出岗位，就业工人人数的变动则为：

$$\dot{E}=M(U，V)-bE \tag{5-5}$$

本模型中只考虑就业市场的稳态情形，因此 $\dot{E}=0$，即 $M(U，V)=bE$。下面的推导过程很大程度上参考了平新乔(2001)的研究成果。

定义失业工人在单位时间内找到工作的速率 θ，则 $\theta=\dfrac{M(U，V)}{U}$；又令 α 为单位时间内虚位聘用到人的速率，则 $\alpha=\dfrac{M(U，V)}{V}$。令 V_E、V_U、V_F、V_V 分别代表工人就业状态、工人失业状态、岗位在任和空位的收益现值，r 为利率。

考虑工人就业状态下的收益：

$$rV_E=w-b(V_E-V_U)$$

上式左边表示工人就业的收益（等于利率乘收益的现值），右边表示的是就业带来的效用 w 与其可能失业的概率下的效用损失之差。同理，工人失业状态下的"收益"为：

$$rV_U=\theta(V_E-V_U)$$

需要说明的是，失业状态下，工人仍然存在"收益"，原因在于失业给予工人可以重新寻找工作的机会。而重新寻找工作带来的收益只有在失业的前提下

[①] 需要澄清"离岗"和"失业"两个概念。在 Pissarides(1985)提出的匹配模型中，利用"离岗"来代表除招聘（职位供给方行为）和应聘就业（职位需求方行为）以外的劳动力市场职位轮替过程。Pissarides 举了"离退休"的例子，并强调还有其他的情形。从理论上讲，所有除未找到工作的失业行为（包括离退休）和诸如死亡等不可抗因素都会造成除招聘就业以外的职位轮替产生。

才能获得。至于失业本身带来的效用"损失"，并没有考虑在 Pissarides(1985)的模型当中。同理：

$$rV_F = [A - w] - C - b(V_F - V_V)$$

$$rV_V = -C + \alpha(V_F - V_V)$$

此外，根据"纳什讨价还价"均衡，最终工人和企业会平分就业带来的好处。于是有：

$$V_E - V_U = V_F - V_V$$

由 $\theta = \dfrac{M(U，V)}{U}$，$M(U，V) = bE$ 和 $L = E + U$，可得：$\theta = \dfrac{bE}{L - E}$。

且又 $\alpha = \dfrac{M(U，V)}{V} = K^{1/\gamma}(bE)^{\gamma-1/\gamma}(L - E)^{\beta/\gamma}$。

我们所关注的均衡的就业水平(E)，应该在空位价值为 0 时取得。因为当空位的价值为 0 时，企业就既不会增加空位，也不会减少空位。因此令 $V_V = 0$。

现在我们讨论，给定 α 与 θ 条件下，工资 w 与空位价值 V_V 的表达式：

$$V_E - V_U = \frac{w}{\theta + b + r}$$

同理：

$$V_F - V_V = \frac{A - w}{\alpha + b + r}$$

整理得到：$\dfrac{w}{\theta + b + r} = \dfrac{A - w}{\alpha + b + r}$，于是工资 w 可以表示为：

$$w = \frac{(\theta + b + r)A}{\theta + \alpha + 2b + 2r}$$

于是：

$$rV_V = -C + \frac{\alpha A}{\theta + \alpha + 2b + 2r}$$

上式给出了空位的价值表达式。得到含有就业水平 E 均衡值的表达式：

$$\frac{K^{1/\gamma}(bE)^{\gamma-1}(L - E)^{\beta/\gamma}A}{[bE/(L - E)] + K^{1/\gamma}(bE)^{(\gamma-1)/\gamma}(L - E)^{\beta/\gamma} + 2b + 2r} = C \tag{5-6}$$

其中 A 为单位劳动单位时间提供的产品量，C 为岗位的维持成本。更为严谨的，C 包含两种不同状态下的成本：第一，岗位存在工人时，维持成本包括对在岗人员支付的工资和阻止其"换工作"所支付的额外报酬；第二，岗位空缺时，维持成本包括招聘成本和维持空位运转所需的资金。b 为离岗率，即单位时间内 b 比率的工人退出就业市场。在计量中我们利用离岗人数加以替代。

根据 Helpman 等（2010）的研究，岗位的维持成本受到对外贸易的直接影响，其根本实现机制是贸易的"筛选"（screening）：从事对外贸易的企业其筛选员工的意愿和要求，会普遍高于不从事对外贸易的企业，因此在岗位存在工人时，在岗人员的工资必须足够高以保证效率和人员的相对稳定（Pissarides，1994）；在岗位空缺时，则需要提供更高的宣传和工作条件，来吸引更加优秀的适应外贸工作的人员。总之，对外贸易会提高岗位的维持成本。

需要说明的是，这里的"对外贸易"还不能简单等同于"出口贸易"或"进口贸易"。根据 Minler 和 Wright（1998）构建自由贸易框架下劳动市场模型的思想，无论是进口还是出口，都可能带来岗位维持成本的增加：出口增加提高了外贸企业的利润和实力，使其更加追求招聘优秀人才；而进口增加一定程度上带来外国"陌生技术"（strange technology）的引入，从而需要招聘具有"国际工作能力"（international ability）的优秀人才。如果基于这种思想，贸易顺差的增加也应该会对岗位维持成本带来显著影响。

因此严谨起见，我们仅定义一个笼统的贸易变量 T，代表广义的对外贸易含义，且认为贸易对维持成本的影响呈线性[①]：

$$C = C(T) = BT^d \tag{5-7}$$

将式 5-7 两边取自然对数，简化得到如下方程：

$$(\gamma - 2)\ln E + (\frac{\beta}{\gamma} + 1)\ln(L - E) = \ln B + d\ln T - \frac{1}{\gamma}\ln K - \gamma\ln b - \ln A$$

考虑到合并常数项，将变量形式进行可计量转化并统一符号，参考毛日昇（2009）得到如下可计量方程，分别为模型Ⅰ、Ⅱ、Ⅲ：

$$\ln E_{it} = \eta_0 + \sum_j \eta_1 \ln export_{i,t-j} + \sum_j \eta_2 \ln(L-E)_{i,t-j} + \sum_j \eta_3 \ln A_{i,t-j} +$$
$$\sum_j \eta_4 \ln b_{i,t-j} + \sum_j \eta_5 \ln FDI_{i,t-j} + \sum_j \eta_6 \ln INV_{i,t-j} + \sum_j \eta_7 \ln w_{i,t-j} +$$
$$\lambda_i + t + \mu_{it} \tag{Ⅰ}$$

---

① 感兴趣的读者可向作者索要其他代表性函数的转化过程。此外，后文将对广义的贸易变量进行分离处理。

$$\ln E_{it} = \eta_0 + \sum_j \beta_1 \ln import_{i,t-j} + \sum_j \beta_2 \ln(L-E)_{i,t-j} + \sum_j \beta_3 \ln A_{i,t-j} +$$

$$\sum_j \beta_4 \ln b_{i,t-j} + \sum_j \beta_5 \ln FDI_{i,t-j} + \sum_j \beta_6 \ln INV_{i,t-j} + \sum_j \beta_7 \ln w_{i,t-j} +$$

$$\lambda_i + t + \sigma_{it} \qquad\qquad\qquad\qquad (\text{II})$$

$$\ln E_{it} = \eta_0 + \sum_j \delta_1 \ln surplus_{i,t-j} + \sum_j \delta_2 \ln(L-E)_{i,t-j} + \sum_j \delta_3 \ln A_{i,t-j} +$$

$$\sum_j \delta_4 \ln b_{i,t-j} + \sum_j \delta_5 \ln FDI_{i,t-j} + \sum_j \delta_6 \ln INV_{i,t-j} + \sum_j \delta_7 \ln w_{i,t-j} +$$

$$\lambda_i + t + \varepsilon_{it} \qquad\qquad\qquad\qquad (\text{III})$$

其中 λ_i 为地区个体固定效应，t 为时间虚拟变量。

2. 数据来源与模型识别

本章所用数据来源于 1998—2010 年《中国劳动统计年鉴》中的地区城镇就业统计和 2010 年各省（区、市）统计年鉴。由于劳动统计年鉴关于非城镇就业统计数据存在较多缺失，因此本章的实证工作只关注城镇就业的数据。

第一，城镇就业人员年末人数（E）、贸易量（$export$、$import$、$surplus$）、失业人数（$L-E$）、实际利用外商直接投资额（FDI）、固定资产投资额（INV）、城镇在岗职工平均工资（w）的各省（区、市）数据完备且可直接通过各省（区、市）统计年鉴获得。需要说明的是，失业人数用各省（区、市）统计年鉴的"城镇登记失业人数"衡量；而城镇就业人员年末人数既包括单位就业的，也包括自主创业的。此外，外商直接投资额和固定资产投资额是 Pissarides 匹配模型中未曾提到的变量，将其加入模型如前所述，是基于其他文献对中国对外贸易就业效应实证检验的结果。因此这一处理可能会带来内生性，因为固定资产投资和外商直接投资都有可能与单位劳动单位时间产量变量存在同时性和联系性。我们将在后文内生性检验的工作完成之后，寻找合理的工具变量进行处理。

第二，单位劳动单位时间产量（A）可以考虑间接计算得出：$A = (TP)/(E \times TIME)$。其中 TP 为总产出，E 为就业总人数（这个就业总人数是全社会就业人数，而非城镇就业总人数），$TIME$ 为地区平均就业时间。此外，由于研究目标所限，本章计量模型中的原始变量为顺差，因而逆差数据用负值表示。为了保证取对数的一致性，我们作如下处理：$\ln(deficit) = -\ln(-deficit)$；但是由于负数会带来"伪平稳"，因而单位根只检验其对数序列。

第三，我国劳动统计年鉴"分地区城镇单位就业人员减少去向"表中列举了出现离岗情形的七种原因：离休、退休、退职；开除、除名、辞退；终止、解除合同；不在岗职工；死亡；调出；其他原因。这些原因都符合前文所提到的模型中"离岗"的概念。因而我们使用该表中统计的七种离岗情形下就业人员减少的总人数，作为实证检验的离岗人数指标。[①]

表 5-8 给出了 1997—2009 年间中国 31 个省（区、市）劳动就业指标的描述统计。可以从两个方面加以考察：第一，从就业人数（城镇就业人数）看，东部和中部的就业人数远远高于西部地区，这与东、中、西部的经济发展情形相一致，同样的情况也表现在城镇单位劳动单位时间产量和城镇在岗职工平均工资指标上。值得注意的是，西部地区以上 3 个变量的方差却高于中部地区，这表明即使在经济相对不发达的西部地区内部，省际的经济发展和就业状况也相差巨大。第二，从失业的相关指标（城镇登记失业人数和城镇离岗人员人数）来看，西部地区的登记失业人数和离岗人员人数均值都显著低于东中部地区，这显然也是因为西部地区本身的就业岗位就比东中部地区少。同时我们可以看到，西部地区这两个变量的方差也低于东中部地区，可见西部地区省际的失业规模差距较小，波动更不明显。

表 5-8　1997—2009 年中国省际劳动就业指标描述统计

指标	地区划分	均值	最大值	最小值	标准差	观测数
城镇就业人数（万人）	全国	561.67	2 277.20	20.90	364.28	403
	东部	769.77	2 277.20	108.20	447.30	143
	中部	630.72	1 067.10	375.60	175.26	104
	西部	324.87	1 008.50	20.90	202.16	156
城镇在岗职工平均工资(元)	全国	16 365.40	63 549.00	4 889.00	9 917.92	403
	东部	19 570.27	63 549.00	5 591.00	11 774.5	143
	中部	13 131.27	29 658.00	4 889.00	6 938.33	104
	西部	15 583.69	48 750.00	5 124.00	8 888.48	156

① "其他原因"是一个比较模糊的概念，但是由于劳动统计年鉴对未找到工作或未找工作的失业有独立完整统计，因而这里的"其他原因"，将未找到工作和未找工作的情形已经排除在外了。因而这个概念依然符合模型中"离岗"的要求。

续表

指标	地区划分	均值	最大值	最小值	标准差	观测数
城镇登记失业人数 （万人）	全国	21.28	75.60	1.00	13.80	394
	东部	24.69	75.60	2.80	16.04	143
	中部	27.95	55.30	9.50	10.94	104
	西部	13.24	37.90	1.00	8.35	147
城镇离岗人员人数 （万人）	全国	43.54	246.79	0.65	35.83	403
	东部	71.21	246.79	4.45	42.62	143
	中部	37.52	156.19	1.56	19.44	104
	西部	22.18	79.26	0.65	15.02	156
城镇单位劳动单位 时间产量(元/人)	全国	3 897.26	28 838.91	560.60	3 826.21	402
	东部	6 592.29	28 838.91	1 492.85	4 980.19	143
	中部	2 449.23	7 013.36	883.22	1 372.04	103
	西部	2 382.88	10 656.73	560.60	1 873.91	156

为了考察对外贸易对中国城镇就业水平当期和滞后调整的影响，本报告选取解释变量的两期滞后做回归分析。这一滞后处理以及如前所述的变量同时性和联系性，可能会带来内生性，从而造成估计的不一致。本报告的回归样本基于 1997—2009 年间的中国 31 个省（区、市）的面板数据，因而相对截距而言，样本数据时间跨度较短，直接采用 POLS 和 GLS 会带来估计的严重偏差（Wooldridge，2002）。

考虑到如上问题，我们一方面可以使用加权截面的回归方法来平缓偏差；另一方面也可以采用 P2sls 和差分 GMM。P2sls 可以较好地减轻内生性，但是简单的二阶段最小二乘方法无法解决超过一个变量存在内生性的问题。Arelleno 和 Bond(1991)提出的差分 GMM 方法可以解决内生性带来的一致性偏差。差分 GMM 的缺陷在于差分会损失部分样本信息，因而 Arellano 和 Bover (1995)、Blundell 和 Bond(1998)又提出系统 GMM 方法来克服样本信息损失的问题。但就本报告回归方程而言，由于新增加的 FDI 和 INV 变量对整个模型的水平干扰方向尚不确定，使用系统 GMM 容易带来方程的无法识别，因此本报告主要采用一般的 GLS 和 P2sls 进行比较回归分析。

3. 对外贸易就业效应的实证检验

(1)数据预处理与内生性自检

本部分将对整体样本进行数据预处理,并在平稳性检验的基础上对模型Ⅰ、Ⅱ、Ⅲ进行内生性自检。

根据样本数据的时序图[①],对变量进行平稳性检验,检验方法和结果如表5-9所示。失业人数和离岗人数的对数序列平稳;外贸顺差、就业人数、出口额、国际直接投资额和在岗职工工资的对数序列一阶差分平稳;进口额、单位劳动单位时间产量和固定资产投资额的对数序列二阶平稳。

表 5-9　平稳性检验

变量	检验方法	LLC	Bre t-stat	IPS	ADF-Fisher	PP-Fisher
$\ln E$	$(C,\ 0,\ 1)$	-9.86^{***}		-5.22^{***}	135.44^{***}	181.62^{***}
$\ln import$	$(C,\ T,\ 2)$	-23.10^{***}	-3.50^{***}	-8.19^{***}	220.68^{***}	350.89^{***}
$\ln export$	$(C,\ 0,\ 1)$	-3.38^{***}		-5.25^{***}	128.41^{***}	103.68^{***}
$\ln surplus$	$(C,\ T,\ 1)$	-12.67^{***}		-9.79^{**}	204.48^{**}	266.53^{***}
$\ln(L-E)$	$(C,\ 0,\ 0)$	-6.28^{***}		-3.17^{***}	117.21^{***}	75.75^{*}
$\ln A$	$(C,\ T,\ 2)$	-11.63^{***}	3.38	-3.82^{***}	134.24^{***}	168.96^{***}
$\ln b$	$(C,\ 0,\ 0)$	-6.34^{***}		-4.65^{***}	130.28^{***}	126.18^{***}
$\ln FDI$	$(C,\ 0,\ 1)$	-12.47^{***}		-8.79^{***}	180.61^{***}	214.88^{***}
$\ln INV$	$(C,\ T,\ 2)$	-15.64^{***}	-4.94^{***}	-7.72^{***}	172.55^{***}	268.45^{***}
$\ln w$	$(C,\ T,\ 1)$	-12.42^{***}	-1.31^{*}	-6.88^{***}	154.04^{***}	205.64^{***}

注:表中给出 Statistic 值,保留两位小数。检验方法$(x,\ y,\ z)$代表(截距、趋势、差分阶数);*、**、*** 分别代表在10%、5%、1%水平下显著。

严格来说,计量方程是否存在内生性问题是需要自检的。本章计量方程基于 Pissarides(1985,1994)的匹配模型,然而针对中国国情和在参考其他学者研究成果的基础上,添加了国际直接投资(FDI)和固定资产投资(INV)两个变量。而且这两个变量是较为典型的宏观变量,其测量误差和与整体宏观经济发

---

① 受篇幅所限,感兴趣的读者可向作者索要样本数据的时序图。

展的联系性带来对其存在内生性的怀疑，因而分别进行内生性自检。检验结果表明主要变量还是存在内生性的。

需要说明的是，表中变量后缀 1、2 分别代表内生性检验的两个阶段，*、**、*** 分别代表在 10%、5%、1% 水平下显著。为尽可能降低先验内生性的程度，本表的回归都进行了截距加权处理；(1FE，2RE)代表通过 Hauseman 检验，第一阶段回归采用固定效果，第二阶段回归采用随机效果。内生性自检结果表明，两个变量存在内生性是毋庸置疑的。基于上述原因，模型Ⅰ、Ⅱ、Ⅲ采用 P2sls 方法进行估计。首先对模型Ⅰ、Ⅱ、Ⅲ进行差分消去省际固定效应，然后利用滞后 1～2 期的水平内生变量及其他外生解释变量，作为存在内生性解释变量的工具变量。

(2) 对外贸易就业效应的检验

本部分利用线性模型进行实证检验，结果如表 5-10、表 5-11 所示。其中采用面板数据二阶段最小二乘法(P2sls)进行回归时，分别讨论了对外直接投资(FDI)和固定资产投资(INV)可能存在内生性的情况。原因在于普通的二阶段最小二乘方法，如果同时针对两个或两个以上存在内生性的变量进行工具变量回归，容易造成第一阶段回归中的工具变量之间产生序列相关，从而破坏严格外生性条件。

表 5-10　对外贸易与中国均衡就业水平(被解释变量：$\Delta \ln E$)

P2sls	模型Ⅰ		模型Ⅱ		模型Ⅲ	
解释变量	FDI 内生	INV 内生	FDI 内生	INV 内生	FDI 内生	INV 内生
$\Delta \ln E(-1)$		0.149**		0.146*		0.173**
		(0.075)		(0.080)		(0.085)
$\Delta \ln E(-2)$		0.125**		0.143**		0.169***
		(0.061)		(0.059)		(0.059)
$\Delta \ln trade$	0.005	0.008	−0.022***	−0.009	−0.002	0.001
	(0.010)	(0.019)	(0.006)	(0.011)	(0.002)	(0.002)
$\Delta \ln trade(-1)$	0.039***	0.003	−0.026***	−0.010	−0.002	−0.002
	(0.013)	(0.020)	(0.006)	(0.012)	(0.005)	(0.002)

续表

P2sls 解释变量	模型Ⅰ		模型Ⅱ		模型Ⅲ	
	*FDI*内生	*INV*内生	*FDI*内生	*INV*内生	*FDI*内生	*INV*内生
$\Delta \ln trade(-2)$		-0.027			-0.003	-0.001
		(0.022)			(0.003)	(0.002)
$\ln(L-E)$	0.053^{***}	-0.089^{***}	0.029^{*}	-0.010^{*}	0.094^{***}	-0.009
	(0.018)	(0.028)	(0.016)	(0.005)	(0.024)	(0.005)
$\ln(L-E)(-1)$		0.080^{***}				
		(0.028)				
$\Delta \ln A$	-0.056^{**}	-0.105^{*}	-0.015	-0.071	-0.062	-0.054
	(0.026)	(0.062)	(0.024)	(0.051)	(0.042)	(0.046)
$\Delta \ln A(-1)$		-0.085				
		(0.075)				
$\ln b$	0.002	0.013^{***}	-0.001	0.012^{***}	$4.55E-05$	0.010^{**}
	(0.007)	(0.005)	(0.005)	(0.004)	(0.016)	(0.004)
$\ln b(-1)$	-0.002		-0.013^{**}		0.013	
	(0.007)		(0.005)		(0.011)	
$\ln b(-2)$	-0.048^{***}				-0.072^{***}	
	(0.009)				(0.017)	
AR(1)	0.229^{***}					
	(0.064)					
$\Delta \ln A(-2)$		-0.021				
		(0.069)				
$\Delta \ln FDI$	0.004	0.010	0.014^{**}	0.006	0.001	0.011
	(0.022)	(0.010)	(0.005)	(0.010)	(0.145)	(0.010)
$\Delta \ln FDI(-1)$		0.007				0.004
		(0.010)				(0.011)
$\Delta \ln FDI(-2)$		0.038^{***}				0.039^{***}
		(0.012)				(0.012)
$\Delta \ln INV$	-0.008	-0.079	-0.015	-0.070	-0.037	0.001
	(0.032)	(0.323)	(0.033)	(0.288)	(0.046)	(0.306)
$\Delta \ln w$	-0.184^{**}	-0.229^{*}	-0.120^{*}	-0.193^{*}	-0.101	-0.219^{*}
	(0.082)	(0.121)	(0.068)	(0.115)	(0.151)	(0.114)

续表

P2sls	模型 I		模型 II		模型 III	
解释变量	FDI 内生	INV 内生	FDI 内生	INV 内生	FDI 内生	INV 内生
$\Delta\ln w(-1)$					0.143*	
					(0.083)	
D-W 检验值	2.191	2.013	1.927	2.068	1.700	2.102
A-Rsquared	0.461	0.205	0.406	0.200	0.414	0.193
Prob(F-stat)	0	0	0	0	0	0
Hauseman-P	0.005	1.000	0	1.000	0.002	1.000

注：本表报告 P2sls 的结果，数值保留三位小数，括号中为标准误差；*、**、*** 分别代表 10％、5％、1％水平下显著；*trade* 在模型 I、II、III 中分别代表出口、进口与外贸顺差。

表 5-11　对外贸易与中国均衡就业水平（被解释变量：$\Delta\ln E$）

GLS	模型 I	模型 II	模型 III
$\Delta\ln E(-1)$	0.162***	0.188***	0.175***
	(0.062)	(0.058)	(0.060)
$\Delta\ln E(-2)$	0.141**	0.161***	0.170***
	(0.055)	(0.049)	(0.053)
$\Delta\ln trade$	0.006	−0.010*	0.002
	(0.010)	(0.005)	(0.001)
$\Delta\ln trade(-1)$	0.043***	−0.006	
	(0.014)	(0.006)	
$\Delta\ln trade(-2)$	−0.004		
	(0.013)		
$\ln(L-E)$	0.003	0.026*	0.014
	(0.024)	(0.015)	(0.022)
$\ln(L-E)(-1)$	0.040*		0.035*
	(0.022)		(0.021)
$\Delta\ln A$	−0.066*	−0.009	−0.024
	(0.039)	(0.026)	(0.028)
$\Delta\ln A(-1)$	−0.028		
	(0.038)		

续表

GLS	模型Ⅰ	模型Ⅱ	模型Ⅲ
ln$b$	0.003	0.004	0.002
	(0.007)	(0.007)	(0.007)
ln$b(-1)$	−0.001	−0.003	0.002
	(0.007)	(0.007)	(0.008)
ln$b(-2)$	−0.029***	−0.034***	−0.034***
	(0.010)	(0.010)	(0.010)
ΔlnFDI	0.014*	0.013*	0.014*
	(0.008)	(0.007)	(0.008)
ΔlnINV	−0.010	−0.008	0.004
	(0.033)	(0.032)	(0.034)
Δln$w$	−0.216***	−0.144**	−0.220***
	(0.074)	(0.068)	(0.075)
Δln$w(-1)$		0.089	
		(0.060)	
D-W 检验值	2.070	2.144	2.093
A-Rsquared	0.495	0.509	0.486
Prob(F-stat)	0	0	0
Hauseman-P	0.005	0	0.002

注：本表报告 GLS 的结果，数值保留三位小数，括号中为标准误差；*、**、*** 分别代表 10%、5%、1%水平下显著；*trade* 在模型Ⅰ、Ⅱ、Ⅲ中分别代表出口、进口与外贸顺差。

总的来看，模型整体的回归结果较稳定且较理想，表现在：第一，比较模型Ⅰ、Ⅱ、Ⅲ可以看出，相同变量的显著性基本没有发生逆转，可见计量方程基于的初始模型框架是可靠的；第二，调整后的拟合优度基本保持在50%左右，且 D-W 值基本维持在2.0～2.1，这对拥有两期滞后解释变量的回归而言，是可以接受和较为理想的。

具体而言，表5-10、表5-11 分别给出 P2sls 与 GLS 的回归结果。比较表5-10、表5-11 我们发现，出口的增加对城镇当期均衡就业水平并没有显著影响，但对就业水平的滞后调整值存在显著正向关系。换言之，出口额每增加1%，城镇下一期就业水平则提高0.04%左右。类似这样的研究结果在很多相关文献中也能够看到，即出口贸易的发展对就业水平的影响具有显著的滞后效应。

这种滞后相关关系是可以理解的：就业是一种搜寻匹配过程，中间包含较长的时滞。此外，出口的增加会带来国内出口企业对出口形势的进一步乐观估计，从而做出增加出口商品产出的决策，进而提高对工人的需求水平。但是招聘过程也存在一定的时滞，因为厂商需要进行相关的宣传和人员配置。这些时滞的存在会带来就业水平的显著提高明显滞后于出口的增加，从而反映在回归方程中，出口的增加只对均衡就业水平的滞后调整存在显著影响。

然而进口贸易的情形却截然不同：进口的增加会对均衡就业水平的当期及滞后调整均产生显著的反向作用，即进口每增加 1%，当期就业水平下降0.022%，滞后一期的均衡就业水平下降 0.026%，进口对就业水平的影响的时间范围要显著长于出口。这当然也很好理解，因为相对招聘而言，厂商解雇员工基本上是不存在时滞的，因此进口增加带来的对本国产品的冲击信号一旦形成，厂商可以立即进行减员决策。当然，减员工作的完成需要时间，因而进口增加对就业水平的滞后调整还存在负向影响。这种影响程度甚至超过当期就业的下降。我们关注模型Ⅲ的回归结果。我们发现外贸顺差对就业的影响不显著，从理论上说有两个方面的原因：第一，出口对就业的正向作用与进口对就业的反向作用在一定程度上抵消了，因而表现在实证结果上，顺差对就业的影响变得不显著；第二，在我们所取的 1997—2009 年间的样本年度中，有可能存在一个顺差的就业效应逆转点，即在这个逆转时间之后，由于外贸顺差已经具备一定的规模，因而进一步提高外贸顺差可能带来额外的成本，从而降低均衡就业水平，因此从整体样本来看，外贸顺差对就业的影响就不显著了。

就衡量我国对外贸易可持续发展指数而言，我们主要考虑出口和进口对就业的影响合成。当然，从计量经济的角度来说，这种合成仅仅采用数学加减形式还不够科学严谨，但足以用于衡量可持续发展指数。

此外，我们感兴趣的其他变量显著性也值得讨论。比较表 5-10、表 5-11 我们发现：第一，就业水平本身的滞后对就业水平存在显著的正向影响。如果排除不同方程解释变量带来的合理波动，我们有理由认为就业水平的滞后与当期就业水平之间存在稳定的正相关关系。换言之，当期就业水平会对未来的就业趋势变化产生直接的显著影响。这可以用经济的"自我实现机制"加以解释：当期就业水平提高，会带来从业者对未来就业形势的乐观估计，从而增加寻找工作和提升人力资本的动力，于是提高了未来的就业水平。第二，在岗职工平均工资与就业水平呈现稳定而显著的负相关关系，这一结论与 Leichenko（2000）的猜想一致。在岗职工平均工资越高，表明企业发放工资中效率工资的比重越大，即企业越愿意通过提供较高的工资来维持企业员工的高效生产。于是企业有必要衡量效率工资的价值，以及提高招聘门槛，以保证高工资匹配高素质员工。在人力资本水平不能立刻提高的条件下，企业提高招聘门槛必然引起就业水平的显著降低，从而减少城镇均衡就业量。第三，离岗率和失业人数与就业均衡就业水平呈现较稳定的负相关关系，这是意料之中的。

但是固定资产投资和国际直接投资对就业水平的影响却不稳定或不显著，这可能有两方面的原因：第一，FDI 和固定资产投资所支持的产业，可能已经不再是劳动密集型产业，而更多地投向资本和技术密集型产业，这是国家经济发展到一定程度的必然。因而 FDI 和固定资产投资的增加对就业水平的提高没有显著作用。第二，劳动密集型产业本身的技术装备化已经较为完善，新增生产资料并不需要更多的劳动力加以使用，因而对就业水平的影响不明显。

实证检验结果表明：第一，出口每增加 1%，未来一到两期的城镇就业均衡水平将提高 0.04% 左右；第二，进口的增加会降低就业水平，且对城镇就业水平的当期及滞后调整都有显著的负向影响，即进口每提高 1%，当期城镇就业均衡水平将降低 0.02% 左右，且对未来一到两期的就业水平存在延续的降低效应。从计量结果来看，出口和进口对就业水平的综合作用大概为 0.02%（考虑到出口和进口对就业水平的反向作用加成），因此在前面估计外贸行业就业水平的基础上，应该进一步加上对外贸易的 0.02% 作为就业外溢效应的估计，得到更加准确的估计值。根据实证检验结果，对可持续发展的社会效益指数进行重新估计和修正如表 5-12 所示。这里的外贸就业修正指数，是在将外贸行业就业水平与外贸的就业外溢水平合成基础上，重复式 5-1 至式 5-3 的计算过程获得的。变化趋势如图 5-12 所示。修正的各省（区、市）社会效益指数如表 5-13

所示，趋势如图 5-13 至图 5-16 所示。考虑对外贸易的就业外溢效应后，对外贸易可持续发展的社会效益指数变动趋势没有显著变化，即 2011 年我国对外贸易可持续发展的社会效益指数确实下降显著，对于贸易带来的就业和工资效应国家应该引起足够的重视。考虑对外贸易的就业外溢效应后，一些省（区、市）的社会效益指数也产生了显著变化。例如，2002 年上海对外贸易可持续发展的社会效益指数非常低，但 2009 年又有所恢复。我们认为调整后的指数更为合理：上海作为对外开放的典型城市和经济中心，改革开放以来的优惠政策已经基本将上海的外贸发展发挥到了极致，其对外贸易可持续发展的社会效益已经接近饱和。但是 2002 年以后，尤其是 2008 年金融危机过后，受到较大冲击的对外贸易逐渐走出低谷，因而在一定程度上恢复了可持续发展的能力。无论如何，总体而言，开放程度较低的地区对外贸易可持续发展的社会效益指数要普遍较高，这是很容易理解的。

表 5-12　1993—2011 年考虑贸易外溢效应的社会效益指数修正值

年份	外贸就业修正指数	外资企业员工工资指数	社会效益指数
1993	0.569 875	0.885 466	0.727 671
1994	0.745 589	0.986 753	0.866 171
1995	0.154 048	0.096 157	0.125 103
1996	0.112 536	0.185 360	0.148 948
1997	0.611 478	0.199 720	0.405 599
1998	0.202 321	0.354 531	0.278 426
1999	0.242 478	0.443 445	0.342 962
2000	0.390 014	0.368 729	0.379 372
2001	0.390 276	0.638 114	0.514 195
2002	0.610 147	0.762 417	0.686 282
2003	0.813 397	0.862 132	0.837 765
2004	0.232 405	0.949 470	0.590 938
2005	0.514 478	0.073 983	0.294 231
2006	0.101 214	0.266 625	0.183 920
2007	0.512 478	0.517 673	0.515 076

续表

年份	外贸就业修正指数	外资企业员工工资指数	社会效益指数
2008	0.611 250	0.852 707	0.731 979
2009	0.630 257	0.150 863	0.390 560
2010	0.317 459	0.907 813	0.612 636
2011	0.650 128	0.498 078	0.574 103

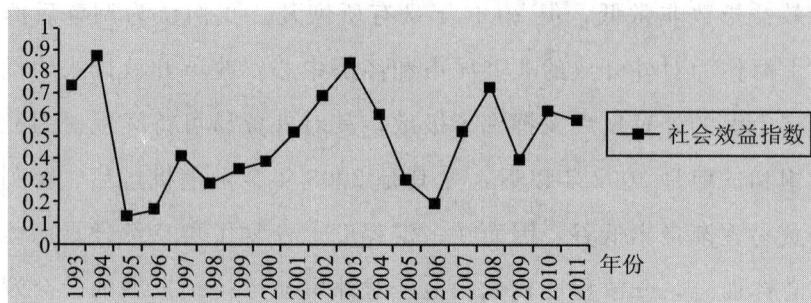

图 5-12　修正后的社会效益指数

随着国家近年来逐渐加大对中西部地区经济建设和开放的政策支持力度，相信中西部地区的对外贸易可持续发展潜力会逐渐显现，对外贸易带来的就业和居民生活水平提高的效应也将越来越显著。而对于已经比较开放的东部地区，现在需要引起重视的是如何尽可能提高对外贸易发展的质量，以进一步提高对外贸易可持续发展的潜力。

表 5-13　1993 年、2002 年、2009 年和 2010 年中国各省(区、市)社会效益指数

地区	1993 年	2002 年	2009 年	2010 年
北京	0.103 289	0.883 407	0.913 316	0.911 471
天津	0.202 723	0.775 289	0.648 934	0.687 178
河北	0.879 755	0.790 265	0.747 290	0.725 475
山西	0.536 645	0.614 059	0.494 709	0.585 756
内蒙古	0.601 355	0.567 919	0.466 532	0.478 523
辽宁	0.306 771	0.955 996	0.544 559	0.596 582
吉林	0.456 649	0.513 595	0.486 675	0.498 555
黑龙江	0.733 894	0.573 785	0.614 150	0.632 584
上海	0.912 239	0.050 469	0.545 857	0.568 857

续表

地区	1993 年	2002 年	2009 年	2010 年
江苏	0.253 545	0.122 759	0.833 434	0.862 539
浙江	0.310 361	0.855 009	0.404 057	0.474 125
安徽	0.316 821	0.760 305	0.713 429	0.769 852
福建	0.423 404	0.290 542	0.273 987	0.296 858
江西	0.642 980	0.572 196	0.624 047	0.642 333
山东	0.334 220	0.688 677	0.580 110	0.596 324
河南	0.705 372	0.704 933	0.630 607	0.689 363
湖北	0.748 546	0.599 553	0.641 508	0.674 112
湖南	0.017 017	0.647 273	0.580 158	0.595 235
广东	0.715 048	0.672 065	0.071 692	0.101 336
广西	0.924 236	0.664 264	0.699 128	0.714 582
海南	0.595 506	0.525 317	0.405 980	0.412 232
重庆	—	0.580 702	0.545 619	0.569 525
四川	0.856 876	0.774 764	0.855 297	0.874 524
贵州	0.015 167	0.330 908	0.507 870	0.511 142
云南	0.643 618	0.654 323	0.606 655	0.633 321
西藏	0.434 241	0.474 425	0.453 341	0.474 414
陕西	0.788 209	0.625 607	0.521 861	0.563 223
甘肃	0.544 173	0.540 617	0.466 707	0.449 757
青海	0.455 463	0.480 115	0.447 008	0.463 321
宁夏	0.462 064	0.501 591	0.456 817	0.478 547
新疆	0.562 926	0.540 173	0.624 620	0.633 321

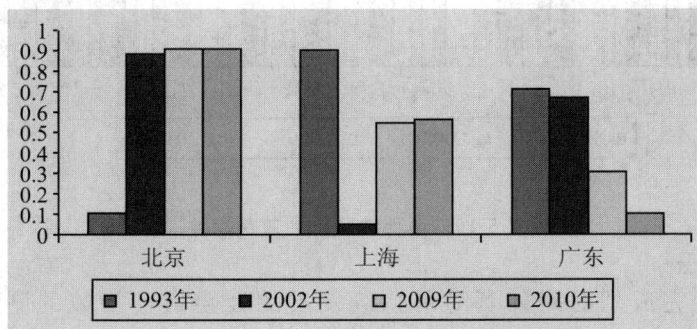

图 5-13　北京、上海、广东的社会效益指数

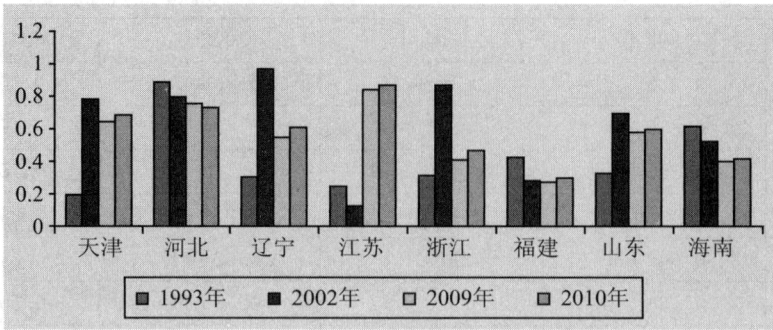

图 5-14　东部地区社会效益指数

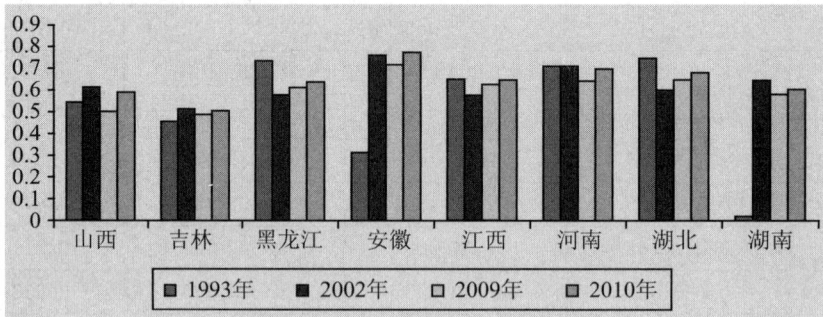

图 5-15　中部地区社会效益指数

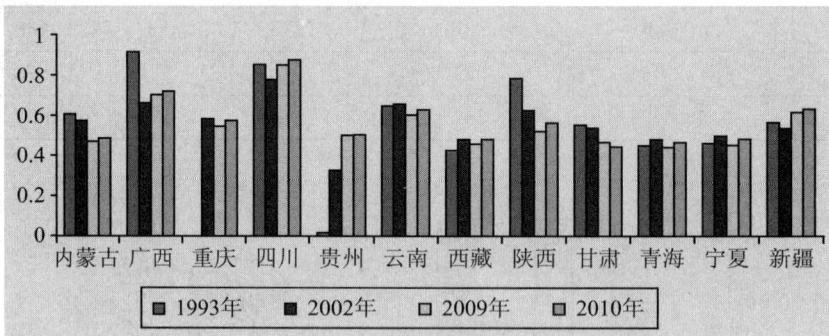

图 5-16　西部地区社会效益指数

以上已经完成了对对外贸易可持续发展的社会效益指数的测定和修正工作。总的来看，我国对外贸易可持续发展的社会效益指数存在如下规律：第一，1995—2003 年间我国对外贸易可持续发展的社会效益指数基本维持逐年提高的趋势，表明在国内促进出口政策扶持、国外厂商竞争尚未激烈形成的这段时期内，我国对外贸易可持续发展的就业和工资效应上升显著。当然，由于缺乏与国外先进厂商和产品的竞争，这段时期的社会效益指数提高主要是对外贸易规模增加带来的。第二，2004—2011 年间我国对外贸易可持续发展的社会效益指数一直处于不稳定波动当中。从分解的结果来看，对外贸易的就业效应指数基本维持增长，但收入效应指数波动很大，可见社会效益指数的波动和某些年份的下降基本是由收入效应指数下降造成的。这个情况在 2005 年和 2009 年尤为突出。第三，从地区来看，开放较早和经济较发达地区的指数相对较低，波动也较大。欠发达地区的指数相对较高，波动也较小。我们据此可以推测，对外贸易对就业和工资的积极影响应该也存在类似的"边际产出递减"规律，开放程度高的地区进一步发展的潜力相对较低，反之则相反。具体而言，东部沿海地区开放早，因而进一步发展的潜力相对较小，对外贸易可持续发展的社会效益指数偏低；中西部地区开放晚，开放程度低，因而进一步发展的潜力相对较大，对外贸易可持续发展的社会效益指数更高。当然，这些相对高低都没有考虑发展的质量，而仅仅从规模角度而言。

>> 5.5　提高对外贸易可持续发展社会效益的政策建议 <<

通过测定对外贸易可持续发展的社会效益指标，我们发现了如前所述的一些规律。据此可以针对如何提高我国对外贸易可持续发展社会效益指数提出一些建议。

5.5.1　提高"引进来"的质量，扩大"走出去"的规模

改革开放以来，我们国家一直非常重视"走出去"，即通过鼓励国内厂商出口拉动国家经济发展，进而提高就业水平和居民生活水平。近几年来，随着国内企业和产业的发展，国家开始同时重视支持国内企业到国外进行投资和并购，这些都是"走出去"。但是由于受到国家经济发展阶段所限，加之国内企业品牌知名度

和技术水平还有待提高，短期内要显著提高走出去的质量是比较困难的，因而从提高对外贸易可持续发展的社会效益指数角度，通过制定各种政策支持"走出去"以形成规模效应，是近几年行之有效的方法，值得坚持和强化。与此同时，对于进口和吸引外商投资，则应该越来越重视其质量的提高。从我们测定和分解指数的情况来看，外资企业的就业和职工工资的降低是造成对外贸易可持续发展指数降低的直接原因，而其背后的深层次原因则是引进的外资质量有待提高。

5.5.2　控制外商投资企业规模过快增长，重视提高外资企业员工收入

从国家年度对外贸易可持续发展的社会效益指数的变动趋势，及各地区指数的分解情况，我们可以看出，外资企业职工收入指数降低是对外贸易可持续发展社会效益指数下降的最主要原因。如 2009 年我国对外贸易可持续发展的社会效益指数较之前几年有明显下降，而从分解的角度来看，收入指数下降是主要原因。具体而言，2009 年对外贸易的就业修正指数为 0.630 257，较之 2008 年的 0.611 250 非但没有显著下降，反而有所提高，但是外资企业员工工资指数只有 0.150 863，较之 2008 年下降极其明显，这与 2011 年社会效益指数较之 2010 年下降的情况非常类似。这表明外资企业员工收入的下降是导致社会效益指数降低的重要因素。如果要保证我国对外贸易社会效益可持续发展，重视提高外资企业员工收入是极其重要的。当然，正是由于需要提高外资企业员工收入，控制外资企业规模过快增长也值得重视。经过三十多年改革开放和引进外资的工作，国内可供外商投资企业进行产量性获利的市场逐渐趋于饱和，外资企业进一步抢占市场和获利必须以技术和品牌作为核心竞争力，这就在客观上抑制了产量性获利的外资企业利润进一步提高的空间，这自然会限制外资企业员工收入的提高。因而控制外商投资企业规模过快增长，是提高外资企业员工收入的前提。从政策角度，政府可以通过制定进入审核的相关标准，控制产量性、粗放性、非技术性外资企业的进入数量，维持企业的利润，以保证企业员工收入水平不至于出现大幅度下降。

5.5.3　扩大对外贸易的引致就业效应和福利增进能力

提高对外贸易可持续发展的社会效益指数，关键在于提高对外贸易促进就业及增进福利的能力。如前所述，外资企业就业和职工工资收入提高固然能够提高对外贸易可持续发展指数，但是外资企业的吸引并不能一蹴而就，外资企业规模的合理调整及吸引外资企业质量的提高也都不是能在短时间内完成的任务。因而短期内提高可持续发展指数的行之有效的方法，应该是扩大对外贸易而非引进外资的引致就业效应和福利增进能力。具体而言，第一，通过制定针对劳动密集型产业产品出口的支持政策和提升产品质量政策，提高劳动密集型产品的出口获利，从而促进企业招聘更多员工提高外贸引致就业的能力；第二，通过鼓励和支持出口企业技术创新和产品升级，保证企业员工工资收入稳定增长，在此基础上通过创立品牌提升国内企业的整体国际竞争力。总而言之，提升技术创新能力和企业品牌意识，将是提高我国对外贸易可持续发展的社会效益的根本方法。

第 6 章 中国对外贸易
可持续发展的总体评价

前文已经分析了中国对外贸易可持续发展评价体系的几个分项指标及其变动情况，本章将在前文基础上测算中国对外贸易可持续发展总体指数，从整体上把握中国对外贸易可持续概况，为提出中国对外贸易可持续发展的政策建议提供支持。

>> 6.1 中国对外贸易可持续发展评价体系的构成与计算 <<

中国对外贸易可持续发展评价体系由 3 个一级指标，5 个二级指标和 21 个三级指标构成。其中一级指标包括经济效益指数、生态效益指数、社会效益指数；二级指标包括贸易规模指数、贸易结构指数、贸易竞争指数、贸易环境效益指数、贸易资源效益指数；三级指标由出口总额、出口的世界市场份额、外贸出口依存度、进口总额、进口的世界市场份额、外贸进口依存度、工业制成品出口比重、出口商品集中度、出口市场分布度、初级产品进口比重、显性比较优势指数、出口商品竞争力指数、出口技术效益指数、进口技术效益指数、出口贸易废水排放指数、出口贸易废气排放指数、出口贸易固体废物排放指数、贸易能源密集度、初级产品效益度、贸易部门工资率和贸易部门就业率共 21 个指标来构成(见图 6-1)。

由于衡量的是对外贸易的可持续发展，其中关键在于贸易的发展，因此增加了经济效益在指数中的权重；另外，可持续发展需要着重考虑贸易的生态效益，所以相比贸易社会效益指数，生态效益指数权重较大。最终的赋权是：经济效益占 50％，生态效益占 30％，社会效益占 20％。对于每个二级指标的权重设定则是根据其重要程度分别赋权，三级指标则是采用加权平均的方法，具体指标解释及赋权见第 2、3、4 章。最终我们确立的中国对外贸易可持续发展评价体系的计算公式为：

中国对外贸易可持续发展指数＝50％×经济效益指数＋30％×生态效益指数＋
20％×社会效益指数

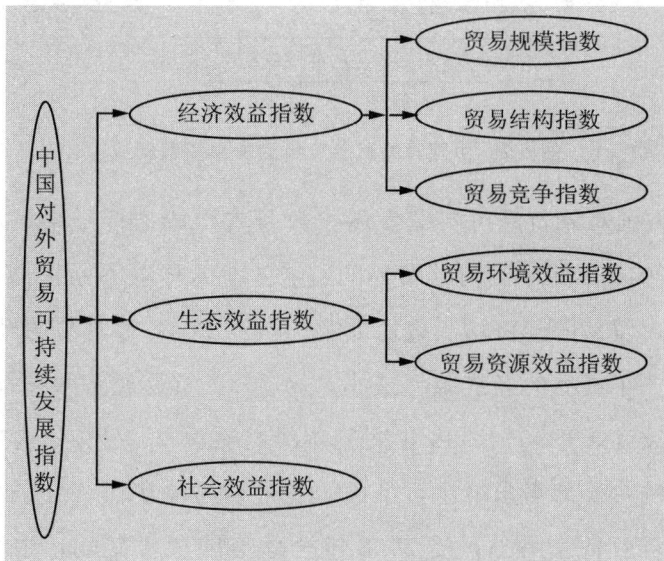

图 6-1　中国对外贸易可持续发展评价指标体系

>> 6.2　中国对外贸易可持续发展评价体系的结果分析 <<

利用上述公式，我们计算了 1993—2011 年间中国对外贸易可持续发展指数，具体结果见图 6-2。由图中可以看出，1993—1995 年间中国对外贸易可持续发展指数在不断下降；1996—1999 年间中国对外贸易可持续发展指数则几乎不变；从 1999 年开始，中国对外贸易可持续发展指数逐渐上升，但是中间也存在一定的波动。

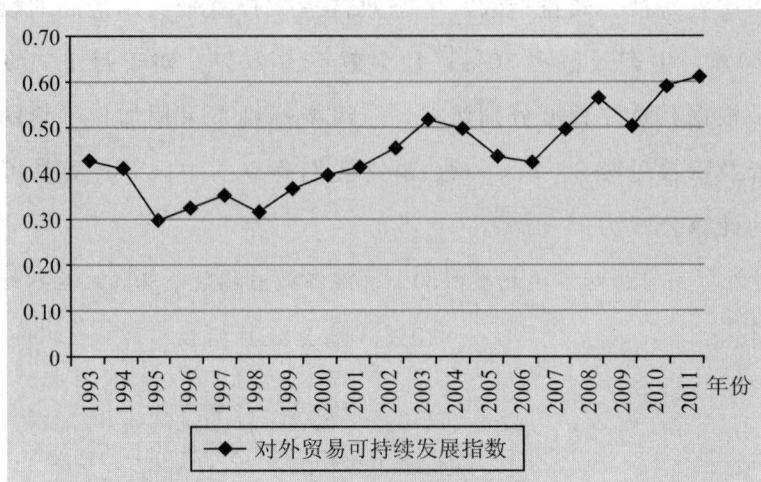

图 6-2　中国对外贸易可持续发展指数构成

表 6-1 为中国对外贸易可持续发展指数及其构成指标结果。从经济效益指数看，1993—2011 年间中国对外贸易的经济效益总体上不断提高，指数呈现单调增加的趋势，贸易的经济增长效应明显。其中 2011 年贸易的经济效益最大，为 0.821；1993 年贸易的经济效益最小，为 0.1。贸易经济效益指标在这 17 年间也存在小幅波动，1996—1998 年间基本维持在 0.26 左右，这主要是受亚洲金融危机的影响，外部需求减少，中国的对外贸易受到了一定的影响，从而影响了贸易的经济效益。另外，受 2008 年全球金融危机影响，中国的出口贸易大幅下降，2009 年贸易的经济效益比 2008 年有显著降低，从 2010 年开始，随着经济形势的好转，贸易的经济效益有所提高。从生态效益指数来看，1993—2011 年间中国对外贸易的生态效益总体上不断下降，贸易对生态的不利影响逐渐增加。其中 1993 年的生态效益指数最大，为 0.8；2007 年的生态效益指数最小，为 0.158。从 2008 年开始，对外贸易的生态效益指数逐渐增加，贸易的生态效益呈现逐步改善的趋势。这是因为 2008 年后，中国政府高度重视经济的可持续发展，推动外贸结构升级，降低对环境的负面影响，并取得了一定的成果，外贸对环境的损害在逐渐减轻，但值仍然较小，未来仍需进一步降低外贸

对环境的不利影响。从社会效益指数来看，1993—2011 年间中国对外贸易的社会效益呈现不规则变化。其中 1994 年的社会效益指数最大，为 0.865；1995 年的社会效益指数最小，为 0.124。1993—1996 年间中国对外贸易的社会效益指数显著下降，从 0.865 下降到了 0.143。1997—2001 年间中国对外贸易的社会效益指数又逐渐增加，增加到了 0.516。2002 年后，社会效益指数波动较大，但整体呈现逐渐改善的局面。

表 6-1　1993—2011 年中国对外贸易可持续发展评价体系及其构成

年份	经济效益指数	生态效益指数	社会效益指数	对外贸易可持续发展指数
1993	0.100	0.800	0.700	0.430
1994	0.190	0.475	0.865	0.411
1995	0.273	0.445	0.124	0.295
1996	0.264	0.552	0.143	0.326
1997	0.264	0.467	0.403	0.353
1998	0.272	0.409	0.277	0.314
1999	0.325	0.464	0.332	0.368
2000	0.383	0.428	0.376	0.395
2001	0.382	0.397	0.516	0.413
2002	0.443	0.319	0.685	0.454
2003	0.532	0.282	0.843	0.519
2004	0.617	0.246	0.586	0.500
2005	0.650	0.173	0.300	0.437
2006	0.679	0.163	0.184	0.425
2007	0.693	0.158	0.512	0.496
2008	0.716	0.203	0.740	0.567
2009	0.703	0.238	0.391	0.501
2010	0.793	0.250	0.605	0.592
2011	0.821	0.282	0.583	0.612

从中国对外贸易可持续发展指数及各分项指标的变化来看（见图 6-3），1993—2011 年间中国对外贸易可持续发展指数变化趋势同经济效益指数趋势大致相同，总体呈现上升趋势。这是因为对外贸易的经济效益决定了对外贸易的可持续发展，但是中间也存在一定的差异。1993—1995 年间中国对外贸易可持续发展指数下降，而这期间中国对外贸易的经济效益指数则大幅提高。一方

面，1993—1995 年间贸易的生态效益指数大幅下降，其下降幅度超过了贸易经济效益的上升幅度；另一方面，1993—2005 年间贸易的社会效益指数也大幅下降。1996—2001 年间对外贸易的可持续发展指数均高于贸易的经济效益指数，这是因为这段时间内，对外贸易的社会效益指数大幅增加，从最小值几乎增加到了最大值，而经济效益指数则只是小幅度地增加。2002 年后，可持续发展指数始终处于经济效益指数之下。经济效益指数决定了可持续发展指数的变化。

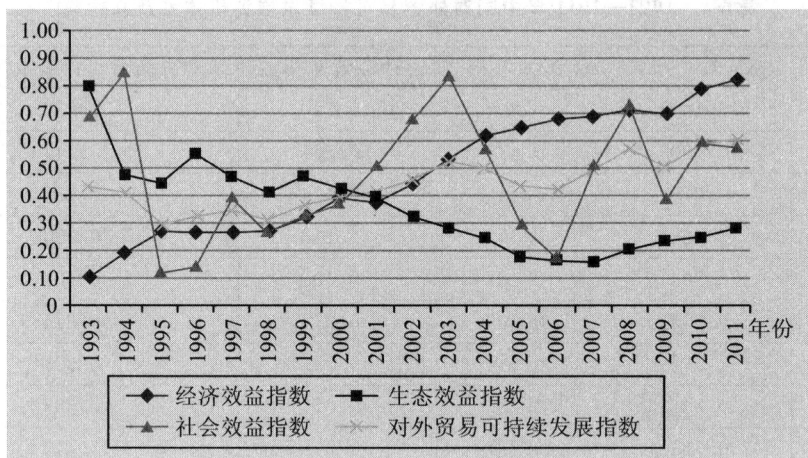

图 6-3　中国对外贸易可持续发展评价体系及各分项指数图

>> 6.3　中国对外贸易可持续发展指数的省际比较 <<

6.3.1　中国各省(区、市)对外贸易可持续发展指数的测算结果

根据"中国对外贸易可持续发展指标"体系，测算出了 2010 年中国各省(区、市)对外贸易可持续发展指数，结果见表 6-2。表中不仅包含对外贸易可持续发展指数，也有各一级指标数值，总指数和分指数排序有区别，如江苏对外贸易可持续发展指数排第 1 位，而经济效益指数排第 2 位，生态效益指数排第 16 位，社会效益指数排第 3 位。分指数均是根据各自三级指标加权测算而来。在分

析对外贸易可持续发展指数时，不仅需要关注总指数还需要分析其各分项指标。

2010 年各地区对外贸易可持续发展指数平均值为 0.307 2，有 17 个省（区、市）高于该值，按照其指数从大到小依次为：江苏（0.531 0）、北京（0.480 8）、广东（0.463 4）、上海（0.394 1）、新疆（0.359 2）、海南（0.351 4）、四川（0.346 9）、陕西（0.343 5）、安徽（0.343 4）、浙江（0.328 7）、江西（0.326 2）、贵州（0.324 8）、重庆（0.324 6）、天津（0.322 3）、广西（0.320 3）、山东（0.311 7）和福建（0.307 9）；有 13 个省（区、市）低于全国平均水平。

表 6-2　2010 年中国对外贸易可持续发展指数及排名

指标	对外贸易可持续发展指数		一级指标					
			经济效益指数		生态效益指数		社会效益指数	
权重	100%		50%		30%		20%	
地区	指数值	排名	指数值	排名	指数值	排名	指数值	排名
江苏	0.531 0	1	0.640 6	2	0.106 8	16	0.893 2	3
北京	0.480 8	2	0.461 0	4	0.233 6	5	0.901 1	1
广东	0.463 4	3	0.815 8	1	0.068 5	27	0.174 8	31
上海	0.394 1	4	0.619 3	3	0.081 0	23	0.301 0	30
新疆	0.359 2	5	0.379 3	8	0.099 4	19	0.698 5	6
海南	0.351 4	6	0.269 5	17	0.424 0	2	0.447 1	28
四川	0.346 9	7	0.303 3	14	0.053 7	30	0.895 5	2
陕西	0.343 5	8	0.398 3	7	0.090 9	20	0.585 2	16
安徽	0.343 4	9	0.314 7	13	0.123 1	14	0.745 9	5
浙江	0.328 7	10	0.416 1	6	0.083 1	21	0.478 5	24
江西	0.326 2	11	0.242 3	19	0.231 0	6	0.678 6	10
贵州	0.324 8	12	0.336 3	11	0.147 7	11	0.562 0	19
重庆	0.324 6	13	0.339 9	10	0.135 9	13	0.569 6	17
天津	0.322 3	14	0.346 0	9	0.073 4	26	0.635 8	14
广西	0.320 3	15	0.284 1	16	0.137 2	12	0.685 3	9
山东	0.311 7	16	0.330 2	12	0.058 6	28	0.645 3	12
福建	0.307 9	17	0.442 8	5	0.052 1	31	0.354 2	29
山西	0.302 8	18	0.301 7	15	0.172 3	10	0.501 1	21
青海	0.293 9	19	0.161 2	23	0.350 0	3	0.541 2	20

指标	对外贸易可持续发展指数		一级指标					
			经济效益指数		生态效益指数		社会效益指数	
权重	100%		50%		30%		20%	
地区	指数值	排名	指数值	排名	指数值	排名	指数值	排名
内蒙古	0.285 0	20	0.269 2	18	0.184 8	9	0.474 6	25
黑龙江	0.282 1	21	0.174 0	22	0.206 6	8	0.665 8	11
甘肃	0.281 0	22	0.198 5	21	0.289 5	4	0.474 5	26
河南	0.273 1	23	0.206 4	20	0.102 8	18	0.695 5	7
西藏	0.259 6	24	0.020 3	31	0.530 1	1	0.452 0	27
河北	0.222 7	25	0.088 1	27	0.076 2	25	0.778 7	4
吉林	0.217 3	26	0.108 8	25	0.220 2	7	0.484 5	23
辽宁	0.207 8	27	0.138 5	24	0.082 7	22	0.568 6	18
湖南	0.205 2	28	0.101 9	26	0.105 9	17	0.612 2	15
湖北	0.176 1	29	0.043 1	29	0.055 6	29	0.689 5	8
云南	0.169 3	30	0.036 4	30	0.079 2	24	0.637 0	13
宁夏	0.167 9	31	0.069 1	28	0.113 5	15	0.496 9	22

图 6-4 更直观地反映了各地区对外贸易可持续发展指数及其排序情况。从区域划分来看，首先东部地区对外贸易可持续发展情况最好，其次为西部地区，最后是中部地区。2010 年，东部地区对外贸易可持续发展指数平均值为 0.356 5，西部地区该值为 0.289 7，中部地区为 0.265 8。对外贸易可持续发展指数前 10 名中，东部地区占 6 个，西部地区占 3 个，中部地区仅有 1 个。

究其根源，东部地区外贸规模大，经济发达，外贸的经济效益和社会效益较强，且在经济发展过程中较早地遇到资源环境瓶颈的制约，其产业结构升级较快，外贸商品结构不断优化，外贸的生态效益也取得了长足进步，外贸表现出较好的可持续性。西部地区外贸可持续发展水平要优于中部地区，这是因为尽管外贸规模小于中部地区，但是西部地区由于人口众多，外贸的社会效益更加明显，且由于西部地区相对落后，外贸发展所带来的边际经济效益更大，而且西部地区自然禀赋要远远好于中部地区，外贸的生态效益效益也优于东部地区。因此从整体上看，西部地区外贸可持续发展水平要优于中部地区。中部地

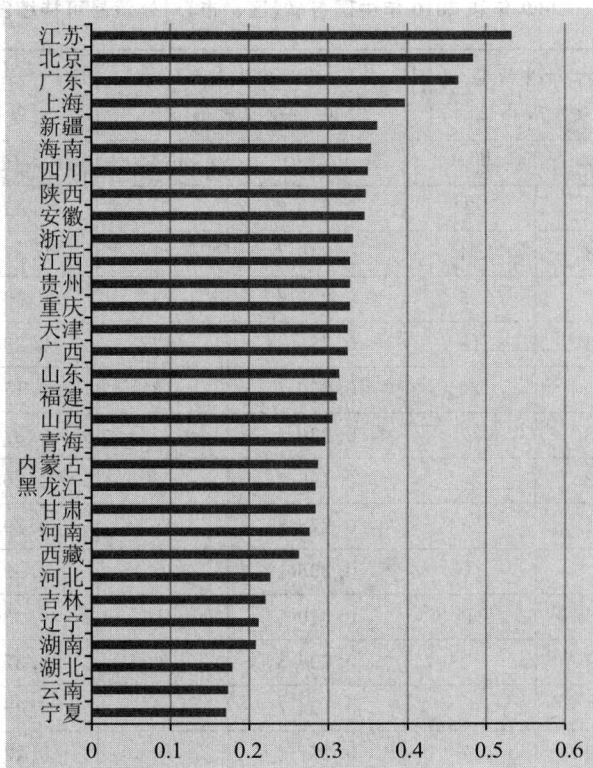

图 6-4　2010 年中国对外贸易可持续发展指数排名地区比较图

区外贸可持续发展水平一般，中部地区承接了东部地区制造业的转移，给环境带来较大危害，且中部地区既没有东部地区的经济实力大力投资于减污，也没有西部地区良好的自然资源禀赋，因此中部地区需加大外贸可持续发展的关注力度，切实落实相关政策，推动外贸的可持续发展。

6.3.2　中国各省(区、市)对外贸易可持续发展指数的变动趋势和比较分析

为了了解各个地区对外贸易可持续发展的变动趋势，我们将 2002 年、2009 年和 2010 年各地区的对外贸易发展指数和排名进行了对比，结果见表 6-3。

表 6-3　2002 年、2009 年和 2010 年中国各省(区、市)对外贸易可持续发展指数及变动

地区	2010 年对外贸易可持续发展指数		2009 年对外贸易可持续发展指数		2002 年对外贸易可持续发展指数	
	指数值	排名	指数值	排名	指数值	排名
北京	0.480 8	2	0.543 3	1	0.418 1	3
天津	0.322 3	14	0.246 7	21	0.372 4	6
河北	0.222 7	25	0.223 6	23	0.195 6	23
山西	0.302 8	18	0.283 3	12	0.288 3	14
内蒙古	0.285 0	20	0.256 7	18	0.157 9	28
辽宁	0.207 8	27	0.230 2	22	0.370 0	7
吉林	0.217 3	26	0.195 2	25	0.208 1	22
黑龙江	0.282 1	21	0.278 8	15	0.291 0	13
上海	0.394 1	4	0.395 1	4	0.525 5	2
江苏	0.531 0	1	0.519 5	2	0.330 1	10
浙江	0.328 7	10	0.306 8	8	0.375 5	5
安徽	0.343 4	9	0.194 7	26	0.394 3	4
福建	0.307 9	17	0.277 3	16	0.222 2	20
江西	0.326 2	11	0.310 7	7	0.282 1	15
山东	0.311 7	16	0.326 1	6	0.315 5	12
河南	0.273 1	23	0.249 1	20	0.265 9	17
湖北	0.176 1	29	0.168 6	30	0.164 7	27
湖南	0.205 2	28	0.199 4	24	0.257 4	18
广东	0.463 4	3	0.402 3	3	0.541 9	1
广西	0.320 3	15	0.299 5	9	0.171 9	26
海南	0.351 4	6	0.187 6	28	0.220 1	21
重庆	0.324 6	13	0.280 8	14	0.332 6	9
四川	0.346 9	7	0.334 8	5	0.353 7	8
贵州	0.324 8	12	0.146 0	31	0.106 9	31
云南	0.169 3	30	0.193 1	27	0.177 8	24
西藏	0.259 6	24	0.254 7	19	0.279 1	16
陕西	0.343 5	8	0.291 0	11	0.147 4	30
甘肃	0.281 0	22	0.277 0	17	0.172 0	25

续表

地区	2010 年对外贸易可持续发展指数		2009 年对外贸易可持续发展指数		2002 年对外贸易可持续发展指数	
	指数值	排名	指数值	排名	指数值	排名
青海	0.293 9	19	0.282 4	13	0.326 1	11
宁夏	0.167 9	31	0.168 7	29	0.226 2	19
新疆	0.359 2	5	0.299 1	10	0.149 2	29

从表 6-3 可以看出，2002—2009 年间全国 31 个省（区、市）对外贸易的可持续发展水平既有提高的也有降低的。平均来看，2002 年，全国对外贸易可持续发展指数为 0.278 7；2009 年，该值为 0.278 1，降低了 0.000 6。31 个省（区、市）中对外贸易可持续发展水平提高的有 14 个，降低的有 17 个。其中提高幅度最大的为江苏，其指标值提高了 0.189 4；其次为新疆，提高了 0.149 9；第 3 位为陕西，提高了 0.143 6；之后依次为广西、北京、甘肃、内蒙古、福建、贵州、江西、河北、云南、山东和湖北。而下降幅度最大的为安徽，下降了 0.199 6；其次为辽宁，下降了 0.139 8；第 3 位为广东，下降了 0.139 6；之后依据下降幅度从大到小依次为上海、天津、浙江、湖南、宁夏、重庆、青海、海南、西藏、四川、河南、吉林、黑龙江和山西。

2009—2010 年间全国大部分地区对外贸易可持续水平得到改善，全国对外贸易可持续发展指数的平均值从 0.278 1 上升到了 0.370 2。具体来看，24 个省（区、市）的对外贸易可持续发展指数提高。其中提高幅度最大的为贵州，提高了 0.178 8；其次为海南，提高了 0.163 8；第 3 位为安徽，提高了 0.148 7。7 个省（区、市）的对外贸易可持续发展指数下降。其中下降幅度最大的为北京，下降了 0.062 5；其次为云南，下降了 0.023 8；第 3 位为辽宁，下降了 0.022 4。综合来看，对外贸易可持续发展指数提高的程度要远远大于下降的幅度，全国对外贸易可持续发展的平均水平有所提高，这说明 2008 年金融危机后，中国推动绿色增长，积极转变经济发展方式，优化对外贸易商品结构，取得了一定的成效。

2002—2010 年间各地区对外贸易可持续发展速度不同，外贸可持续发展水平排名也发生了较大幅度的变化，具体见表 6-4。从表中可以看出，2002—

2010 年间中国各地区对外贸易可持续发展水平排名变动幅度较大。其中，变动幅度为 2 个位次的地区有 4 个，分别是河北、上海、广东和湖北，均下降了 2 个位次。变动幅度为 1 个位次的地区有 2 个，分别是北京和四川，均上升了 1 个位次。其余 25 个省（区、市）变动幅度均超过 2 个位次，变动幅度最大的是新疆，其次是陕西和辽宁，其中新疆上升了 24 个位次，陕西上升了 22 个位次，辽宁则下降了 20 个位次。

表 6-4　中国各省（区、市）对外贸易可持续发展指数排名变动情况

地区	经济效益指数	生态效益指数	社会效益指数	对外贸易可持续发展指数
北京	4	−1	2	1
天津	−4	1	−6	−8
河北	−4	−1	1	−2
辽宁	−14	7	−17	−20
上海	−1	−15	−28	−2
江苏	1	−9	28	9
浙江	3	2	−20	−5
福建	7	−3	1	3
山东	−1	−2	−2	−4
广东	0	−13	−20	−2
海南	1	23	−4	15
山西	−1	9	−5	−4
吉林	−5	−1	2	−4
黑龙江	−9	2	9	−8
安徽	−9	4	2	−5
江西	−4	3	9	4
河南	−1	−6	2	−6
湖北	−3	−16	9	−2
湖南	−10	5	−1	−10
内蒙古	7	6	−4	8
广西	12	4	3	11
重庆	−4	8	1	−4

地区	经济效益指数	生态效益指数	社会效益指数	对外贸易可持续发展指数
四川	−7	1	4	1
贵州	20	0	10	19
云南	−8	−7	0	−6
西藏	−1	0	1	−8
陕西	20	10	−1	22
甘肃	8	1	−4	3
青海	−6	−1	7	−8
宁夏	−7	−12	4	−12
新疆	16	1	17	24

从变动趋势来看，对外贸易可持续发展指数排名上升的地区有12个，按照上升幅度从大到小依次为新疆、陕西、贵州、海南、广西、江苏、内蒙古、江西、福建、甘肃、北京和四川。排名下降的地区有19个，按照下降幅度从大到小依次为辽宁、宁夏、湖南、青海、西藏、黑龙江、天津、云南、河南、安徽、浙江、重庆、吉林、山西、山东、湖北、广东、上海和河北。

新疆、陕西和辽宁是对外贸易可持续发展指数排名变化最大的3个地区，其相应的经济效益指标的变化幅度也较大。与2002年相比，新疆的经济效益指标上升了16个位次，陕西上升了20个位次，辽宁下降了14个位次。从社会效益指标来看，3个地区的变化也不相同，新疆的社会效益指标上升了17个位次，陕西下降了1个位次，辽宁下降了17个位次；3个地区的生态效益指标变化趋势相同，均有所改善，新疆的生态效益指标上升了1个位次，陕西上升了10个位次，辽宁上升了7个位次。

辽宁对外贸易经济效益指标大幅下降是因为，与2002年相比，2010年受金融危机的影响其对外贸易规模大幅下降，尤其是纺织品、矿产品等其具有比较优势的产品，在金融危机影响下，外部需求大幅萎缩，致使其外贸规模不断缩小。2002—2010年间辽宁外贸的生态效益不断改善，逐步限制了高污染、高排放企业的转移，加大了对污染的控制力度。对外贸易大幅下降导致部分工人下岗失业，致使该地区对外贸易的就业效应显著下降。

新疆和陕西对外贸易可持续发展经济效益水平不断提高是由于其外贸规模不断扩大。陕西 2010 年的进出口总值为 121.02 亿美元，是 2002 年的 5 倍多。其中进口 58.93 亿美元，出口 62.08 亿美元，11 年来陕西的进出口市场扩展到 180 多个国家（地区）。2002—2010 年间，新疆的外贸进出口总额每年都增长 50%～80%，就连 2008 年多数省（区、市）面临国际金融危机冲击、进出口出现负增长的时候，新疆的外贸仍然增长了 61.9%，这显示出新疆外贸发展的巨大潜力。但是由于其规模的扩大，也带来了相应的环境问题，尽管其自然资源禀赋优良，但是环境问题依然不容忽视。相比陕西，新疆外贸的就业则表现出大幅度的提高，外贸显著地增加了就业。

北京、四川和河北的对外贸易可持续发展排名变化不大。从各分项指标来看，经济效益指标变化幅度较大。与 2002 年相比，北京的经济效益指标排名上升；四川和河北的经济效益指标排名则下降，分别下降了 7 个位次和 4 个位次。生态效益指标的变化则均为 1 个位次：北京和河北的生态效益指标下降了 1 个位次，而四川上升了 1 个位次。社会效益指标则均表现出上升的趋势，其中北京上升了 2 个位次，四川上升了 4 个位次，河北上升了 1 个位次。2002—2010 年间北京外贸规模扩大，出口商品结构也不断优化，优势产品从纺织服装逐步变为电子产品和电子器件等资本密集型产品，由此引发的社会效益也得到了一定程度的提高，增加了社会就业。四川和河北近年来外贸增长速度有所下降，将部分精力放在外贸发展方式和出口商品结构优化方面，取得了一定的效果。

分地区来看，东部、中部和西部地区对外贸易可持续发展指数排名均有升有降，但是升降幅度差别较大。

东部地区辽宁降幅最大，海南升幅最大。究其原因，辽宁受到 2005 年以后人民币升值、企业生产成本提高特别是金融危机对实体经济的冲击等因素的影响，对外贸易的经济效益大幅度下降，从而导致了其外贸可持续发展水平下降幅度最大。而这些进出口的减少主要来自辽宁的外商投资企业。这段时期辽宁对外贸易的另一个特点是：加工贸易增长回落，一般贸易发展迅速。在辽宁的出口产品中，机电产品和高新技术产品占比较大，此类商品在外商投资企业和加工贸易中又占据主要位置。机电产品和高新技术产品的收入弹性相对较大，在全球经济不振和需求萎缩的情况下，消费者对其的需求会有较大幅度的下降，由此加工贸易发展呈回落态势。辽宁的出口市场主要是欧盟、美国和日本，因此受到的冲击更为明显。而海南对外贸易可持续发展排名大幅上升是得益于其外贸生态效益的提高。2002—2010 年间海南集中优势力量发展第三产业以及服务贸易的出口，优化了对外贸易商品结构，大大降低了对外贸易"三废"排放，实现了外贸生态效益的极大改善，外贸生态效益排名上升了 23 个位次，从而使整个对外贸易可持续发展指数上升了 15 个位次。

中部地区降幅最大的是湖南，升幅最大的是江西，上升了 4 个位次。从江西的分项指标来看，经济效益指标下降了 4 个位次，生态效益指标提高了 3 个位次，而社会效益指标则上升了 9 个位次。至 2010 年，江西对外贸易规模有了一定程度的提高，同时出口商品结构也得到了优化，其主要出口商品为电子产品、服装和机械设备，就业也有了大幅增加。2010 年，江西就业人数达到了 12.34 万人，而 2002 年，仅为 5.75 万人。与此同时，贸易可能带来的环境问题却不容忽视。2002 年江西出口带来的废水排放为 5 267.57 万吨，固体废物为 668.17 万吨，废气为 298.33 亿标立方米；至 2010 年，"三废"排放分别为 15 018.3 万吨、1 947.95 万吨和 2 031.82 亿标立方米。

西部地区升幅最大的是新疆和陕西，分别上升了 24 个和 22 个位次；降幅最大的是宁夏，下降了 12 个位次。从宁夏的各分项指标来看，经济效益指标下降了 7 个位次，生态效益指标下降了 12 个位次，社会效益指标上升了 4 个位次。具体来看，2002—2010 年间尽管其出口总额在增加，但是占中国出口份额却在下降；2002 年就业人数为 1 万人，2010 年为 0.35 万人，平均工资有较大幅度的上升，带来了其社会效益指标排名的提高；2002—2010 年间出口贸易废水排放从 2 506.59 万吨下降到 1 534.1 万吨，固体废物排放从 101.27 万吨上升到 172.07 万吨，而废气排放则从 354.45 亿标立方米上升到 1 139.49 亿标立方米。

综合来看，全国少数省（区、市）对外贸易可持续发展指标排名上升，多数省（区、市）排名下降。东部地区和西部地区升降幅度差别较大，东部地区有全国降幅最大的省份，而西部地区有全国升幅最大的省份，中部地区则升降幅度相对较小，除江西外，其余省份对外贸易可持续发展指数排名均有所下降。未来东部地区需进一步优化出口商品结构，提高出口产品竞争力；中部地区则需加强产业转移的监管，严格控制高污染、高排放企业的转移，结合本地实际有选择地承接产业转移，同时也要加强污染治理；西部地区则需要保持其良好的自然资源禀赋，抛弃"先污染，后治理"的思想，发展生态产业，利用各种手段弥补西部地区地理位置劣势对外贸带来的不利影响。

第 7 章　中国对外贸易可持续发展的影响因素及实证研究

由前文分析可知，中国对外贸易的可持续发展状况不断改善，那么有哪些因素影响着中国对外贸易的可持续发展呢？未来要进一步推动外贸的可持续发展需要从哪些方面改进？这些均是值得研究的问题。本章拟引入结构化的多方程模型，应用向量自回归模型来分析影响中国对外贸易可持续发展的因素。

>> 7.1　中国对外贸易可持续发展的影响因素 <<

7.1.1　中国对外贸易可持续发展的影响因素及机制

1. 外贸规模

中国对外贸易的可持续发展离不开外贸的快速发展。外贸的快速发展能够带来显著的经济效益和社会效益，促进地区经济发展。同时，随着外贸规模的扩大，出口所消耗的能源和资源也会相应增加，可能会不利于地区生态环境的改善，影响其生态效益。外贸规模的大小会显著影响对外贸易的可持续发展。本部分采用出口额来衡量中国对外贸易规模。

表 7-1 给出的是 1993—2011 年间中国出口额与对外贸易可持续发展指数。

从表中可以看出，1993—2011 年间中国出口大幅攀升，2011 年出口额是 1993 年出口额的 20 倍多，年均增长 17%。2009 年受全球经济危机影响，出口有所下滑，之后又开始回升。1993—2011 年间中国对外贸易可持续发展指数整体呈现上升趋势，个别年份有所波动。从二者变动趋势来看，1993—2011 年间中国出口额和可持续发展指数呈现较强的正相关关系。

表 7-1　1993—2011 年中国出口额与对外贸易可持续发展指数

年份	出口额（亿美元）	对外贸易可持续发展指数
1993	917.4	0.43
1994	1 210.1	0.37
1995	1 487.8	0.31
1996	1 510.5	0.33
1997	1 827.9	0.32
1998	1 837.1	0.32
1999	1 949.3	0.39
2000	2 492.0	0.43
2001	2 661.0	0.46
2002	3 256.0	0.42
2003	4 382.3	0.42
2004	5 933.2	0.53
2005	7 619.5	0.49
2006	9 689.4	0.57
2007	12 177.8	0.51
2008	14 306.9	0.57
2009	12 016.1	0.50
2010	15 777.5	0.592
2011	18 983.8	0.612

图 7-1 所示为 1993—2011 年间中国对外贸易可持续发展指数和出口额的散点图。从图中可以明显看出，多数年份外贸可持续发展指数和出口额之间存在显著的正相关关系。出口规模越大，其相应的对外贸易可持续发展指数也就越大。

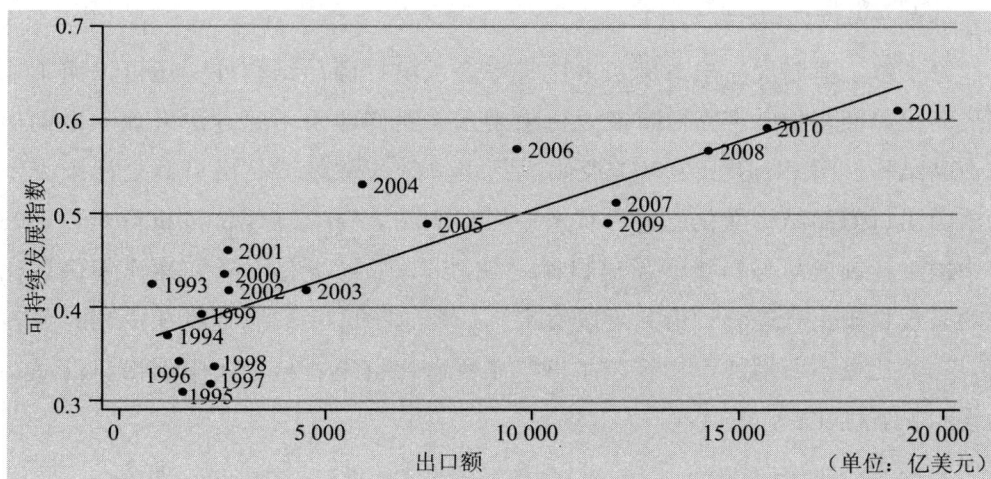

图 7-1　1993—2011 年中国对外贸易可持续发展指数和出口额散点图

2. 出口商品结构

除了出口规模外，对外贸易的商品结构也是影响对外贸易可持续发展的主要因素之一。出口商品结构主要通过两个途径影响中国对外贸易的可持续发展。首先，出口商品结构反映了一国外贸发展水平，出口商品结构的优化会不断促进一国外贸的发展，有利于对外贸易的可持续发展。其次，出口商品结构的变化会影响对外贸易的生态效益。工业制成品出口越多，所消耗的国内能源和资源以及产生的排放也就越多，越不利于国内生态环境保护，增加对环境的危害，从而不利于对外贸易的可持续发展。

出口商品结构是指一定时期内一国出口贸易中各类商品的构成，通常以份额表示。工业制成品出口额在出口商品总额中所占比重是衡量一国工业化程度和出口商品结构优化程度的重要指标。如图 7-2 所示为中国出口商品结构构成情况。从图中可以看出，1993—2011 年间中国出口商品中工业制成品出口额所占比重不断上升，而初级产品出口额所占比重则不断下降。2008 年受全球金融危机影响，工业制成品出口额所占比重略有下降。1993 年，中国工业制成品出口额为 750.78 亿美元，初级产品出口额为 166.62 亿美元，工业制成品出口额是初级产品出口额的 4.5 倍，占出口总额比重分别为 81.84% 和 18.16%。2011 年，中国工业制成品出口总额为 17 978.36 亿美元，初级产品出口总额为 1 005.45亿美元，工业制成品出口额是初级产品出口额的 17 倍多，占出口总额比重分别为 94.7％和 5.3％。

　　除了以工业制成品出口额所占比重来表示出口商品结构外，还可以用工业制成品出口额与初级产品出口额之比来表示。我们即采用此方法来表示中国出口商品结构。图 7-3 所示为以工业制成品出口额与初级产品出口额之比来表示的中国出口商品结构变化趋势。从图中可以看出，受全球经济危机影响，2008年中国工业制成品与初级产品出口额之比较 2007 年略有下降，其他年份该比例均呈现稳步上升趋势。由此可以看出，1993—2011 年间工业制成品出口额占出口总额比重不断增加，初级产品出口额所占比重不断减少，中国出口商品结构得到显著优化。

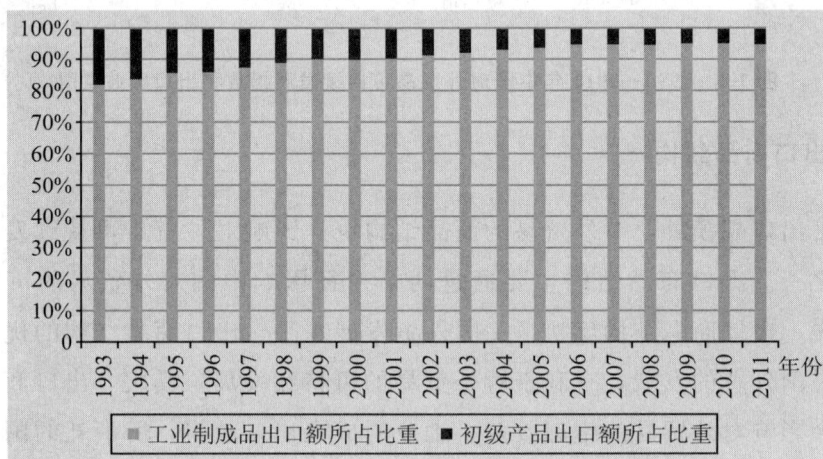

图 7-2　中国出口商品结构构成

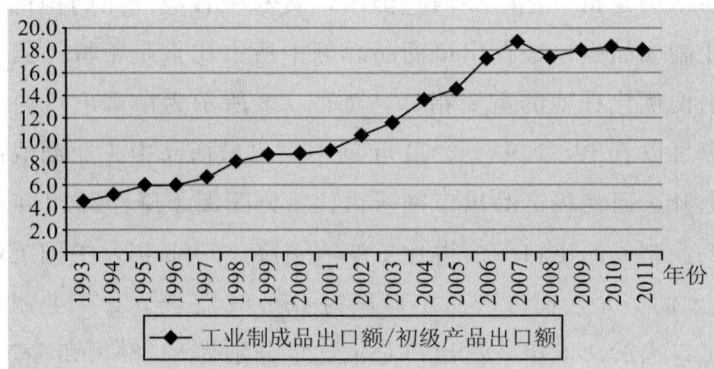

图 7-3　中国出口商品结构变化趋势

7.1.2　模型设定和实证分析

为了更好地说明影响中国对外贸易可持续发展指数因素间的复杂关系和动态变化规律，本部分引入非结构化的多方程模型，将出口额和出口结构引入系统中，建立向量自回归模型（VAR），并利用脉冲响应分析和方差分解来讨论各变量冲击对中国对外贸易可持续发展指数的动态影响，探讨中国对外贸易可持续发展的长期规律。

1. 模型设定

VAR 模型是把系统中每一个内生变量作为系统中所有内生变量的滞后值的函数，能较好地对具有相关性的时间序列系统进行预测，并可考察扰动项对变量系统的动态影响，其表达式如下：

$$y_t = A_1 y_{t-1} + \cdots + A_p y_{t-p} + B x_t + \varepsilon_t$$

$$t = 1, 2, \cdots, T; \varepsilon_t \sim i.i.d(0, \Omega)$$

其中，y_t 是由 3 个内生变量组成的向量，此处 y_t 即对外贸易可持续发展指数 I_t，$I_t = (EX_t, EXS_t, I_t)$，其中 I_t 是对外贸易可持续发展指数，EX_t 是出口额，EXS_t 是出口商品结构。x_t 是 d 维外生变量向量，p 是滞后阶数，T 是样本个数。A_1，A_2，$\cdots$，A_p 和 B 是待估计系数矩阵，ε_t 是随机扰动向量，为零均值独立同分布的白噪声向量。

本章选取 I、EX、EXS 3 个变量分别代表了对外贸易可持续发展指数、出口额和出口商品结构。为了避免数据的剧烈波动并消除时间序列中存在的异方差现象，对出口额 EX_t 和出口商品结构 EXS_t 分别取自然对数，记为 $\ln EX_t$，$\ln EXS_t$。

2. 实证分析

（1）趋势分析

图 7-4 为 3 个变量的水平序列图。从变化趋势看，水平序列都为非平稳序

列，它们具有共同的发展趋势。因此对水平序列进行单位根检验时应包括趋势项和截距项。图 7-5 为 3 个变量的一阶差分序列图，可以看出差分后的序列较为平稳，且具有相似的变化周期，表明变量之间可能存在协整关系。

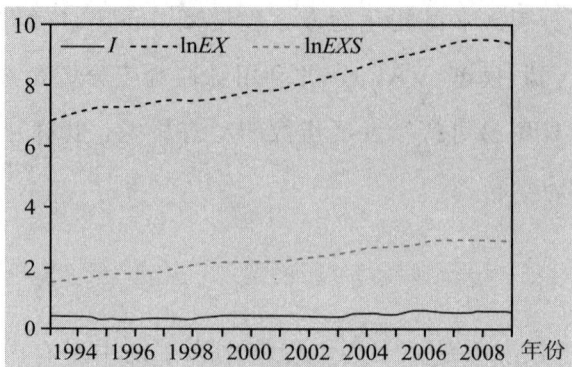

图 7-4　水平序列图

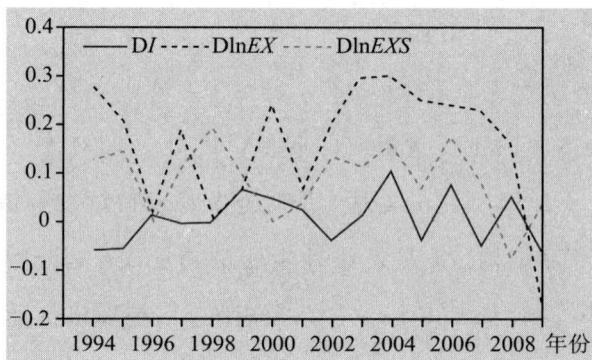

图 7-5　一阶差分序列图

（2）平稳性检验

现代计量经济学要求计量模型建立在变量平稳的基础上，而现实中许多经济变量通常不是平稳的，使用传统的计量经济学方法易产生"伪回归"问题。因此，首先要对变量进行平稳性检验，确定其平稳性及单整阶数。单整是指若一个序列经过 d 次差分成为了平稳序列，则称该序列为 d 阶单整，记为 $I(d)$。时间序列 y_t 存在如下形式：

$$y_t = \rho y_{t-1} + \alpha + u_t$$

其中 α 是常数，u_t 为服从标准正态分布的非自相关随机误差项。若 $-1<\rho<1$，则 y_t 平稳。判断一个序列是否平稳，可以通检验 ρ 是否严格小于 1 来实现。方程两边同时减 y_{t-1} 得：

$$\Delta y_t = \eta y_{t-1} + \alpha + u_t$$

其中 $\eta=\rho-1$，若 η 拒绝零假设，则 y_t 平稳，这时 DF 检验值即为 y_{t-1} 的 t 值，但已不再服从标准 t 分布，需要根据显著性水平下新的临界值来判断该序列是否平稳，该临界值就是 DF 临界值。若 t 统计量大于 DF 临界值的绝对值，则拒绝原假设，序列是平稳的；反之，接受原假设，序列是非平稳的。该检验方法就是 DF 检验，该方法只适用于误差项无自相关的情况。若误差项存在高阶滞后相关，需要采用增广的 DF 检验方法，即 ADF 检验。用 p 阶自回归过程对上式进行修正，上式变为：

$$\Delta y_t = \alpha + \eta y_{t-1} + \sum_{i=1}^{p-1}\beta_i \Delta y_{t-1} + \mu_t$$

要有足够的滞后项保证上式的误差项 μ_t 不存在自相关，ADF 检验方法同上述 DF 检验类似。本章采用 ADF 检验来考察变量的平稳性，结果见表 7-2。

表 7-2　变量的单位根检验结果

变量	ADF 值	检验形式 (C，T，K)	临界值 (1%)	临界值 (5%)	临界值 (10%)	结论
I	-2.652 574	(C，T，2)	-4.800 08	-3.791 172	-3.342 253	不平稳
$\ln EX$	-1.400 527	(C，T，0)	-4.667 883	-3.733 200	-3.310 349	不平稳
$\ln EXS$	-3.352 209	(C，T，1)	-4.728 363	-3.759 743	-3.324 976	不平稳
DI	-4.992 591***	(C，0，0)	-3.959 148	-3.081 002	-2.681 330	平稳
$D\ln EX$	-2.761 447*	(C，0，0)	-3.959 148	-3.081 002	-2.681 330	平稳
$D\ln EXS$	-3.645 448**	(C，0，1)	-4.004 425	-3.098 896	-2.690 439	平稳

注：检验形式(C，T，K)表示单位根检验中含有常数项、时间趋势项和滞后的阶数；滞后阶数按赤池(AIC)和施瓦茨(SC)最小原则确定。***、**和*分别表示 1%、5%和 10%的显著水平。D(·)表示变量的一阶差分。

由结果可以看出，在 1%和 5%的显著水平下，变量 I、$\ln EX$ 和 $\ln EXS$ 的 ADF 统计量绝对值均小于相应的临界值的绝对值，接受原假设，即序列存在单位根，表明 3 个序列都是非平稳的。而在其一阶差分中，DI、D$\ln EX$、D$\ln EXS$ 的 ADF 统计量绝对值均大于相应的临界值的绝对值，拒绝原假设，表明 3 个变量的一阶差分序列都不存在单位根，是平稳序列，即这些变量为一阶单整序列。

（3）协整检验

时间序列分析中，每一个序列单独来说可能是非平稳的，但这些序列的线性组合却可能有不随时间变化的性质，这种平稳的线性组合说明变量间是协整的，意味着这些非平稳变量之间存在长期稳定的均衡关系。协整检验要求变量是单整变量，且单整阶数相同。由上述平稳性结果可知，所有变量均为一阶单整变量，因此可以对变量进行协整关系分析。常用的协整检验方法主要包括 Engle 和 Grange(1987) 提出的基于回归残差的协整检验以及 Johansen 和 Juselius(1988，1990) 提出的基于回归系数的协整检验。前者适合对两变量的模型进行协整检验，后者适合对多变量模型的协整检验，本章采用 Johansen 极大似然法对多变量系统进行协整检验。

在进行 Johansen 检验之前，首先需要确定 VAR 模型的合理滞后阶数。滞后阶数的选择既要有足够的滞后项，又要有足够的自由度，使模型具有较强的解释能力同时又能消除误差项的自相关。通过估计一个无约束 VAR 模型并使用赤池(AIC)和施瓦茨(SC)信息准则来选取最优的滞后阶数。通过多次检验发现，当滞后阶数为 2 时，AIC 和 SC 值最小，再结合 LR 统计量，最终选定无约束 VAR 模型的最优滞后阶数为 2。根据数据特点，选取协整方程没有线性趋势只有截距的检验形式，结果见表 7-3。

表 7-3　Johansen 协整检验结果

原假设	备择假设	特征值	迹统计量	临界值(5%)	概率
r＝0	r＝1	0.838 703	40.198 47*	35.192 75	0.013 3
r≤1	r＝2	0.447 974	12.830 88	20.261 84	0.377 5
r≤2	r＝3	0.229 898	3.918 476	9.164 546	0.424 4

结果显示，在不存在协整方程原假设下，迹统计量值为 40.198 47，大于 5% 显著水平的临界值，而其他假设条件下的迹统计量都小于 5% 水平的临界值，

所以接受变量间存在一个协整关系的假设。根据经过标准化后的协整系数，得到能准确反映变量间关系的协整方程，其表达式为（括号内参数的标准误）：

$$I_t = -0.091\,902\ln EX_t + 0.354\,942\ln EXS_t + 0.350\,098 + ecm$$

$$(0.034\,13) \qquad\qquad (0.064\,07) \qquad\quad (0.137\,21)$$

协整方程表明，从长期来看，外贸可持续发展指数与出口额存在正向的均衡关系，与出口商品结构存在反向的均衡关系，所有变量在 5% 的置信水平下通过 t 统计量检验，且模型具有较高的拟合度。出口额每增加 1%，外贸可持续发展指数下降 0.000\,919\,02，出口商品结构每增加 1%，外贸可持续发展指数上升 0.003\,549\,42，出口商品结构对外贸可持续发展指数的影响要大于出口额的影响。

（4）格兰杰因果检验

协整检验结果说明，外贸可持续发展指数与出口额及出口商品结构存在长期均衡关系，但是这种关系是否构成因果关系还需要进一步验证。格兰杰因果检验可以解决此类问题。格兰杰因果检验用来判断一个变量的变化是否是另一个变量变化的原因，实质上是将一个变量的滞后变量引入其他变量中，考察其他变量是否受这个变量的影响，若受影响则称该变量为其他变量的格兰杰原因。格兰杰因果检验对滞后阶数非常敏感，仍采用上文 AIC 和 SC 信息准则标准所判定的滞后阶数，选取滞后 2 期为最佳滞后期，结果见表 7-4。

表 7-4　格兰杰因果检验结果

原假设	F 统计量	P 概率	结论
$\ln EX$ 不是 I 的格兰杰原因	7.892\,44	0.014\,76	拒绝
I 不是 $\ln EX$ 的格兰杰原因	1.700\,68	0.214\,82	接受
$\ln EXS$ 不是 I 的格兰杰原因	15.440\,2	0.001\,73	拒绝
I 不是 $\ln EXS$ 的格兰杰原因	0.048\,32	0.829\,42	接受
$\ln EXS$ 不是 $\ln EX$ 的格兰杰原因	3.062\,01	0.103\,69	接受
$\ln EX$ 不是 $\ln EXS$ 的格兰杰原因	0.138\,32	0.715\,95	接受

表中 P 值表示拒绝原假设犯错的概率，P 值越小，表明因拒绝原假设而犯错的可能性就越小，就越可能拒绝原假设。从检验结果可以看出，出口额和出

口商品结构与外贸可持续发展指数间存在单向的因果关系，出口额和出口商品结构是外贸可持续发展指数的格兰杰原因，反之则不成立。出口额和出口商品结构则不存在格兰杰因果关系。

（5）脉冲响应分析

通过协整检验结果知，外贸可持续发展指数、出口额和出口商品结构长期内具有均衡关系，但短期可能会受到随机扰动的影响，偏离均衡值，但这种偏离是暂时的，最终会回到均衡状态。脉冲响应函数能够比较直观地刻画随机扰动所带来的影响，描述了一个变量的随机误差项的冲击对每个内生变量当期及以后各期的影响。通常是在随机误差项上施加一个标准差大小的冲击，观察系统当期值和未来值的变化。

在进行脉冲响应分析之前，要确保 VAR 模型的稳定性。只有稳定的 VAR 模型才能进行脉冲响应分析，如果 VAR 模型不稳定，脉冲响应分析将不是有效的。通过建立无约束的 VAR 模型，并对其检验，结果如图 7-6 所示，发现 VAR 模型的全部根的倒数值都小于 1，位于单位圆内，表明 VAR 模型稳定，满足脉冲响应分析的条件。

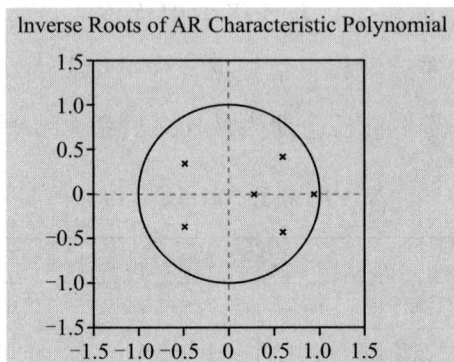

图 7-6　VAR 模型稳定性检验

构成 VAR 模型的变量间相互依赖，为了区分各变量自身真正的冲击，需要构造一个正交矩阵将同期相关的冲击转换为同期不相关的冲击，将变量残差中来自其他变量的部分剥离掉。而正交化通常采用乔利斯基（Cholesky）分解完成，但是乔利斯基分解的结果严格依赖于模型中变量的次序。Koop 等人

(1996)提出的广义脉冲响应函数克服了上述缺点，本部分采用该方法来进行脉冲响应分析。下面分别给可持续发展指数、出口额和出口商品结构一个单位标准差的冲击，得到关于可持续发展指数的脉冲响应图，如图 7-7 所示。横轴表示冲击作用的滞后期，纵轴表示可持续发展指数的变化程度；实线表示脉冲响应函数，代表可持续发展指数对各变量冲击的响应，虚线表示正负两倍标准差偏离。

图 7-7(1)表示可持续发展指数自身对可持续发展指数的影响。可以看出，本期给可持续发展指数一个正冲击，可持续发展指数显著增加，增加了约 2.8%，但随即从第 1 期的强正效应变为 0，之后又上升，至第 3 期达到高点，随后又开始下降，从第 4 期开始，可持续发展指数的变化趋向平稳。

图 7-7(2)表示出口额的变动对可持续发展指数的影响。可以看出，本期给出口额一个正的冲击，可持续发展指数波动较大，前两期对可持续发展指数的影响增加，第 2 期达到最大值，之后开始下降，到第 3 期变为 0，从第 3 期开始上升，第 4 期后开始下降，至第 5 期，可持续发展指数的变化趋向平稳。

图 7-7(3)表示出口商品结构变化对可持续发展指数的影响。可以看出，本期给出口商品结构一个正的冲击，可持续发展指数开始增加，至第 3 期达到最大值，然后逐渐回落，从第 3 期到第 7 期小幅波动，第 7 期之后，外贸可持续发展指数平稳增加。说明出口商品结构受到冲击后，给可持续发展指数带来同向的冲击，即出口商品结构的改善对可持续发展指数的增加具有显著的正向作用和较长的持续效应。

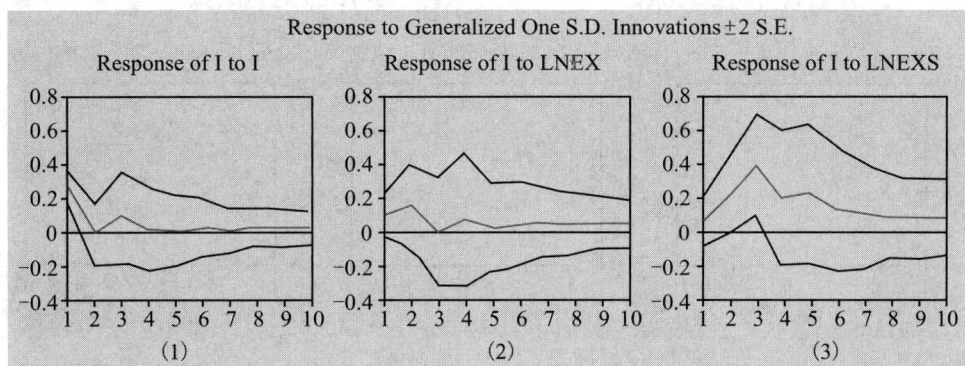

Response to Generalized One S.D. Innovations ±2 S.E.

图 7-7　对外贸易可持续发展指数、出口额和出口商品结构对可持续发展指数的影响

综上，出口额和出口商品结构都会对中国的对外贸易可持续发展指数产生影响，且这种影响具有持续效应。对外贸易可持续发展指数对出口额和出口商品结构的冲击在短期内都有显著的反应，有较大的波动，但是长期来看，其影响则趋向平稳。

（6）方差分解

脉冲响应分析的是外贸可持续发展指数对于各变量的冲击是如何反应的，但是不能定量地把握各变量对可持续发展指数的影响程度。而方差分解则给出了对 VAR 模型中变量产生影响的每个随机扰动的相对重要性信息，主要是通过分析每一个变量冲击对另一个变量变化（一般用方差来度量）的贡献度，即变量冲击的贡献占总贡献率的比重，以此来评价不同变量冲击的重要性。

图 7-8 所示分别为可持续发展指数、出口额和出口商品结构对可持续发展指数变化的贡献程度。横轴表示冲击作用的滞后期，纵轴表示各变量对可持续发展指数变化的贡献率。图 7-8(1)所示为可持续发展指数自身对可持续发展指数变化的贡献率。可以看出，可持续发展指数自身对可持续发展指数变化的贡献程度最大，但是随着时间的推移，贡献率逐渐下降，至第 6 期下降到 18％左右，此后基本维持在 18％左右。图 7-8(2)所示为出口额对可持续发展指数变化的贡献率。可以看出，出口额的贡献率在第 2 期达到了最大，约 24％，此后开始下降，到第 8 期又有所增加，此后维持在 10％左右。图 7-8(3)所示为出口商品结构对可持续发展指数变化的贡献率。可以看出，出口商品结构对可持续发

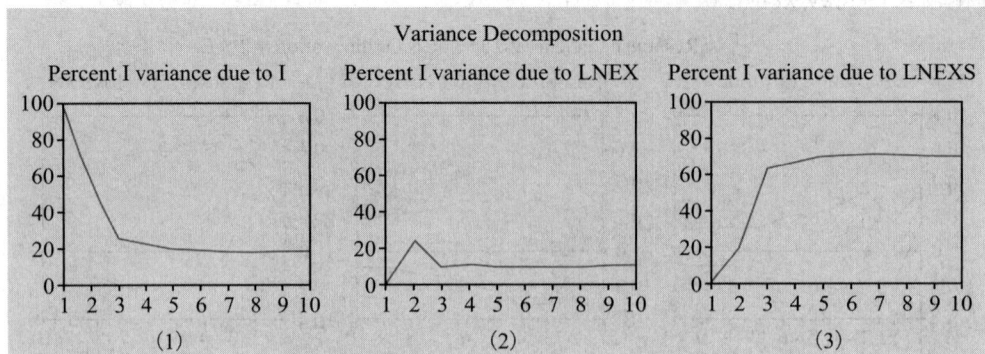

图 7-8　对外贸易可持续发展指数、出口额和出口商品结构对可持续发展指数变化的贡献率

展指数变化的贡献率在不断增加，前三期快速增加，此后小幅增加，到第 5 期，出口商品结构对可持续发展指数变化的贡献约 71%，此后维持在这个水平。综上可知，不考虑可持续发展指数自身的影响情况下，出口商品结构对可持续发展指数的变化影响最大，其次为出口额。

7.1.3 结论及政策建议

本部分测算了中国对外贸易可持续发展指数并进行了分析，发现 1993—1995 年间中国对外贸易可持续发展指数在不断下降，1996—1999 年间则几乎不变，从 1999 年开始逐渐上升，但是中间也存在一定的波动。在此基础上分析了影响中国对外贸易可持续发展指数的因素。利用向量自回归模型考察了各变量对中国对外可持续发展指数的影响，结论如下：

第一，出口商品结构同中国对外可持续发展指数呈正相关关系，出口商品结构改善，中国对外贸易可持续发展指数上升。出口商品结构的改善能够促进中国外贸结构不断优化，显著提高中国对外贸易的竞争力，从而有利于外贸经济效益的提高。出口商品结构的优化对中国对外贸易的可持续发展有长期稳定的促进效应，因此为了促进中国对外贸易的可持续发展，应鼓励企业创新，增加高新技术产品产量，提高该类产品在出口商品中所占的比重，进一步优化中国出口商品结构。

第二，出口额同中国对外可持续发展指数呈负相关关系。即出口额增加，中国对外贸易可持续发展指数下降；反之，则对外贸易可持续发展指数上升。这是因为出口额的增加消耗更多的资源和能源，不利于生态环境的改善，从而阻碍了中国对外贸易可持续发展。但是，我们不能因噎废食，并不能因为这种负相关关系而减少出口，中国应该保证进出口平衡发展，在出口不断增加的情况下，不断改善出口商品质量，降低其能源和资源消耗，将发展对自然资源依赖性最低、对环境破坏性最小的服务贸易列入外贸工作的重点，特别是应重点发展与贸易强国差距较大的金融、保险、咨询、会计、律师等领域，继续保持在劳务输出、国际工程、承包、海运、卫星发射等领域的竞争优势。通过一系

列法规制度，使企业改变传统的局限于企业内部利润最大化或者成本最小化的
经营决策，将环境成本纳入企业效益评价体系之中，积极发展环保产业，采用
社会经营决策，统筹协调企业经济效益、社会效益与环境效益之间的关系。

第三，出口商品结构对中国对外贸易可持续发展指数的影响大于出口额对
中国对外贸易可持续发展指数的影响。出口商品结构的改善有利于外贸经济效
益的提高，出口额的增加会降低外贸的生态效益，出口商品结构改善带来可持
续发展程度的提高要大于出口额增加所带来可持续发展程度的降低。因此，为
了保证中国对外贸易的可持续发展，要逐步调整、合理引导内外企业的投资方
向，优化出口的商品结构，在充分发挥我国劳动密集型产品的比较优势的同
时，实现由低附加值产品、加工贸易方式为主的出口商品结构转变为以高新技
术产品为主导的出口商品结构。促进我国技术密集型产品的出口重点在于两个
方面：一方面，以机电产品为主，着重发展成熟技术和成套设备出口；另一方
面，发展高新技术和新生代重化工业产品，如光纤通信、生物和遗传工程、航
空航天、汽车、计算机、新能源和新材料等的出口。这就需要加快提高科技成
果的转化率和商品化率，从现实出发逐步发展，特别是逐步推动高新技术和新
生代重化工业产品的发展。

>> 7.2 中国对外贸易可持续发展经济效益的影响因素 <<

为了更加详细全面地了解影响中国对外贸易可持续发展指数的因素，我们
将对各一级指标进行分析。

图 7-9 所示为中国对外贸易可持续发展经济效益指数及其各分项指标的变
化趋势。从图中可以看出，1993—2009 年间中国对外贸易可持续发展经济效益
指数总体呈现上升趋势，中间存在小幅波动。1993—1995 年间经济效益指数快
速上升，1996—1998 年间则基本保持不变，从 1999 年开始稳定上升，贸易的
经济效益不断提高。从分项指标来看，贸易规模指数在 1993—1994 年间上升，
1994—1998 年间受亚洲金融危机影响不断下降，1999 年及以后贸易规模快速
扩大；贸易结构指数在 1993—2009 年间不断改善，呈现良好的发展态势；贸易

竞争指数则呈现同经济效益指数类似的特点，1993—1995 年间快速增加，1996—1998 年间不断下降，1999 年后中国对外贸易竞争力不断提高。

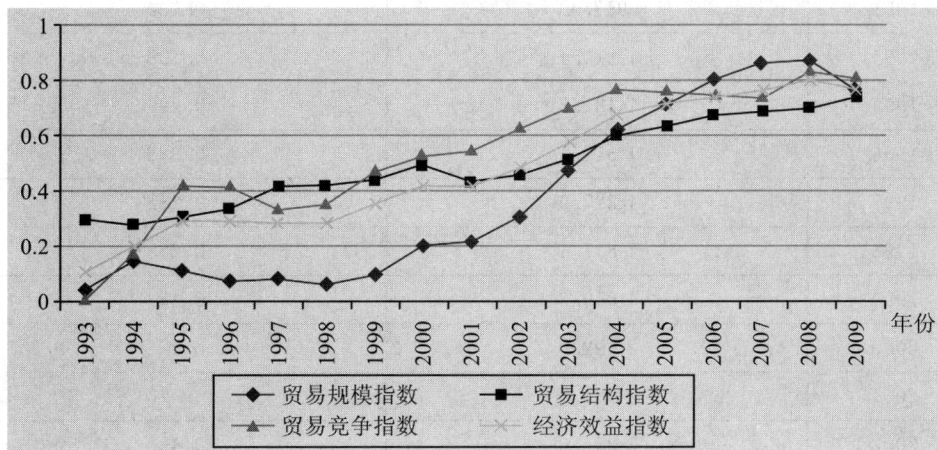

图 7-9　经济效益指数及其分项指标

7.2.1　中国对外贸易可持续发展经济效益的影响因素及机制

中国对外贸易可持续发展经济效益指标主要由贸易规模指数、贸易结构指数和贸易竞争指数组成。影响各分项指标的主要因素是中国对外贸易规模和出口商品结构，因此它们也是影响中国对外贸易可持续发展经济效益的主要因素。

我们采用出口额来衡量中国的对外贸易规模。出口额的大小决定着对外贸易规模，而对外贸易规模则会影响中国对外贸易可持续发展的经济效益。表 7-5 所示为中国出口额与经济效益指数。可以看出，1993—2009 年间中国贸易出口额不断增加，经济效益指数也不断提高，从两者变动趋势来看，两者呈现较强的正相关关系。

表 7-5　1993—2011 年中国出口额与经济效益指数

年份	出口额（亿美元）	经济效益指数
1993	917.4	0.100
1994	1 210.1	0.198
1995	1 487.8	0.293
1996	1 510.5	0.288
1997	1 827.9	0.282
1998	1 837.1	0.288
1999	1 949.3	0.353
2000	2 492.0	0.422
2001	2 661.0	0.416
2002	3 256.0	0.482
2003	4 382.3	0.579
2004	5 933.2	0.675
2005	7 619.5	0.710
2006	9 689.4	0.742
2007	12 177.8	0.767
2008	14 306.9	0.805
2009	12 016.1	0.775
2010	15 777.5	0.793
2011	18 983.8	0.821

　　出口商品结构是影响贸易结构指数和竞争力的主要因素，出口商品结构的优化能够显著提高贸易结构指数和贸易竞争力，因此出口商品结构的变化会影响中国对外贸易可持续发展的经济效益。本部采用工业制成品出口与初级产品出口之比来表示出口商品结构。图 7-10 所示为贸易经济效益指数与出口商品结构的散点图。可以看出，贸易经济效益指数与出口商品结构之间存在明显的正相关关系，即随着出口商品结构的优化，贸易的经济效益会不断越高。

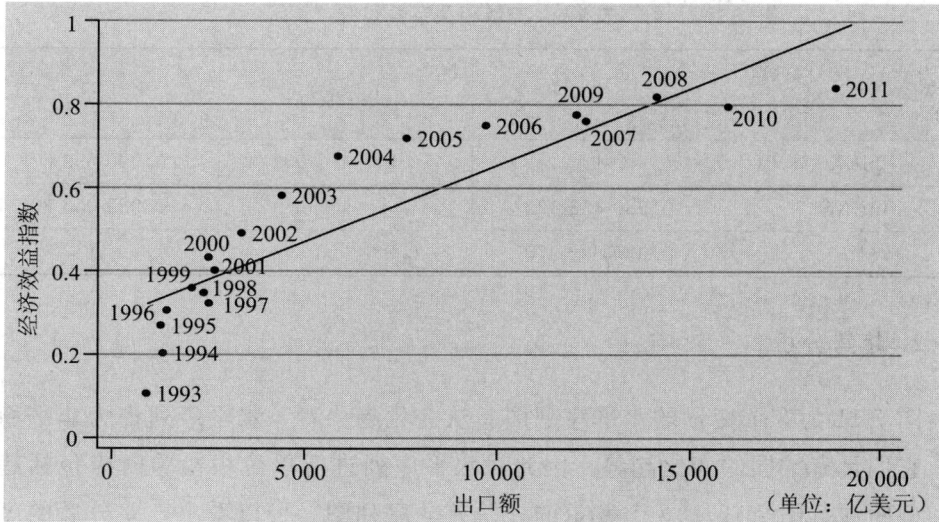

图 7-10　经济效益指数与出口商品结构散点图

7.2.2　实证分析

本部分引入非结构化的多方程模型,将出口额和出口商品结构引入系统中,建立向量自回归模型(VAR 模型),并利用脉冲响应分析和方差分解来讨论各变量冲击对中国对外贸易可持续发展经济效益的动态影响,探讨中国对外贸易可持续发展经济效益的长期规律。

选取 EI、EX、EXS 3 个变量分别代表对外贸易可持续发展经济效益指数、出口额和出口商品结构。为了避免数据的剧烈波动并消除时间序列中存在的异方差现象,对出口额 EX_t 和出口商品结构 EXS_t 分别取自然对数,记为 $\ln EX_t$,$\ln EXS_t$。

1. 相关性分析

表 7-6 所示为变量之间相关系数矩阵。可以看出,经济效益指数和出口额之间的相关系数高达 0.99,经济效益指数和出口商品结构之间的相关系数为 0.98,出口额和出口商品结构之间的相关系数为 0.98,属于正强相关,说明中国对外可持续发展的经济效益指数与出口额和出口商品结构之间存在明显的正相关关系。

表 7-6　变量相关系数矩阵

相关系数 变量	$\ln EX$	$\ln EXS$	EI
$\ln EX$	1	0.980 453 032	0.990 892 378
$\ln EXS$	0.980 453 032	1	0.982 053 892
EI	0.990 892 378	0.982 053 892	1

2. 趋势分析

图 7-11 为 3 个变量的水平序列图。从变化趋势看,水平序列都为非平稳序列,它们具有共同的变化趋势。因此对水平序列进行单位根检验时应包括趋势项和截距项。图 7-12 为 3 个变量的一阶差分序列图。可以看出,差分后的序列较为平稳,且具有相似的变化周期,表明变量之间可能存在协整关系。

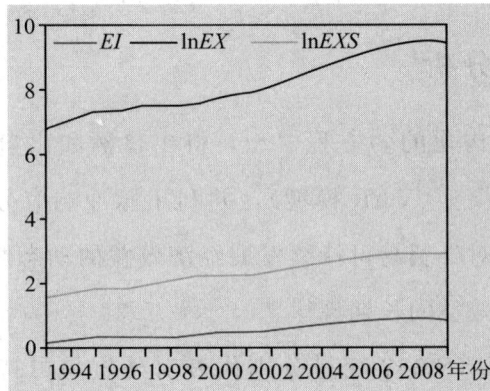

图 7-11　水平序列图

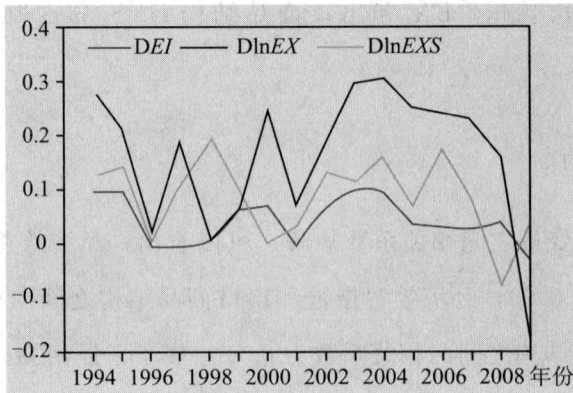

图 7-12　一阶差分序列图

3. 平稳性检验

本部分采用的是 ADF 检验，结果见表 7-7。

表 7-7　变量的单位根检验结果

变量	ADF 值	检验形式 (C，T，K)	临界值(1%)	临界值(5%)	临界值(10%)	结论
EI	−2.477 558	(C，T，1)	−4.728 363	−3.759 743	−3.324 976	不平稳
$\ln EX$	−1.400 527	(C，T，0)	−4.667 883	−3.733 200	−3.310 349	不平稳
$\ln EXS$	−3.352 209	(C，T，1)	−4.728 363	−3.759 743	−3.324 976	不平稳
DEI	−2.123 188**	(0，0，0)	−2.728 252	−1.966 270	−2.681 330	平稳
$D\ln EX$	−2.761 447*	(C，0，0)	−3.959 148	−3.081 002	−1.605 026	平稳
$D\ln EXS$	−3.645 448**	(C，0，1)	−4.004 425	−3.098 896	−2.690 439	平稳

注：检验形式(C，T，K)表示单位根检验中含有常数项、时间趋势项和滞后的阶数；滞后阶数按 AIC 和 SC 最小原则确定。***、** 和 * 分别表示 1%、5% 和 10% 的显著水平。D(·)表示变量的一阶差分。

由结果可以看出，在 1% 和 5% 的显著水平下，变量 EI、$\ln EX$ 和 $\ln EXS$ 的 ADF 统计量绝对值均小于相应的临界值的绝对值，接受原假设，即序列存在单位根，表明 3 个序列都是非平稳的。而在其一阶差分中，DEI、$D\ln EX$、$D\ln EXS$ 的 ADF 统计量绝对值均大于相应的临界值的绝对值，拒绝原假设，表明 3 个变量的一阶差分序列都不存在单位根，是平稳序列，即这些变量为一阶单整序列。

4. 协整检验

同前文，本部分仍采用 Johansen 极大似然法对多变量系统进行协整检验，结果见表 7-8。

表 7-8　Johansen 协整检验结果

原假设	备择假设	特征值	迹统计量	临界值(5%)	概率
r＝0	r＝1	0.850 270	40.153 22*	35.192 75	0.013 4
r≤1	r＝2	0.404 936	11.669 39	20.261 84	0.478 9
r≤2	r＝3	0.228 079	3.883 098	9.164 546	0.429 8

结果显示，在不存在协整方程原假设下，迹统计量值为 40.153 22，大于 5%显著水平的临界值，而其他假设条件下的迹统计量都小于 5%水平的临界值，所以接受变量间存在一个协整关系的假设。根据经过标准化后的协整系数，得到能准确反映变量间关系的协整方程，其表达式为(括号内参数的标准误)：

$$EI_t = 0.205\ 007\ln EX_t + 0.103\ 588\ln EXS_t - 1.452\ 202 + ecm$$
$$(0.022\ 67) \qquad (0.040\ 34) \qquad (0.094\ 91)$$

所有变量在 5%的显著水平下通过 t 统计量检验，且模型具有较高的拟合度，协整方程表明，从长期来看，外贸可持续发展经济效益指数与出口额、出口商品结构间存在正向的均衡关系。出口额每增加 1%，外贸可持续发展经济效益指数上升 0.002 050 07，出口商品结构每增加 1%，外贸可持续发展经济效益指数上升 0.001 035 88，出口商品额对外贸可持续发展经济效益指数的影响要大于出口额的影响。

5. 格兰杰因果检验

协整检验结果说明，外贸可持续发展经济效益指数与出口额、出口商品结构存在长期均衡关系，但是这种关系是否构成因果关系还需要进一步验证。格兰杰因果检验可以用来解决此类问题。同前文，本部分仍采用 AIC 和 SC 信息准则标准所判定的滞后阶数，选取滞后 2 期为最佳滞后期，结果见表 7-9。

从检验结果可以看出，10%显著水平下，出口商品结构与外贸可持续发展经济效益指数间存在单向的因果关系，出口额对外贸可持续发展的经济效益指数影响不显著。10%显著水平下，出口商品结构是出口额变化的格兰杰原因，可能是因为出口商品结构优化，工业制成品出口增加，而工业制成品的价格相对较高，可以提高出口额。

表 7-9　格兰杰因果检验结果

原假设	F 统计量	P 概率	结论
lnEX 不是 EI 的格兰杰原因	0.016 65	0.983 51	接受
EI 不是 lnEX 的格兰杰原因	2.265 27	0.154 38	接受
lnEXS 不是 EI 的格兰杰原因	3.040 97	0.092 96	拒绝
EI 不是 lnEXS 的格兰杰原因	0.952 81	0.418 06	接受
lnEXS 不是 lnEX 的格兰杰原因	3.015 44	0.094 45	拒绝
lnEX 不是 lnEXS 的格兰杰原因	0.174 40	0.842 46	接受

6. 脉冲响应分析

通过协整检验结果知，外贸可持续发展经济效益指数、出口额和出口商品结构长期内具有均衡关系，但短期可能会受到随机扰动的影响，偏离均衡值，但这种偏离是暂时的，最终会回到均衡状态。同前文，本部分仍采用广义脉冲响应函数来进行脉冲响应分析。下面分别给可持续发展经济效益指数、出口额和出口商品结构一个单位标准差的冲击，得到关于可持续发展经济效益指数的脉冲响应图，如图 7-13 所示。横轴表示冲击作用的滞后期，纵轴表示可持续发展经济效益指数的变化程度；实线表示脉冲响应函数，代表可持续发展经济效益指数对各变量冲击的响应，虚线表示正负两倍标准差偏离。

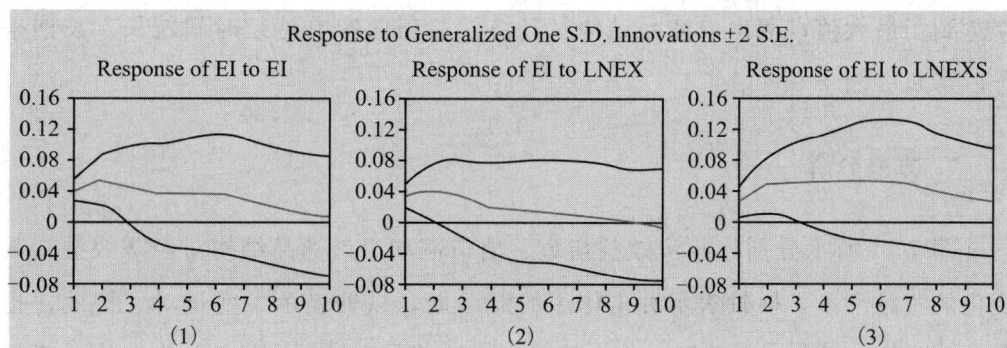

图 7-13　经济效益指数、出口额和出口商品结构对经济效益指数的影响

图 7-13(1)表示经济效益指数自身对经济效益指数的影响。可以看出，本期给经济效益指数一个正冲击，经济效益指数显著上升，到第 2 期达到了最高点，随后开始下降，到第 6 期又有所回升，但处于最高点下面，从第 7 期开始依旧

下降。

图 7-13(2)表示出口额的变动对经济效益指数的影响。可以看出，本期给出口额一个正的冲击，经济效益指数开始上升，第 2 期达到最大值，之后开始下降，到第 9 期转变为负值，表明出口额增加在前两期对经济效益的影响最大，之后的影响逐渐减弱。这符合外贸出口规律，出口增加会在其实现出口后两年经济效益达到最大。一方面，出口增加会显著提高当年的经济效益；另一方面，出口企业签订合同之后，款项的收回存在一定的滞后，在出口增加后的第 2 年达到了最高的经济效益。

图 7-13(3)表示出口商品结构变化对经济效益指数的影响。可以看出，本期给出口商品结构一个正的冲击，贸易的经济效益开始上升，至第 3 期达到峰值，然后开始有所回落，但幅度不大，第 5 期又重新上升，至第 6 期达到了最大值，此后开始有所下降。说明出口商品结构受到的正冲击后，会增加贸易的经济效益，且该效应持续时间较长，即出口商品结构的优化能够为贸易的经济效益带来长期持续的正向影响。

综上，出口额和出口商品结构都会对中国对外贸易可持续发展经济效益指数产生影响，且这种影响具有持续效应，但是持续时间和效应的大小存在一定的差别，给定正向冲击，出口额对经济效益的正向影响持续时间较短，至第 2 期达到了最大值，而出口商品结构对经济效益正向影响持续时间较长。长期来看，影响会归于 0。

7. 方差分解

图 7-14 所示分别为经济效益指数、出口额和出口商品结构对经济效益指数变化的贡献程度。横轴表示冲击作用的滞后期，纵轴表示各变量对经济效益指数的贡献率。图 7-14(1)所示为经济效益指数自身对经济效益指数变化的贡献率。可以看出，经济效益指数自身对经济效益指数变化的贡献程度最大，但是随着时间的推移，贡献率逐渐下降，至第 12 期下降到 50% 左右，此后稳定在 50% 左右。图 7-14(2)所示为出口额对经济效益指数变化的贡献率。可以看出，出口额的贡献率在不断增加，至第 10 期，出口额对经济效益指数变化的贡献

率达到了 24%，此后稳定在这一水平。图 7-14(3)所示为出口商品结构对经济效益指数变化的贡献率。可以看出，出口商品结构对经济效益指数变化的贡献率在不断增加，前 5 期快速增加，此后小幅增加，到第 10 期，出口商品结构对经济效益指数变化的贡献约为 26%，此后维持在这个水平。综上可知，经济效益指数自身对经济效益变化的影响最大，出口商品结构对经济效益指数的变化影响其次，出口额对经济效益影响最小。

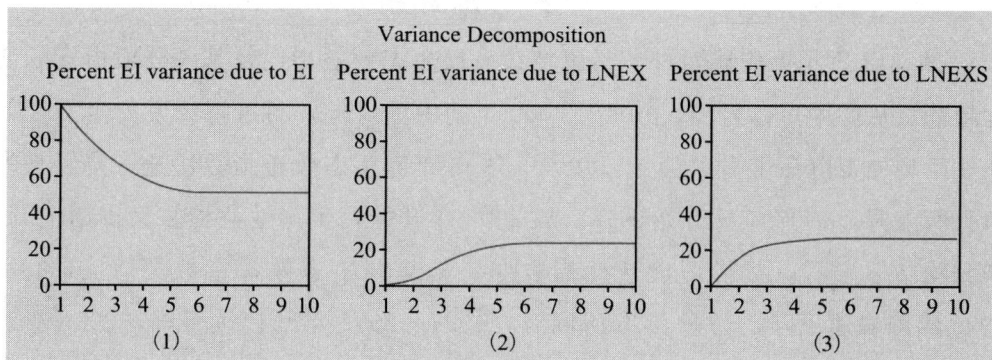

图 7-14　经济效益指数、出口额和出口商品结构对经济效益指数变化的贡献率

7.2.3　结论及政策建议

本部分利用向量自回归模型分析了出口额和出口商品结构对中国对外贸易可持续发展经济效益的影响，结论如下：

第一，出口商品结构同中国对外可持续发展经济效益呈正相关关系，出口商品结构改善，中国对外贸易可持续发展经济效益指数上升。出口商品结构的改善能够促进中国外贸结构不断优化，显著提高中国对外贸易的竞争力，从而有利于经济效益的提高。而且出口商品结构的优化对中国对外贸易的经济效益有长期稳定的促进效应。

第二，出口额同中国对外可持续发展经济效益指数呈正相关关系。即出口额增加，中国对外贸易可持续发展经济效益上升；反之，则对外贸易可持续发展经济效益指数下降。出口额的增加意味着中国对外贸易规模的不断扩大，可以促进经济增长，提高贸易的经济效益。

因此为了促进中国对外贸易可持续发展经济效益的提高，一方面，应鼓励企业创新，增加高新技术产品产量，提高该类产品在出口商品中所占的比重，进一步优化中国出口商品结构；另一方面，要增加出口，但是并不能仅追求量的提高，要注意出口质量的改善，平衡进出口，重点发展服务贸易，培育服务贸易的竞争优势。

>> 7.3 中国对外贸易可持续发展生态效益的影响因素 <<

图 7-15 所示为中国对外贸易可持续发展生态效益指数及其各分项指标的变化趋势。从图中可以看出，1993—2009 年间中国对外贸易可持续发展生态效益指数呈现先下降后上升的趋势。1993—1995 年间生态效益指数快速下降，1996年有所上升，1997 年又开始下降。从 2008 年开始，生态效益指数又逐渐上升。从分项指标来看，贸易环境效益指数变化趋势同生态效益指数类似，1993—1995 年间快速下降，1996 年有所回升，1997—2007 年间持续下降，2008 年逐渐上升。贸易资源效益指数则先下降后持续上升，1993—1998 年间中国贸易资源效益指数不断下降，表明中国出口贸易耗费较多的能源，进口的资源相对较少。1999 年开始，贸易资源密集度持续平稳上升，表明贸易的资源效益在不断提高和改善，出口能耗不断降低，进口资源逐渐增加，有利于中国资源的合理开发和使用。

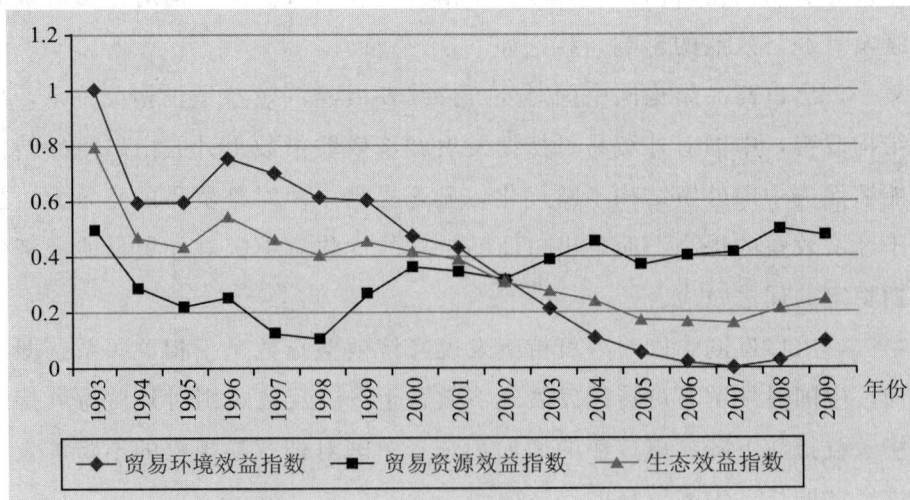

图 7-15　生态效益指数及其分项指标

7.3.1　中国对外贸易可持续发展生态效益的影响因素及

机制

中国对外贸易可持续发展生态效益分项指标主要包括贸易环境效益指数和贸易资源效益指数。影响贸易环境效益最主要的因素是工业制成品出口规模，影响贸易资源效益的因素包括工业制成品出口规模和进出口贸易资源消耗差异。因此，影响中国对外贸易可持续发展生态效益的主要因素包括工业制成品出口额和进出口贸易资源消耗差异。

工业制成品出口额的大小会影响贸易环境效益同时也影响贸易资源效益。一方面，工业制成品出口的增加会加大出口贸易的"三废"排放，对环境带来危害，不利于贸易环境效益的改善；另一方面，工业制成品出口的增加消耗国内更多的资源和能源，不利于资源的保护性利用，降低贸易的资源效益。表 7-10所示为中国工业制成品出口额与贸易生态效益指数。可以看出，1993—2011 年间中国工业制成品出口额不断增加，而生态效益指数则不断下降，从变动趋势来看两者呈现较强的负相关关系。

表 7-10　1993—2011 年中国工业制成品出口额与生态效益指数

年份	工业制成品出口额（亿美元）	生态效益指数
1993	750.78	0.800
1994	1 012.98	0.472
1995	1 272.95	0.443
1996	1 291.23	0.552
1997	1 588.39	0.467
1998	1 632.20	0.407
1999	1 749.90	0.463
2000	2 237.43	0.428
2001	2 397.60	0.396
2002	2 970.56	0.317
2003	4 034.16	0.280
2004	5 527.77	0.247

续表

年份	工业制成品出口额（亿美元）	生态效益指数
2005	7 129.16	0.176
2006	9 160.17	0.170
2007	11 562.67	0.167
2008	13 527.36	0.217
2009	11 384.83	0.249
2010	14 960.70	0.250
2011	17 978.40	0.282

我们采取进口总额/出口总额来衡量进出口贸易资源消耗差异。该值越大表示进口的能源和资源越多，减少国内能源和资源的消耗；值越小表示出口消耗的能源和资源大于进口所消耗的能源和资源，增加国内资源压力，不利于资源的保护利用。进出口贸易资源消耗差异主要通过影响贸易资源效益来影响生态效益指数。进出口贸易资源消耗差异越大，越有利于改善贸易的生态效益；反之，则不利于贸易生态效益的改善。图 7-16 为生态效益指数与进出口贸易资源消耗差异散点图。可以看出，进出口贸易资源消耗差异与生态效益呈正相关关系，即进口相对于出口越多，越有利于生态效益的改善。

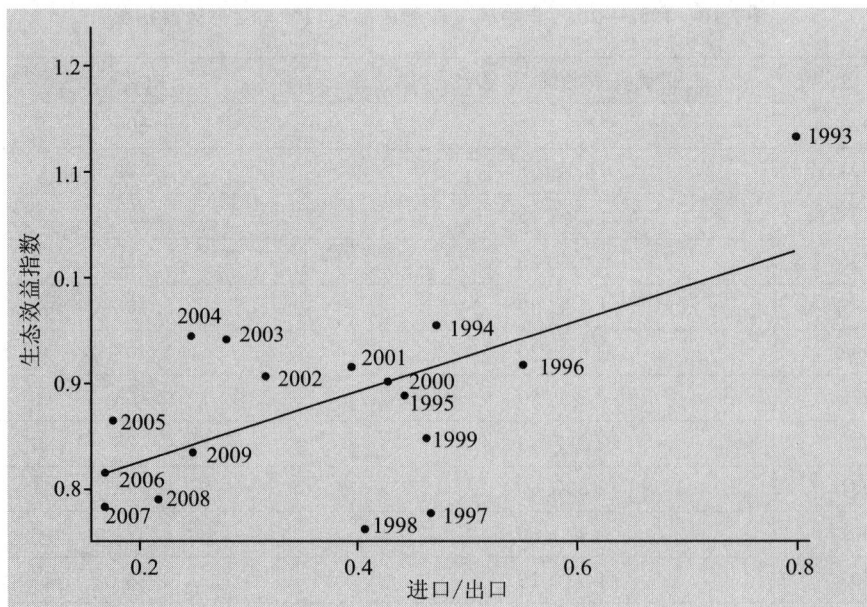

图 7-16　生态效益指数与进出口贸易资源消耗差异散点图

7.3.2 实证分析

本部分引入非结构化的多方程模型，将工业制成品出口额和进出口之比引入系统中，建立向量自回归模型（VAR 模型），并利用脉冲响应分析和方差分解来讨论各变量冲击对中国对外贸易可持续发展生态效益的动态影响，探讨中国对外贸易可持续发展生态效益的长期规律。

选取 ENI、IE 和 IM 3 个变量分别代表对外贸易可持续发展生态效益指数、工业制成品出口额和进出口之比。为了避免数据的剧烈波动并消除时间序列中存在的异方差现象，对工业制成品出口额 IE_t 和进出口之比 IM_t 分别取自然对数，记为 $\ln IE_t$，$\ln IM_t$。

1. 相关性分析

表 7-11 所示为变量之间相关系数矩阵。可以看出，生态效益指数和工业制成品出口额之间的相关系数高达－0.899，生态经济效益指数和进出口之比之间的相关系数为 0.59，工业制成品出口额和进出口之比间的相关系数为－0.495。表明生态效益指数和工业制成品出口之间呈现强负相关关系，生态效益指数和进出口之比呈现正相关关系。

表 7-11　变量相关系数矩阵

相关系数　变量	$\ln IE$	$\ln IM$	ENI
$\ln IE$	1	－0.495 052	－0.899 458
$\ln IM$	－0.495 052	1	0.593 227
ENI	－0.899 458	0.593 227	1

2. 趋势分析

图 7-17 为 3 个变量的水平序列图。从变化趋势看，水平序列都为非平稳序列，但变化趋势不同。从图中可以看出，对水平序列进行单位根检验时应包括

趋势项和截距项。图 7-18 为 3 个变量的一阶差分序列图。可以看出，差分后的序列较为平稳，且具有相似的变化周期，表明变量之间可能存在协整关系。

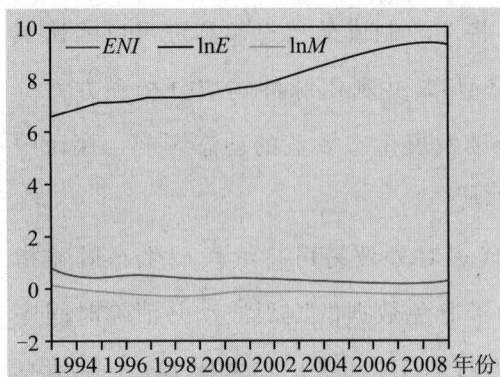

图 7-17　水平序列图

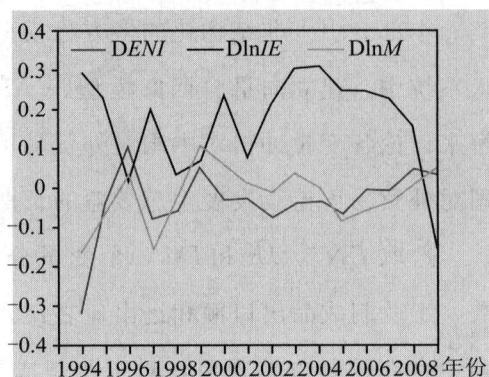

图 7-18　一阶差分序列图

3. 平稳性检验

同前文，本部分仍采用的是 ADF 检验，结果见表 7-12。

表 7-12　变量的单位根检验结果

变量	ADF 值	检验形式 (C，T，K)	临界值(1%)	临界值(5%)	临界值(10%)	结论
ENI	−1.842 260	(C，T，3)	−4.886 426	−3.828 975	−3.362 984	不平稳
$\ln IE$	−1.400 164	(C，T，0)	−4.667 883	−3.733 200	−3.310 349	不平稳
$\ln IM$	−2.869 477	(C，T，0)	−4.667 883	−3.733 200	−3.310 349	不平稳
$DENI$	−6.267 04***	(C，0，0)	−3.959 148	−3.081 002	−1.605 026	平稳
$D\ln IE$	−1.664 297*	(0，0，0)	−2.728 252	−1.966 270	−1.605 026	平稳
$D\ln IM$	−3.060 347**	(C，0，1)	−4.004 425	−3.098 896	−2.690 439	平稳

注：检验形式(C，T，K)表示单位根检验中含有常数项、时间趋势项和滞后的阶数；滞后阶数按 AIC 和 SC 最小原则确定。***、**和*分别表示 1%、5%和 10%的显著水平。D(·)表示变量的一阶差分。

由结果可以看出，在 1% 和 5% 的显著水平下，变量 ENI、$\ln IE$ 和 $\ln IM$ 的 ADF 统计量绝对值均小于相应的临界值的绝对值，接受原假设，即序列存在单位根，表明 3 个序列都是非平稳的。而在其一阶差分中，$DENI$、$D\ln IE$、$D\ln IM$ 的 ADF 统计量绝对值均大于相应的临界值的绝对值，拒绝原假设，表明 3 个变量的一阶差分序列都不存在单位根，是平稳序列，即这些变量为一阶单整序列。

4. 协整检验

同前文，本部分仍采用 Johansen 极大似然法对多变量系统进行协整检验，结果见表 7-13。

表 7-13　Johansen 协整检验结果

原假设	备择假设	特征值	迹统计量	临界值(5%)	概率
r＝0	r＝1	0.854 88	58.326	35.192 75	0
r≤1	r＝2	0.803 081	27.442 86	20.261 84	0.004 3
r≤2	r＝3	0.086 268	1.443 487	9.164 546	0.883 4

结果显示，在不存在协整方程和存在最多一个协整方程的原假设下，迹统计量值均大于 5% 显著水平的临界值，而在存在最多两个协整方程的假设条件下的迹统计量小于 5% 水平的临界值，所以接受变量间存在两协整关系的假设。根据经过标准化后的协整系数，选取一个能准确反映变量间关系的协整方程，其表达式为（括号内参数的标准误）：

$$ENI_t = -0.135\,396\ln IE_t - 0.009\,584\ln IM_t + 1.489\,878 + ecm$$
$$(0.011\,69)\qquad (0.104\,96)\qquad (0.087\,79)$$

可以看出，工业制成品出口在 5% 的显著水平下通过了 t 检验，而进出口之比则没有通过 t 检验，即进出口之比对生态效益指数影响不显著。协整方程表明，从长期来看，外贸可持续发展生态效益指数与工业制成品出口额间存在负向的均衡关系，而同进出口资源消耗差异之间的关系不显著。工业制成品出口额每增加 1%，外贸可持续发展生态效益指数下降 0.001 353 96，进出口资源消耗差异对生态效益指数影响很小而且不显著。

5. 格兰杰因果检验

协整检验结果说明外贸可持续发展生态效益指数与工业制成品出口额间存在长期均衡关系，但是这种关系是否构成因果关系还需要进一步验证。格兰杰因果检验可以用来解决此类问题。同前文，本部分仍采用 AIC 和 SC 信息准则标准所判定的滞后阶数，选取滞后 1 期为最佳滞后期，结果见表 7-14。

表 7-14 格兰杰因果检验结果

原假设	F 统计量	P 概率	结论
$\ln IE$ 不是 ENI 的格兰杰原因	6.590 12	0.023 42	拒绝
ENI 不是 $\ln IE$ 的格兰杰原因	0.140 75	0.713 59	接受
$\ln IM$ 不是 ENI 的格兰杰原因	7.546 41	0.016 63	拒绝
ENI 不是 $\ln IM$ 的格兰杰原因	0.016 9	0.898 55	接受
$\ln IM$ 不是 $\ln IE$ 的格兰杰原因	6.598 85	0.023 35	拒绝
$\ln IE$ 不是 $\ln IM$ 的格兰杰原因	0.142 44	0.711 96	接受

从检验结果可以看出，5%显著水平下，工业制成品出口与外贸可持续发展生态效益指数间存在单向的因果关系。

6. 脉冲响应分析

通过协整检验结果可知，外贸可持续发展生态效益指数、工业制成品出口额和进出口资源消耗差异长期内具有均衡关系，但短期可能会受到随机扰动的影响，偏离均衡值，但这种偏离是暂时的，最终会回到均衡状态。同前文，本部分仍采用广义脉冲响应函数来进行脉冲响应分析。下面分别给可持续发展生态效益指数、工业制成品出口额和进出口资源消耗差异一个单位标准差的冲击，得到关于可持续发展生态效益指数的脉冲响应图，如图 7-19 所示。横轴表示冲击作用的滞后期，纵轴表示可持续发展生态效益指数的变化程度；实线表示脉冲响应函数，代表可持续发展生态效益指数对各变量冲击的响应，虚线表示正负两倍标准差偏离。

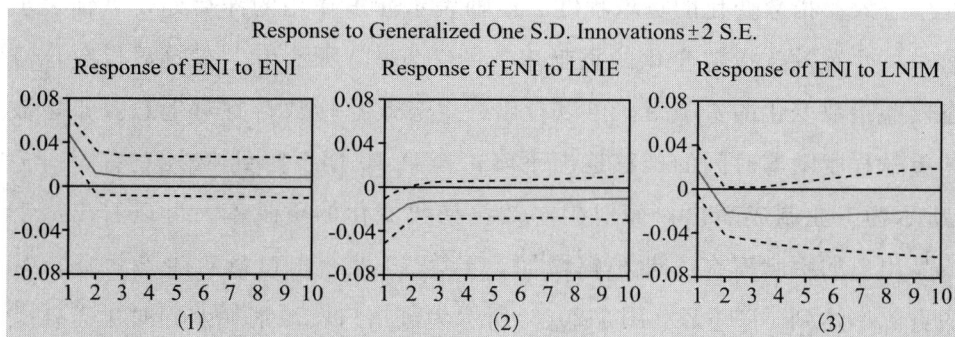

图 7-19　生态效益指数、工业制成品出口和进出口

资源消耗差异对生态效益指数的影响

图 7-19(1)表示生态效益指数自身对生态效益指数的影响。可以看出，本期给生态效益指数一个正冲击，到第 2 期，生态效益指数快速下降，此后生态效益指数平稳下降。

图 7-19(2)表示工业制成品出口额的变动对生态效益指数的影响。可以看出，对工业制成品出口的冲击会对生态效益指数带来负面影响，本期给工业制成品出口一个正的冲击，第 1 期对生态效益指数影响较大，下降幅度较大，随后生态效益指数受到的负面影响开始减小，到第 2 期减小幅度最大，之后该影响不断平稳下降。

图 7-19(3)表示进出口资源消耗差异对生态效益指数的影响。可以看出，本期给进出口资源消耗差异一个正的冲击，起始阶段有正的影响，随后生态效益指数开始下降，至第 2 期变为负值，之后负面影响增加，从第 5 期开始负面影响开始逐渐减小。说明进出口资源消耗差异受到的正冲击后，能够迅速增加生态效益指数，但持续时间不长。

综上，工业制成品出口会对中国对外贸易可持续发展生态效益指数产生显著负面影响，且这种影响具有持续效应，但是该负面影响是在不断缩小的，进出口资源消耗差异能够增加生态效益指数，但是不具有持续性。

7. 方差分解

图 7-20 所示分别为生态效益指数、工业制成品出口额和进出口资源消耗差

异对生态效益指数变化的贡献程度。横轴表示冲击作用的滞后期，纵轴表示各变量对可生态效益指数变化的贡献率。图7-20(1)所示为生态效益指数自身对生态效益指数变化的贡献率。可以看出，生态效益指数自身对生态效益指数变化的贡献程度随着时间的推移逐渐下降，至第10期下降到30％左右。图7-20(2)所示为工业制成品出口额对生态效益指数变化的贡献率。可以看出，工业制成品出口的贡献率在不断小幅增加，至第10期，出口额对生态效益指数变化的贡献率达到了3.6％。图7-20(3)所示为进出口资源消耗差异对生态效益指数变化的贡献率。可以看出，进出口资源消耗差异对生态效益指数变化的贡献率在不断增加，前五期快速增加，此后小幅增加，到第10期，进出口资源消耗差异对生态效益指数变化的贡献约为66％。

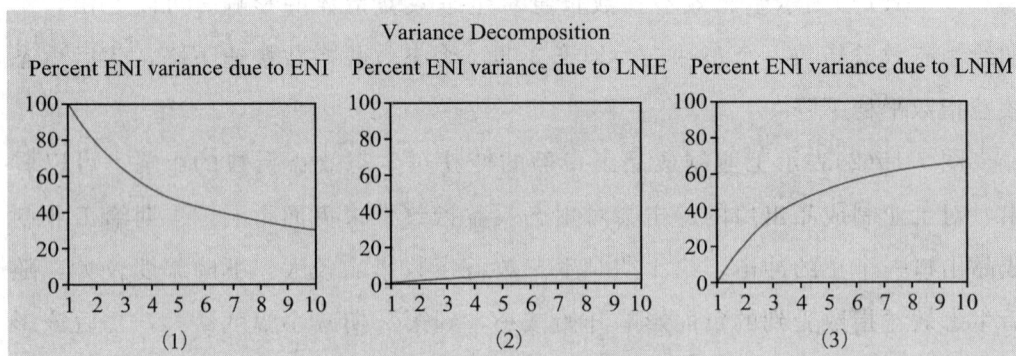

图 7-20　生态效益指数、工业制成品出口和进出口资源消耗差异对生态效益指数变化的贡献率

7.3.3　结论及政策建议

本部分利用向量自回归模型分析了工业制成品出口和进出口资源消耗差异对中国对外贸易可持续发展生态效益的影响，结论如下：

第一，工业制成品出口同中国对外可持续发展生态效益呈负相关关系，工业制成品出口额增加，中国对外贸易可持续发展生态效益指数下降。工业制成品出口的增加会提高出口贸易"三废"的排放，加大中国能源和资源的负担，从而不利于贸易生态效益的改善。

第二，进出口资源消耗差异即进出口之比同中国对外可持续发展生态效益呈正相关关系，即进口相对出口增加会改善中国对外贸易生态效益，但是该效应不显著，且不能持续。

因此为了促进中国对外贸易可持续发展生态效益的提高，关键在于优化中国的出口商品结构，提高中国进出口质量。一方面，增加初级产品进口，促进国内资源的保护性开发和利用；另一方面，减少高污染高能耗的工业制成品出口，鼓励服务贸易和绿色贸易的发展，培育中国在服务贸易和绿色贸易方面的优势，积极开展同其他国家的经济合作，促进全球绿色贸易，减少对环境的危害，应对全球气候变化。另外，鼓励企业创新，促进环境友好型技术的研发，积极投资高科技产业，提高高新技术产品出口在出口商品中的比重。

>> 7.4　中国对外贸易可持续发展社会效益的影响因素 <<

图 7-21 所示为中国对外贸易可持续发展社会效益指数及其各分项指标的变化趋势。从图中可以看出，1993—2009 年间中国对外贸易可持续发展社会效益指数一直处于不断波动中。1993—1996 年间社会效益指数不断下降，1997—2001 年间则逐渐上升，2002—2009 年间一直处于不稳定波动中。从分项指标来看，外贸就业指数在 1993—1996 年间不断下降，尤其是从 1994 年开始更是大幅下降，1997—2002 年间外贸就业指数则在波动中逐渐上升，其中 1998 年受亚洲金融危机影响外贸就业指数显著下降，2001 年中国加入 WTO，外贸发展受到一定冲击，外贸就业指数有所下降，2003—2009 年间则一直处于波动中，从 2006 年开始，又不断减少；1993—2009 年间外资员工工资指数大幅波动，1994—1995 年间急剧下降，从 1996 年开始，缓慢上升，至 2001 年达到高位，之后又开始下降，此后一直处于波动中。

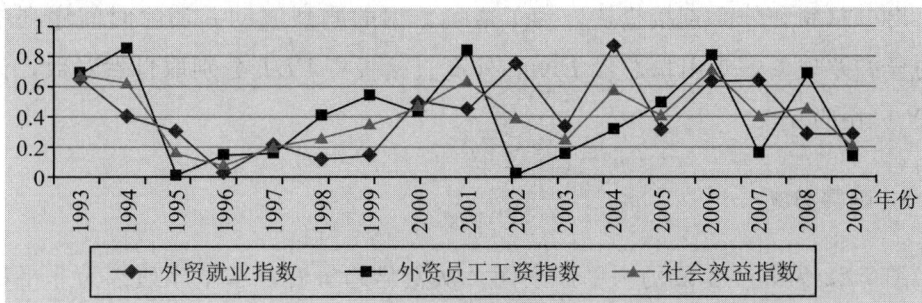

图 7-21　社会效益指数及其分项指标

7.4.1　中国对外贸易可持续发展社会效益的影响因素及机制

中国对外贸易可持续发展社会效益分项指标主要包括外贸就业和外资企业员工工资。影响二者最主要的因素是中国对外贸易发展规模及外商直接投资发展状况。因此，影响中国对外贸易可持续发展社会效益的主要因素包括中国对外贸易发展规模和外商直接投资。

中国对外贸易发展规模主要通过影响外贸就业来影响中国对外贸易可持续发展社会效益。随着中国对外贸易规模的扩大，劳动力需求增加，可以促进外贸相关行业就业，从而提高中国对外贸易可持续发展的社会效益。本部分采用出口总额来代表中国对外贸易规模。外商直接投资通过影响外资企业员工工资来影响贸易社会效益。外商直接投资的多少直接影响到外资企业员工工资。当外商直接投资增加时，外企员工需求增加，工资会相应地上涨；反之，则下降。选取外商直接投资实际利用额来表示外商直接投资规模。

7.4.2　实证分析

本部分引入非结构化的多方程模型，将出口额和外商直接投资引入系统中，建立向量自回归模型（VAR 模型），并利用脉冲响应分析和方差分解来讨论各变量冲击对中国对外贸易可持续发展社会效益的动态影响，探讨中国对外贸易可持续发展社会效益的长期规律。

选取 SI、EX 和 FDI 3 个变量分别代表对外贸易可持续发展社会效益指数、出口总额和外商直接投资。为了避免数据的剧烈波动并消除时间序列中存在的异方差现象，对出口总额 EX_t 和外商直接投资 FDI_t 分别取自然对数，记为 $\ln EX_t$，$\ln FDI_t$。

1. 趋势分析

图 7-22 为 3 个变量的水平序列图。从变化趋势看，水平序列都为非平稳序列，但变化趋势不同。从图形中可以看出，对出口总额和外商直接投资水平序

列进行单位根检验时应包括趋势项和截距项，对社会效益指数进行单位根检验时既不包括趋势项也不包括截距项。图 7-23 为 3 个变量的一阶差分序列图。可以看出，差分后的序列较为平稳，且具有相似的变化周期，表明变量之间可能存在协整关系。

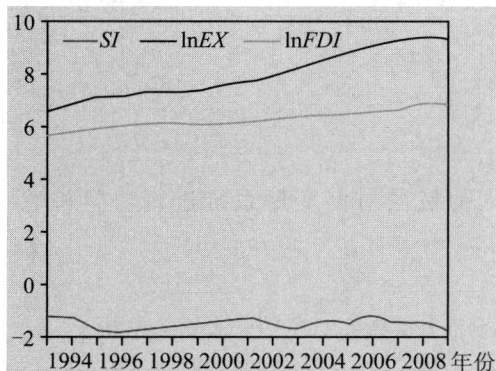

图 7-22　水平序列图

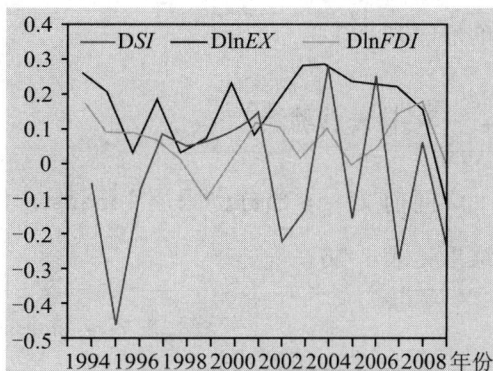

图 7-23　一阶差分序列图

2. 平稳性检验

同前文，本部分仍采用的是 ADF 检验，结果见表 7-15。

表 7-15　变量的单位根检验结果

变量	ADF 值	检验形式 (C，T，K)	临界值(1%)	临界值(5%)	临界值(10%)	结论
SI	−1.315 578	(0, 0, 1)	−2.728 252	−1.966 270	−1.605 026	不平稳
$\ln EX$	−1.400 527	(C, T, 0)	−4.667 883	−3.733 200	−3.310 349	不平稳
$\ln FDI$	−2.678 413	(C, T, 1)	−4.728 363	−3.759 743	−3.324 976	不平稳
DSI	−4.793 492***	(C, 0, 0)	−3.959 148	−3.081 002	−1.605 026	平稳
$D\ln EX$	−2.761 447*	(C, 0, 0)	−3.959 148	−3.081 002	−1.605 026	平稳
$D\ln FDI$	−3.243 651**	(C, 0, 1)	−4.004 425	−3.098 896	−2.690 439	平稳

注：检验形式(C，T，K)表示单位根检验中含有常数项、时间趋势项和滞后的阶数；滞后阶数按 AIC 和 SC 最小原则确定。***、**和*分别表示 1%、5%和 10%的显著水平。D(·)表示变量的一阶差分。

由结果可以看出，在 1%和 5%的显著水平下，变量 SI、$\ln EX$ 和 $\ln FDI$ 的

ADF 统计量绝对值均小于相应的临界值的绝对值，接受原假设，即序列存在单位根，表明 3 个序列都是非平稳的。而在其一阶差分中，DSI、$D\ln EX$、$D\ln FDI$ 的 ADF 统计量绝对值均大于相应的临界值的绝对值，拒绝原假设，表明 3 个变量的一阶差分序列都不存在单位根，是平稳序列，即这些变量为一阶单整序列。

3. 协整检验

同前文，本部分仍采用 Johansen 极大似然法对多变量系统进行协整检验，结果见表 7-16。

表 7-16　Johansen 协整检验结果

原假设	备择假设	特征值	迹统计量	临界值(5%)	概率
r＝0	r＝1	0.797 186	31.369 59	24.275 96	0.005 4
r≤1	r＝2	0.279 1	5.842 166	12.320 9	0.455 5
r≤2	r＝3	0.037 172	0.606 093	4.129 906	0.497 5

结果显示，在不存在协整方程的原假设下，迹统计量值为 31.369 59，大于 5% 显著水平的临界值，而在其余假设条件下的迹统计量小于 5% 显著水平的临界值，所以接受变量间存在一个协整关系的假设。经过标准化后的协整系数，得到一个能准确反映变量间关系的协整方程，其表达式为(括号内参数的标准误)：

$$SI_t = 0.100\ 876\ln EX_t - 0.106\ 602\ln FDI_t + ecm$$
$$(0.088\ 49)\qquad (0.111\ 583)$$

可以看出，出口总额在 5% 显著水平下通过了 t 检验，而外商直接投资则没有通过 t 检验。协整方程表明，从长期来看，外贸可持续发展社会效益指数与出口额间存在正向的均衡关系，而同外商直接投资间的关系不显著。出口额每增加 1%，外贸可持续发展社会效益指数上升 0.001 008 76。

4. 格兰杰因果检验

协整检验结果说明外贸可持续发展社会效益指数与出口额间存在长期均衡关系，但是这种关系是否构成因果关系还需要进一步验证。格兰杰因果检验可以用来解决此类问题。同前文，本部分仍采用 AIC 和 SC 信息准则标准所判定的滞后阶数，选取滞后 1 期为最佳滞后期，结果见表 7-17。

表 7-17　格兰杰因果检验结果

原假设	F 统计量	P 概率	结论
lnEX 不是 SI 的格兰杰原因	9.166 363	0.002 5	拒绝
lnFDI 不是 SI 的格兰杰原因	8.615 747	0.003 3	拒绝
SI 不是 lnEX 的格兰杰原因	0.001 763	0.966 5	接受
lnFDI 不是 lnEX 的格兰杰原因	2.723 23	0.098 9	拒绝
SI 不是 lnFDI 的格兰杰原因	0.151 508	0.697 1	接受
lnEX 不是 lnFDI 的格兰杰原因	9.269 894	0.002 3	拒绝

从检验结果可以看出，在 5% 显著水平下，出口额以及外商直接投资同中国外贸可持续发展社会效益指数呈单向因果关系，即出口额是对外贸易可持续发展社会效益指数的格兰杰原因，外商直接投资是对外贸易可持续发展社会效益指数的格兰杰原因。另外在 10% 显著水平下，出口额和外商直接投资呈现双向因果关系。

5. 脉冲响应分析

通过协整检验结果知，外贸可持续发展社会效益指数、出口额和外商直接投资长期内具有均衡关系，但短期可能会受到随机扰动的影响，偏离均衡值，但这种偏离是暂时的，最终会回到均衡状态。同前文，本部分仍采用广义脉冲响应函数来进行脉冲响应分析。下面分别给可持续发展社会效益指数、出口额和外商直接投资一个单位标准差的冲击，得到关于可持续发展社会效益指数的脉冲响应图，如图 7-24 所示。横轴表示冲击作用的滞后期，纵轴表示可持续发展社会效益指数的变化程度；实线表示脉冲响应函数，代表可持续发展社会效益指数对各变量冲击的响应，虚线表示正负两倍标准差偏离。

图 7-24(1) 表示社会效益指数自身对社会效益指数的影响。可以看出，本期给社会效益指数一个正冲击，第 1 期对社会效益指数变化影响增加到 15%，之后快速下降，第 2 期到第 3 期有所回升，此后一直呈现下降趋势，社会效益

指数受自身冲击影响越来越小。

图 7-24(2)表示出口额的变动对社会效益指数的影响。可以看出，本期给出口额一个正的冲击，经济效益指数快速上升，至第 2 期达到最高点，此后一直下降，逐渐趋向于 0，出口冲击对社会效益没有影响。

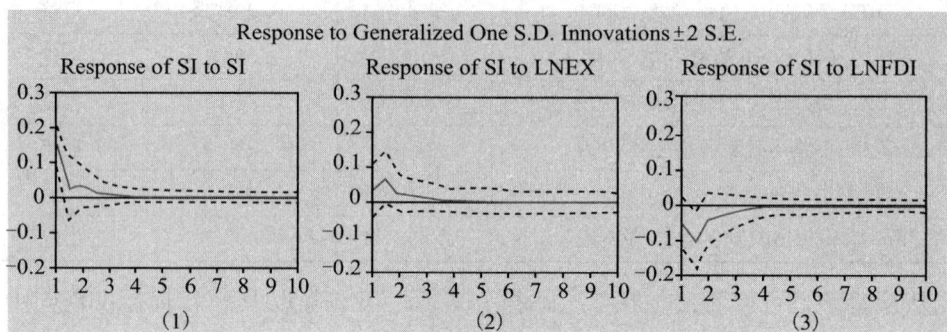

图 7-24　社会效益指数、出口额和外商直接投资对社会效益指数的影响

图 7-24(3)表示外商直接投资冲击对社会效益指数的影响。可以看出，外商直接投资冲击对社会效益指数变化有负面影响，本期给外商直接投资一个正的冲击，第 1 期对社会效益指数负面影响较小，第 2 期对社会效益指数负面影响增加到最大，随后外商直接投资正的冲击引起社会效益指数负面影响不断减小，逐渐趋于 0。

综上，出口额对中国对外贸易可持续发展社会效益指数具有显著正面影响，且这种影响具有持续效应，但该正面影响是在不断缩减的，外商直接投资对社会效益具有负的效应。

6. 方差分解

图 7-25 所示分别为社会效益指数、出口额和外商直接投资对社会效益指数变化的贡献程度。横轴表示冲击作用的滞后期，纵轴表示各变量对社会效益指数变化的贡献率。图 7-25(1)所示为社会效益指数自身对社会效益指数变化的贡献率。社会效益指数自身对社会效益变化的影响最大，从第 1 期到第 2 期大幅下降，此后小幅下降，从第 4 期开始，基本维持在 57% 左右。图 7-25(2)所

示为出口额对社会效益指数变化的贡献率。可以看出，出口额的贡献率在第 2 期大幅增加，此后小幅增加，至第 4 期约为 13%，此后基本维持在该水平。图 7-25 (3)所示为外商直接投资对社会效益指数变化的贡献率。可以看出，外商直接投资对社会效益指数变化的贡献率在第 2 期显著增加，第 4 期达到了约 40%，此后维持在 40% 左右。

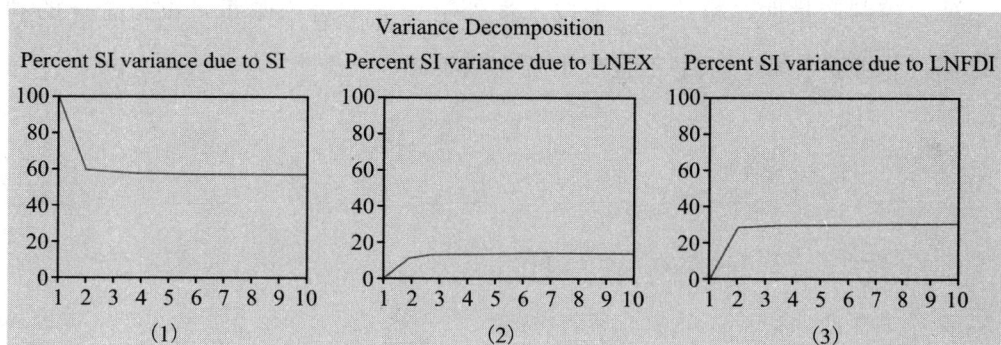

图 7-25　社会效益指数、出口总额和外商直接投资对社会效益指数变化的贡献率

7.4.3　结论及政策建议

本部分利用向量自回归模型分析了出口总额和外商直接投资对中国对外贸易可持续发展社会效益的影响，结论如下：

第一，出口总额同中国对外贸易可持续发展社会效益呈正相关关系，外贸出口增加，中国对外贸易可持续发展社会效益指数上升。出口额的增加，会增加外贸出口企业的劳动力需求，从而促进就业，提升外贸就业效应，最终有利于中国对外贸易可持续发展社会效益的提高。

第二，外商直接投资长期内对对外贸易可持续发展社会效益影响不显著，短期内为负，不利于中国对外贸易可持续发展社会效益的提高。这可能是因为外商直接投资的增加短期内会降低外资企业员工工资。当市场预期未来外资企业会增加，劳动力供给会大量增加，最终可能会带来外企员工工资的下降。

因此为了促进中国对外贸易可持续发展社会效益的提高，首先要扩大对外贸易规模，充分发挥外贸就业效应。对于国内企业而言，一方面，应采取一定的措施激励企业扩大出口，比如各种税收优惠等；另一方面，应支持企业"走出去"，国家应为企业提供指导，减少"走出去"可能面临的困难，企业也应广泛获取信息，积极融入到国际市场，以达到"走出去"的目的。其次，要不断改善外商直接投资的质量，提高外资企业员工工资。政府通过制定进入审核的相关标准，控制产量性、粗放性、非技术性外资企业的进入数量，维持企业的利润以保证企业员工收入水平不至于出现大幅下降。

第8章　中国对外贸易 可持续发展的对策建议

改革开放以来，中国对外贸易快速发展，推动了中国经济的腾飞，但是随之而来的资源消耗和环境恶化问题日益严峻，严重影响了中国经济的可持续发展。综合前文分析，本部分分别从理论、贸易结构、生态效益和社会效益四个角度出发，提出推动对外贸易可持续发展的对策和建议。

>> 8.1　运用动态比较优势理论指导对外贸易可持续发展 <<

以动态比较优势理论指导对外贸易本身意味着对外贸易具有可持续性，贸易开展的基础是各国的比较优势，中国根据自身实际情况从动态角度强化和优化自身的比较优势可以有效地推动对外贸易可持续发展。

8.1.1　坚持对外贸易中的劳动力优势

无论是运用传统的比较优势理论，还是现代的动态比较优势理论，当前中国对外贸易发展的主要比较优势就是劳动力优势。中国作为最大的发展中国家，劳动力资源丰富，根据国家统计局 2012 年的数据，2011 年全国城镇单位就业人员有 3.59 亿，而农村劳动人口有 4.05 亿，两者合计中国目前拥有的劳动人口远远超过 7 亿，为中国经济发展提供了重要的劳动力来源，也是中国对外贸易可持续发展的重要推动力。

从国际分工的角度来看，劳动力优势是中国对外贸易比较优势的重要基础。中国目前劳动力数量庞大，但一方面，受资本—技术装备条件的限制，大量农村剩余劳动力只能通过对外劳务输出和承接加工贸易才能进入实际劳动状态；另一方面，目前世界经济格局中发达国家和发展中国家"中心—外围"的依附关系依然存在，发达国家掌握着各个经济领域的核心技术，控制着产品的关键环节，将其不具有优势的低端环节外包到发展中国家，发展中国家只能成为发达国家的产品装配车间，处于产业链的底端。因此中国短期不能放弃劳动力的优势，否则会导致大量过剩劳动力，不利于外贸的可持续发展。应该坚持对外贸易中的劳动力优势，逐步提高劳动投入质量，提高劳动生产率，为产业升级提供基础。

8.1.2　培育和形成对外贸易中的资本和技术优势

尽管劳动力优势依然是中国对外贸易的主要比较优势，但是随着中国经济的发展，劳动力成本逐渐提高，再加上全球金融危机的影响，外资企业逐步将加工制造环节转移到劳动力更加廉价的亚洲其他国家和地区，比如越南、泰国、印度尼西亚等。未来中国的劳动力优势将面临着极大考验。根据弗农、巴拉萨等人的动态比较优势理论，比较优势会动态发展，一国既要充分发挥其对外贸易中现有的比较优势，还要注重发现和培育对外贸易的潜在优势，从而在国际竞争中获取更多的利益，保证对外贸易的可持续发展。因此，中国应抓住机遇，积极培育和形成对外贸易中的资本和技术优势。

《2005—2006 全球发展竞争力报告》对全球 117 个国家的技术指数、创新分指数、技术转移分指数、信息与通信技术（ICT）分指数等进行了比较，其中技术指数排在前 10 位的依次是美国、芬兰、中国台湾地区、瑞典、丹麦、瑞士、韩国、日本、新加坡和荷兰，其中，美国、韩国、日本得分分别为 6.19、5.26、5.24，而中国得分仅为 3.18，排名第 64 位。除技术指数外，中国在创新分指数中得分 2.15，排名第 75 位；ICT 分指数得分 2.48，排名第 60 位；技术转移分指数得分 4.47，排名第 43 位。从这些数据可以看出，中国现有的科技人力资源水平不高，中国在科学技术、创新能力等方面亟待提升。我国《人口发展"十一五"和 2020 年规划》指出，目前中国 15 岁以下的文盲有 8 507 万人，全国公众中具备科学素养的比例仅为 1.98%，农村劳动力的 94% 以上仍属于体力型和传统经验型农民。在技能劳动者中拥有技师和高级技师的仅占 4%，且一般年龄在 45 岁以上。2005 年中国每万人中科学家和工程师只有 17 人，远远低于发达国家，不利于中国经济转型以及对外贸易的发展和商品结构的优化。因此，为了促进对外贸易可持续发展，中国必须培育资本和技术优势，可以从以下几个方面入手。

1. 加强产业结构调整和升级

只有产业结构调整和升级才能逐渐将中国对外贸易的比较优势从劳动力优势转变为资本和技术优势。

第一，要改变增长过度依赖第二产业的局面，加快第三产业和高新技术产业的发展。中国的服务业发展严重滞后，服务业的增加值比重偏低、就业比重偏低和人均增加值偏低。从服务业增加值来看，2011 年发达国家该值为 65%~75%，如美国为 74.6%、日本为 65.8%；发展中国家为 45%~55%，如菲律宾为 52%、印度为 46%；而中国仅为 43.8%。从服务业就业比重来看，2011 年，中国服务业就业比重为 35.7%，远远低于发达国家该比重，如 2011 年欧盟服务业就业人数占总就业人数比重接近 70%，甚至低于一些同等发展水平的发展中国家。从各产业对 GDP 增长的拉动度来看，2011 年中国服务业仅为 4.07%，仍低于第二产业的 4.8%。第三产业和高新技术产业的快速发展可以增加对资本和技术的需求，可以逐步增强资本和技术的优势。

第二，提高技术创新能力。要实现优势的升级，改变长期依靠低成本制造优势的情形，必须由加工组装型向精密制造型升级，提高产品技术水平。积极开展资源节约、综合利用的技术创新，尤其是运用高新技术对化工、造纸、冶金、电力等重污染的传统产业进行技术改造。首先，应通过内生技术进步逐步培育具有自主知识产品和核心技术的品牌，形成技术优势，不断提高出口产品的技术含量,增强产品在国际市场中的非价格竞争优势,获取更多的比较利益。其次,充分调动企业自主创新积极性。要使企业充分认识到自主创新的作用,将技术创新作为企业发展的首要任务,积极进行技术创新和研发活动,提升自身技术水平。最后,政府应加大对企业技术创新活动的政策支持。一是提供必要的资金支持,加大对新产品、R&D 资金投入,对创新产品提供税收优惠,支持企业技术创新,鼓励风险投资,解决技术创新巨额资金的来源问题;二是完善法制建设,加大监督力度,打击盗版侵权行为,为所有企业技术创新提供一个公平竞争的环境。

2. 推动对外贸易标准化,规避技术壁垒

当前,全球各国尤其是发达国家都制定了极为苛刻的技术法规标准和合格评定程序。例如,欧盟目前有 10 万多个技术标准;德国目前用的工业标准约有 1.5 万种,除工业标准外,德国法律还规定,某些进口产品须符合特别安全规定或其他强制性技术要求;日本有 8 000 多个工业标准和 400 多个农产品标准,涉及农业、食品业、纺织品、汽车制造业、化学工业、电子工业等各个行业。国外的技术标准、绿色壁垒等也是近十年来我国出口贸易遭遇贸易摩擦的重要原因。在对外贸易过程中积极采用国际标准,实施标准化战略,不仅有利于提高我国出口商品在国际市场上的竞争力,冲破技术贸易壁垒和绿色壁垒的制约,促进我国商品的出口;同时有利于加快我国企业、商品服务同国际市场接轨,加快生产技术的更新速度和引进技术的消化、吸收,改进商品和服务质量等。因此,加强对外贸易中的标准化工作,实施标准化战略,是符合世界潮流、提高我国对外贸易可持续发展能力的必然要求。

一方面,要转变对贸易标准的观点,从中央到地方、从政府主管部门到各企业都必须认识到标准化工作在对外贸易中的重要性,尤其是各类外贸企业要强化标准化的意识,认真贯彻执行以《产品质量法》和《标准化法》为主体的有关法规文件,严格依法经营,对不符合国际标准和国外先进标准的项目坚决不上,达不到要求的限定停产。另一方面,由于国际标准反映了世界各国普遍达到的先进技术水平和生产水平,已成为国际级别上的协调标准和处理贸易纠纷

的重要基础，因此，采用国际标准成为国际贸易中的主要条件。同时，应认真研究和积极推广使用国际标准及国外先进标准，及时了解国际先进技术，提供技术改造的方向和目标，进而推动相关技术的进步。

3. 加强员工教育培训，加大人力资本投资

进行全方位的在职培训，培训对象不仅包括正规学校毕业的城镇劳动力，还应当扩大到农村劳动力。因为通过正规的学校教育、在职培训等方式，劳动力素质可以得到较大提高，有利于劳动生产率的提高，生产成本的降低，并抵消因劳动力价格上涨导致的成本上升，提高出口产品的竞争力。另外，还能将高素质劳动力逐步转移到第三产业中，从事服务产品的生产和出口，提升产业和产品结构。

>> 8.2　优化贸易结构 <<

8.2.1　改善出口产业结构

根据中国对外贸易可持续发展的经济效益指标的测算，中国对外贸易的出口产业结构在世界各国的发展水平中仍处于较低的阶段，即"微笑曲线"的中间部分——粗放型、附加值较低的加工装配阶段；但同时也可以看到中国对外贸易的结构是逐渐改善的，并一直保持着良好的调整态势。因此，为改善中国出口贸易的产业结构，解决过度依赖数量增长的问题，提高对外贸易的效益，一方面需加大科研的投入，积极培育以研发设计为主的新兴产业或科技园，同时鼓励企业创新，提高知识产权保护意识，并完善国内自主知识产权的保护政策法规，创立自有品牌等；另一方面，应调整出口贸易中各产业的比重，尤其是大力发展服务贸易，推动中国对外贸易向产业链的下游转移，不再单纯依赖收取加工费来实现对外贸易规模的增长。

与此同时还应注意到，出口的产业结构很大程度取决于投资结构，尤其是外商投资结构。因此，要逐步调整、合理引导国内外企业的投资方向。在引进外商投资方面，首先要转变多数外贸企业以量取胜的思想，鼓励采取以质取胜、以品牌为胜的经营策略；其次，要转变现有的企业标准、行业标准甚至国家标准为国际通用标准，为国内企业打入国际市场、减少贸易摩擦提供良好基础；此外，还应紧跟国际产业结构发展变化的潮流，积极发展智能化、无形化、绿色化等未来优势产业；最后，加强行业协调管理，统一对外，避免抬价抢占货源和客户，低价竞销出口商品的现象。

8.2.2 改善出口商品结构

中国要优化出口商品结构，应在进一步充分发挥劳动密集型产品比较优势的同时，积极打造和形成资本和技术密集型产品的出口优势。劳动力优势依旧是中国对外贸易的主要比较优势，我们应在现有劳动力优势基础上，提高劳动密集型产品的加工程度、技术含量，并鼓励和推动产业向内陆省份转移。同时，中国已具备了大力发展技术密集型产品的条件。改革开放以来，中国大量吸引外资，同时也引进了国际先进的技术和成套设备，大大提高了中国出口的技术含量，缩小了与发达国家之间的技术差距。目前，中国在航天航空、生物工程、遗传工程、光纤通信、造船等科技领域已具备了国际先进水平。比如，中国已成为世界三大造船和船舶出口国之一。促进中国技术密集型产品出口重点在于机电产品，着重发展成熟技术和成套设备出口以及发展高新技术和新生代重化工业产品，比如生物和遗传工程、汽车、计算机、新能源和新材料等。这要求加快科技成果的转化率和商品化率，逐步推动高新技术的发展。

8.2.3 积极开拓发展中国家市场，鼓励对外投资

从贸易结构指数变化情况我们知道，中国的出口贸易市场结构虽然得到了一定的改善，但2002年之后又出现一定程度的恶化，因此，我国还应继续推进出口市场多元化战略。在对欧盟、美、日、中国港澳地区等传统出口市场巩固和深度开发的同时，也要花大力气开拓发展中国家市场，特别是非洲市场，如南部非洲国家埃及、尼日利亚等，拉丁美洲国家市场，如巴西、智利、墨西哥等，俄罗斯、东欧等。近年来，这些国家和地区的经济发展较快，市场发展

潜力大，完全可能成为我国外贸出口的未来重要增长点。

另外，在推动贸易市场多元化的同时，也要促进投资的发展，贸易与投资并行，甚至是采取投资代替贸易的方式。利用发展中国家廉价的劳动力资源、能源优势以及良好的区位优势、市场优势等竞争优势，可将生产、销售等环节转移，特别是对于目前市场已饱和的产业和夕阳产业，可以降低企业的生产成本，从而赢得更广阔的国际市场。

虽然我国实施出口市场多元化战略已有数年，但并没有取得实质性的进展，其主要原因之一就是缺乏具体的政策引导，配套措施相对滞后。因此，相关机构应在财税、金融、贸易管理、投资保险及服务保障体系等方面出台一系列具体的鼓励政策和措施，特别是外贸主管部门应联系行业协会和在目标国的办事处，帮助外贸企业了解这些国家的宏观背景、法律和经贸政策，发布和报道这些新市场的消费习惯、市场容量，并对相关政策和投资策略的变化进行实时跟踪，增强企业出口的目的性，顺利和快速地进入新市场。

8.2.4　进一步落实科技兴贸战略

所谓科技兴贸应该包括四个方面的内容：一是大力推动高技术产品的出口；二是运用高科技成果改造传统出口产业，提高传统出口商品的技术含量和附加值；三是提高商品生产者和交易者的综合素质，培养复合型人才；四是贸易手段的现代化。

从长远看，科技兴贸作为科技兴国在经贸领域的具体表现，要求增加教育投入，重视人力资本积累。中国受过大学教育的人数占总人口的比例仅为3.6%，低于15.5%的世界平均水平。教育落后对经济和贸易发展带来严重阻碍。因此，一方面要政府增加教育投入，尤其是高等教育投入，培养高素质、高技能人才；另一方面，外贸企业要重视劳动力培训和人力资本投资，适应知识的不断更新。从中、短期来看，还需要从制定推动高新技术产品出口规划、完善高新技术产品出口的鼓励政策、建立高新技术产品出口的风投基金、鼓励高新技术产业外资和技术的引进等方面进一步落实科技兴贸战略。

>> 8.3 改善贸易生态效益 <<

8.3.1 大力发展服务贸易

服务贸易是实现贸易产业结构变化的主要动力，也是改善贸易生态效益的重点。与农业、工业相比，服务业对自然资源依赖性最低，环境危害最小，且其发展程度是决定一国对外贸易可持续性的关键因素。但目前中国的服务贸易发展非常缓慢，国际竞争力较弱，远远落后于发达国家。但是这也为中国对外贸易结构升级提供了广阔的空间。

1. 转变服务业增长方式

目前中国的服务业多是劳动密集型服务，未来中国服务业的发展要由粗放型、外延型逐步转变为集约型、内涵型。但是这一过程并不能操之过急，中国要充分发挥优势，扩大劳动密集型服务的出口，保护处于"幼稚"状态的技术、知识密集型服务业，促进其发展并逐渐对外开放。同时有选择地输入人力资本含量高的服务，带动本土服务业薄弱部门，缩小差距。中国服务贸易出口应以劳动密集型服务出口为主、技术知识密集型服务出口为辅，逐步发展为两者并举，最终实现以技术和知识密集型服务出口为主、劳动密集型服务出口为辅。

2. 积极承接国际服务外包

随着经济一体化和全球化的发展，企业为了降低生产成本、提高核心竞争力，逐步将非核心业务外包到世界各国，国际服务外包得到了快速发展。中国目前在国际服务外包中尚处于较低的层次，只能从事较为低端的劳动密集型服务。印度、菲律宾等国家早早地意识到了服务外包的机遇，从战略高度认识到服务外包的重要性和紧迫性，积极承接发达国家的外包，在服务外包承接中处于较为领先的地位。中国应尽快制定促进承接国际服务外包的鼓励政策和措施，设立承接服务外包特区，在税收、进出口、出口信贷等方面给予优惠。

3. 扩展服务贸易领域，推进贸易自由化

在保持原有优势服务业的基础上，同时优化服务业结构，扩展服务贸易领域，寻找新的增长点。中国的优势服务产业主要是劳务和旅游，在世界市场上具有较强的竞争力，但是它们均属于劳动密集型行业，科技含量低，因此我们应在保持优势的同时，加大对劳务和旅游的科技投入，改善旅游环境，提高劳务输出素质，更好地发挥优势。另外，中国服务贸易总体发展水平低，服务企业竞争力弱，对服务业的保护相对来说也较多。在经济一体化的大背景下，我们应有计划、有步骤地推动服务贸易的自由化，在保证本国经济健康稳定的条件下，按照一定比例开放服务业，充分获取服务贸易自由化、全球化所带来的收益。

4. 完善服务贸易的基本法律

为提高我国服务贸易的国际地位，必须从增强国内服务行业的竞争程度入手，继续完善服务业的市场体系，增强法律的可操作性。加快和制定行业性法规，如商法、金融服务法规、电信服务法规、交通运输法规、知识产权法规等，注重参照国际条约和国外立法经验，加大立法力度，理顺各种法律、法规与服务行业内部之间的关系，使得服务贸易领域的法律、法规相互协调，共同形成结构清晰、层次分明、相互衔接、疏而不漏的有机整体。

8.3.2　注重开发绿色产品

随着科技的发展，人们消费的环保意识不断提高，经济的可持续发展客观上要求各国注重绿色产品的开发，未来绿色贸易可能成为国际贸易的重点，绿色产品成为国际市场的重要产品。据统计，1992 年全球环保产业的市场规模约为 2 500 亿美元，2006 年增至 8 000 亿美元，年均增长率近 8%，远远超过全球经济增长率。预计到 2015 年，全球环保产业的规模可达 2.4 万亿美元。环保产

业已成为世界瞩目的朝阳产业。

1. 合理建立环境管理法律体系

我国是近几年才开始关注经济发展过程中的环境问题,相应的环保管理法律体系尚不健全。因此,应该从法律方面进一步完善我国的环境标准制度,且在制定相应的技术标准时,尽量与国际标准接轨,积极参与双边及多边环境标志的协定,从制度上保证消除绿色壁垒;同时出台适合我国的环境标志实施细则和管理条例,以确保所有符合环境标准的产品都能得到环境标志认证。

2. 开拓环保市场

绿色产品是未来消费的主流,绿色市场为我们提供了无限商机。因此,为顺应国际市场的需求,我国企业应积极开发无氟节能冰箱、绿色涂料、绿色炊具、绿色食品等绿色产品,并迅速打入国际市场;按照 ISO14000 环保质量认证的要求,不断提高环保技术,开发绿色产品,冲破绿色贸易壁垒的不利影响,抢占未来国际市场,从而使我国的对外贸易得到可持续的、长远而健康的发展。

3. 加强环保宣传

要加大对环保的宣传力度,增强企业和个人的环保意识。对于企业来说,从产品的研发、生产、包装、运输、销售到废物的回收、再利用,都要考虑到环境保护问题。利用正确的环保理念指导和推动企业改进产品的设计、生产,使产品达到环保要求,推动中国绿色环保产品的发展,增强其在国际市场上的竞争力。目前中国绿色产品的国际贸易额不到世界总额的 0.1%,我们应努力提高环保技术,不断开发环保成本低、质量优、符合国际环境标准的绿色产品和服务,使中国的对外贸易得以可持续健康发展。

>> **8.4　提高贸易社会效益** <<

8.4.1　扩大对外贸易规模

　　贸易可以有力地促进就业，提高贸易社会效益，因此应当继续扩大对外贸易，鼓励更多企业参与对外贸易，发挥对外贸易对就业的积极作用。另外，外贸的就业效应也受到市场化程度的影响，中国国有企业非市场化的因素较多，给外贸的就业效应带来了一定的阻碍作用。因此我们应该推动国有企业市场化改革，提高市场化程度，为外贸就业效应的发挥提供良好的市场基础。一方面，转变政府职能，弱化政府市场参与者的身份，更多地作为监督者；另一方面，进行国企就业身份改革，国企员工参与市场化的竞争和淘汰，消除制约劳动力需求劳动效应的不利因素。

8.4.2　提升就业岗位技术含量

　　贸易社会效益不仅体现在外贸就业人数方面，还体现在就业岗位的技术含量上，即就业岗位的技术、知识水平。中国的就业结构和产业结构不一致，劳动密集型、资源密集型产业吸纳了中国大部分的就业，但资本密集型、技术密集型这些高附加值、就业岗位技术含量高、产值贡献率高的产业就业人数较少。因此应努力提高中国在国际分工中的地位，提升中国就业岗位的技术含量。目前，中国外贸就业多为加工贸易推动，存在国内加工环节少、加工深度浅、产业链条短等问题。我们应当鼓励外资企业尤其是大型跨国公司在中国设立研发基地，加快中国从目前的"世界加工中心"向"世界生产中心"、"研发中心"和"地区总部"等转变，吸引配套外资企业入驻国内，与当地企业形成产业链，增加加工贸易的国内加工环节，提升国内加工程度，从而提高加工贸易岗位的技术含量，带动国内相关就业的增长。

8.4.3 提高企业社会责任意识，优化劳动组织制度

各国消费者已越来越重视生产企业承担的基本社会责任，我国《公司法》总则中也突出强调了企业必须承担社会责任。因此，建立和完善企业社会责任评价体系，加大对企业社会责任的宣传，优化劳动组织制度，利用对外贸易的社会效益改善员工的就业状况，为员工提供学习机会，通过不断学习新知识、新技能提高自身工作能力，从而使企业获得更多人才，激发企业经营活力。

参考文献

1. Adam, S. An Inquiry into the Nature and Causes of the Wealth of Nations. Harvard College Library, 1863.

2. Antràs P. Firms, Contracts, and Trade Structure. The Quarterly Journal of Economics, 2003, 118(4): 1375-1418.

3. Antweiler, W. ,Copeland, B. R. , and Taylor, M. S. Is Free Trade Good for the Environment?. American Economic Review, 2001, 91(4): 877-908.

4. Arellano, M. and Bond, S. Some Tests of Specification for Panel Data: Monte Carlo Evidence and an Application to Employment Equations. Review of Economic Studies, 1991, 58: 277-297.

5. Arellano, M. and Bover, O. Another Look at the Instrumental Variable Estimation of Error Components Models. Journal of Economics, 1995, 68: 29-51.

6. Beghin, J. , Roland-Holst, D. and Van der Mensbrugghe, D. Trade and Pollution Linkages: Piecemeal Reform and Optimal Intervention. Canadian Journal of Economics, 1997, 30: 442-455.

7. Bernardet al. Firms in International Trade. NBER Working Paper No. 13054, 2003.

8. Blundell and Bond, S. Initial Conditions and Moment Restrictions in Dynamic Panel Data Models. Journal of Econometrics, 1998, 87(1): 115-143.

9. Brown, L. R. Building a Sustainable Society. New York: NY 10110, 1981.

10. Bruce D. Meyer and Fairlie, R. W. Ethnic and Racial Self-employment Differences and Possible Explanations. Journal of Human Resources, 1996, 31(4): 57-793.

11. Burniaux, J. M. , Martin, J. P. , and Nictetti, G. The Costing of Reducing CO2 Emissions, Evidence from GREEN. OECD Economics Department Working Papers, 1992.

12. Copeland, B. R. and Taylor, M. S. North-South Trade and the Environment. Quarterly Journal of Economics, 1994, 109: 75-87.

13. Edwards，S. Openness，Productivity and Growth：What Do We Really Know?. Economic Journal，1998，108：383-398.

14. Engle and Granger，C. W. J. Co-integration and Error Correction：Representation，Estimation，and Testing. Journal of the Econometric Society，1987，8(10)：198-219.

15. Grossman，G. M. and Krueger，A. B. Environmental Impacts of a North American Free Trade Agreement. National Bureau of Economic Research Working Paper，No. w3914，1994.

16. Harrison，A. Openness and Growth：A Time-series，Cross-country Analysis for Developing Countries. Journal of Development Economics，1996，48(2)：419-447.

17. Helpman，E.，Itskhoki，O.，and Redding，S. Inequality and Unemployment in a Global Economy. Econometrica，2010，78：1239-1283.

18. Hettige，H.，Lucas，R. E.，and Wheeler，D. The Toxic Intensity of Industrial Production：Global Patterns，Trends，and Trade Policy. The American Economic Review，1992，82：478-481.

19. Hotelling，H. Analysis of a Complex of Statistical Variables into Principal Components. Journal of Educational Psychology，1993，24(6)：417.

20. Hyssein，A. and Robert，H. Integrated Assessment as a Tool for Achieving Sustainable Trade Policies. Environment Impact Assessment Review，2001，21：2-26.

21. Johansen，S. Statistical Analysis of Cointegration Vectors. Journal of Economic Dynamics and Control，1988，12(2)：231-254.

22. Johansen，S. and Juselius，K. Maximum Likelihood Estimation and Inference on Cointegration—With Applications to the Demand for Money. Oxford Bulletin of Economics and Statistics，1990，52(2)：169-210.

23. Koop，C. Helms，Hing，A. V. and Heng，H. H. Q. Identification of Sonic Hedgehog as a Candidate Gene Responsible for Holoprosencephaly. Nature Genetics，1996，14：353-356.

24. Leichenko，R. M. Exports，Employment and Production：A Causal

Assessment of U. S. States and Regions. Economic Geography，2000，76：303-325.

25. Linder，S. B. An Essay on Trade and Transformation. Garland Publish，1983.

26. Low，P. and Yates，C. Nternational Trade and the Environment. World Bank Discussion Papers，No. 159，1992.

27. Melitz，M. J. The Impact of Trade on Intra-industry Reallocations and Aggregate Industry Productivity. Econometrica，2003，71(6)：1695-1725.

28. Minler，C. and Wright，P. Modeling Labor Market Adjustment to Trade Liberalization in an Industrializing Economy. Economic Journal，1998，108：509-528.

29. Murrel，P. and Ryterman，R. A. Methodology for Testing Comparative Economics Theories：Theory and Application to East West Environment Problems. Journal of Comparative Economics，1991，15(4)：582-560.

30. North，D. C. Economic Performance through Time. The American Economic Review，1994，84(3)：359-368.

31. Pissarides，C. A. Search Unemployment with On-the-job Search. Review of Economic Studies，1994，61：457-475.

32. Pissarides，C. A. Short-Run Dynamics of Unemployment，Vacancies and Real Wages. American Economic Review，1985，75：676-690.

33. Porter，M. E. The Competitive Advantage of Nations. Simon and Schuster，1990.

34. Porter，M. E. Competitive Advantage of Nations：Creating and Sustaining Superior Performance. Simon and Schuster，2011.

35. Ricardo，D. The Principles of Political Economy and Taxation. World Scientific，1819.

36. Robinson，H. D. Industrial Pollution Abatement，the Impact on Balance of Trade. Canadian Journal of Economics，1988，21(1)：187-199.

37. Rybczynski，T. M. Factor Endowment and Relative Commodity Prices. Economica，1955，88(22)：336-341.

38. Samuelson，P. A. International Factor-price Equalization Once again. The Economic Journal，1949，234(59)：181-197.

39. Scarth，R. and Tang，J. Modification of Oil Using Conventional and Transgenic Approaches. Crop science，2006，46(3)：1225-1236.

40. Sorsa，M. Cancer Risk in Humans Predicted by Increased Levels of Chromosomal Aberrations in Lymphocytes：Nordic Study Group on the Health Risk of Chromosome Damage. Cancer Res，1994，54(6)：19-29.

41. Tobey，J. A. The Effects of Domestic Environmental Policies on Patterns of World Trade：An Empirical Test. Kyklos，1990，43(2)：191-209.

42. Vernon，R. International Investment and International Trade in the Product Cycle. The Quarterly Journal of Economics，1966，80(2)：190-207.

43. Walter，I. Interregional and Regional Input-output Analysis：A Model of a Space-Economy. The Review of Economics and Statistics，1975，33(4)：318-328.

44. Water，I. International Economics of Pollution. New York：Halstead Press，1988.

45. Wooldridge，J. M. Econometric Analysis of Cross Section and Panel Data. Massachusetts Institute of Technology，2002.

46. 蔡宏波，陈昊. 外包与劳动力结构：基于中国工业行业数据的经验分析. 数量经济技术经济研究，2012(12).

47. 陈昊. 外贸顺差会降低就业水平？——基于匹配模型的实证分析. 数量经济技术经济研究，2011(6).

48. 陈泽星. 中国贸易业绩指数 1996—2000. 北京：对外经济贸易大学出版社，2004.

49. [英]大卫·李嘉图. 政治经济学及其赋税原理. 北京：华夏出版社，2005.

50. 戴枫. 贸易自由化与收入不平等——基于中国的经验研究. 世界经济研究，2005(10).

51. 高文书. 中国对外贸易就业效应的系统广义矩估计——基于省级动态面板数据的实证研究. 云南财经大学学报，2009(6).

52. 郭峰濂. 我国对外贸易的可持续发展研究. 国际经贸探索，2005(1).

53. 韩轶. 对我国出口贸易结构优化状况的分析. 国际贸易，1995(1).

54. 胡超. 对外贸易与收入不平等——基于我国的经验研究. 国际贸易问题，2008(3).

55. 胡昭玲，刘旭. 中国工业品贸易的就业效应——基于 32 个行业面板数据的实证分析. 财贸经济，2007(8).

56. 蒋荷新. 我国对外贸易就业效应的实证研究——以外资企业为例. 国际贸易问题，2007(10).

57. [加]布莱恩·科普兰. 贸易与环境：理论及实证，上海：格致出版社，2009.

58. 李凯杰，曲如晓. 中国对外贸易可持续发展影响因素的实证分析. 经济学家，2012(7).

59. 梁平，梁彭勇，黄金. 我国对外贸易就业效应的区域差异分析——基于省级面板数据的检验. 世界经济研究，2008(1).

60. 刘力. 对外贸易、收入分配与区域差距——对中国区域经济差距的贸易成因分析. 南开经济研究，2005(8).

61. 隆国强等. 可持续中国外贸发展战略. 北京：对外经济贸易大学出版社，2010.

62. 毛日昇. 出口、外商直接投资与中国制造业就业. 经济研究，2009(11).

63. 彭红斌. 论中国对外贸易的可持续发展. 北京：北京大学出版社，2005.

64. 蒲艳萍，王玲. 我国对外贸易可持续发展能力的综合评价. 南京师大学报(社会科学版)，2007(3).

65. 曲如晓，马建平. 贸易与气候变化：国际贸易的新热点. 国际贸易，2009(7).

66. 曲如晓，马建平. 贸易与气候变化：国际贸易的新热点. 国际贸易，2009(7).

67. 曲如晓，张业茹. 协调贸易与环境的最佳途径——环境成本内部化. 中国人口·资源与环境，2006(7).

68. 曲如晓. 国际贸易对发展中国家生态环境的影响. 经济与管理研究，2003(12).

69. 曲如晓. 环境保护与国际竞争力关系的新视角. 中国工业经济，2001(9).

70. 曲如晓. 贸易与环境的新旧争论. 国际贸易问题，2004(9).

71. 曲如晓. 中国成为贸易强国的战略路径. 经济理论与经济管理，2005(9).

72. 曲如晓. 贸易与环境：理论与政策研究. 北京：人民出版社，2009.

73. 曲如晓. 中国对外贸易概论(第 3 版). 北京：机械工业出版社，2012.

74. 沈根荣. 我国对外贸易可持续发展战略探讨. 国际商务研究，1997(2).

75. 孙治宇，赵曙东. 对外贸易可持续发展评价指标体系研究——以江苏省为案例. 南京社会科学，2010(6).

76. 佟家栋. 对外贸易依存度与中国对外贸易的利益分析. 南开学报，2005(11).

77. 王月永. 中国对外贸易可持续发展评价与策略研究. 天津大学博士学位论文，2007.

78. 魏浩，马野青. 中国出口商品的地区结构分析. 世界经济，2006(5).

79. 魏浩，毛日昇. 从贸易大国向贸易强国转变——中国对外贸易竞争力的实证分析与调整思路. 中国软科学，2003(9).

80. 魏浩，毛日昇. 中国出口商品结构的历史演变与优化策略. 中央财经大学学报，2007(10).

81. 魏浩，申广祝. 贸易大国、贸易强国与转变我国外贸增长方式的战略. 世界经济与政治论坛，2006(5).

82. 魏浩. 我国纺织品对外贸易出口的就业效应研究：1980—2007 年. 国际贸易问题，2011(1).

83. 魏浩. 中国 30 个省市对外贸易的集聚效应和辐射效应研究. 世界经济，2010(4).

84. 魏浩. 中国对外贸易出口结构存在的问题. 经济理论与经济管理，2007(10).

85. 魏浩. 中国对外贸易出口结构研究. 北京：人民出版社，2010.

86. 文礼朋，郭熙保. 初级产品出口导向发展理论述评——自然资源丰富的中小国家的经济发展思路. 国外社会科学，2008(1).

87. 夏友富. 论 21 世纪我国对外开放与可持续发展. 国际贸易论坛，2000(2).

88. 薛荣久. 世贸组织与中国大经贸发展. 北京：对外经济贸易大学出版社，1997.

89. 杨丽华. 我国进口贸易可持续发展评价体系的构建及实证研究. 财贸经济，2010(11).

90. 于立新，陈万灵等. 互利共赢开放战略理论与政策：中国外向型经济可持续发展研究. 北京：社会科学文献出版社，2011.

91. 俞会新，薛敬孝. 中国贸易自由化对工业就业的影响. 世界经济，2002(10).

92. 喻美辞. 国际贸易、技术进步对相对工资差距的影响——基于我国制造业数据的实证分析. 国际贸易问题，2008(4).

93. 袁永友，刘建明. 创建我国对外贸易可持续发展评价指标体系的思考. 国际贸易问题，2004(1).

94. 张华初，李永杰. 论我国加工贸易的就业效应. 财贸经济，2004(6).

95. 张作鹏. 构想我国对外贸易可持续发展战略. 财经贸易，1998(6).

96. 赵春明，郭界秀. 美国金融危机的影响及启示. 国际经济合作，2009(3).

97. 赵春明，郭界秀. 中国出口动态比较优势演进与转变外贸发展方式的战略选择. 当代经济，2011(6).

98. 赵春明，焦军普. 当代国际贸易与国际直接投资的交叉发展趋势. 北京师范大学学报(社会科学版)，2003(3).

99. 赵春明. 国际经济学. 北京：北京师范大学出版社，2012.

100. 赵春明. 国际贸易. 北京：高等教育出版社，2007.

101. 赵晓晨. 我国对外贸易可持续发展问题探析. 南开经济研究，1999(1).

102. 赵晓霞，李金昌. 对外贸易、FDI 与城乡居民收入及差距——基于省际面板数据的协整研究. 中国人口科学，2009(4).

103. 仲鑫，陈相森. 外商直接投资区域差异及影响因素的比较研究. 统计研究，2011(3).

104. 仲鑫，陈子季. 开放条件下我国外贸政策的定位及体系构建. 当代经济科学，2003(7).

105. 仲鑫. 贸易自由化渐进性与中国外贸政策的适应性. 经济理论与经济管理，2002(4).

106. 仲鑫. 我国外贸体制改革进程的特点与政策性思考. 产业经济研究，2005(1).

107. 庄惠明，赵春明，郑伟腾. 中国对外贸易的环境效应实证——基于规模，技术和结构三种效应的考察. 经济管理，2009(5).

108. 资树荣. 简议可持续贸易. 商业研究，2001(7).

附表 1　中国对外贸易可持续发展指数相关指标原始数据

附表 1-1　经济效益指数原始数据

附表 1-1-1　总量指标

年份	出口额（亿美元）	进口额（亿美元）	进出口总额（亿美元）
1993	917.4	1 039.6	1 957.0
1994	1 210.1	1 156.1	2 366.2
1995	1 487.8	1 320.8	2 808.6
1996	1 510.5	1 388.3	2 898.8
1997	1 827.9	1 423.7	3 251.6
1998	1 837.1	1 402.4	3 239.5
1999	1 949.3	1 657.0	3 606.3
2000	2 492.0	2 250.9	4 742.9
2001	2 661.0	2 435.5	5 096.5
2002	3 256.0	2 951.7	6 207.7
2003	4 382.3	4 127.6	8 509.9
2004	5 933.2	5 612.3	11 545.5
2005	7 619.5	6 599.5	14 219.1
2006	9 689.4	7 914.6	17 604.0
2007	12 177.8	9 559.5	21 737.3
2008	14 306.9	11 325.6	25 632.5
2009	12 016.1	10 059.2	22 075.3

年份	世界出口总额 （亿美元）	世界进口总额 （亿美元）	世界进出口总额 （亿美元）	GDP （亿美元）
1993	37 820	38 750	76 570	6 132.23
1994	43 260	44 280	87 540	5 592.24
1995	51 640	52 830	104 470	7 279.81
1996	54 030	55 440	109 470	8 560.85
1997	55 910	57 370	113 280	9 526.53
1998	55 010	56 810	111 820	10 194.62

续表

年份	世界出口总额（亿美元）	世界进口总额（亿美元）	世界进出口总额（亿美元）	GDP（亿美元）
1999	57 120	59 210	116 330	10 832.79
2000	64 560	67 240	131 800	11 984.75
2001	61 910	64 830	126 740	13 248.18
2002	64 920	67 420	132 340	14 538.20
2003	75 860	78 670	154 530	16 409.66
2004	92 180	95 680	187 860	19 316.44
2005	104 890	108 550	213 440	22 576.19
2006	121 130	124 370	245 500	27 134.95
2007	140 000	143 000	283 000	34 956.64
2008	161 160	165 200	326 360	45 218.27
2009	125 220	127 180	252 400	49 847.29

年份	工业制成品出口额（亿美元）	初级产品进口额（亿美元）	高新技术产品出口额（亿美元）	汇率（RMB）	高新技术产品进口额（亿美元）
1993	750.78	142.10	46.76	5.76	159.09
1994	1 012.98	164.86	63.42	8.62	205.95
1995	1 272.95	244.17	100.91	8.35	218.27
1996	1 291.23	254.41	126.63	8.31	224.69
1997	1 588.39	286.20	163.10	8.29	238.93
1998	1 632.20	229.49	202.50	8.28	292.01
1999	1 749.90	268.46	247.00	8.28	376.00
2000	2 237.43	467.39	370.40	8.28	525.10
2001	2 397.60	457.43	464.50	8.28	641.10
2002	2 970.56	492.71	678.60	8.28	828.40
2003	4 034.16	727.63	1 103.20	8.28	1 193.00
2004	5 527.77	1 172.67	1 653.60	8.28	1 613.40
2005	7 129.16	1 477.14	2 182.50	8.19	1 977.10
2006	9 160.17	1 871.29	2 814.50	7.97	2 473.00
2007	11 562.67	2 430.85	3 478.00	7.60	2 870.00
2008	13 527.36	3 623.95	4 156.10	6.95	3 418.20
2009	11 384.83	2 898.04	3 769.30	6.83	3 098.50

附表 1-1-2　中国各类商品的出口额(单位：亿美元)

年份	食品及主要供食用的活动物	饮料及烟类	非食用原料	矿物燃料、润滑油及有关原料	动、植物油脂及蜡
1993	83.99	9.01	30.52	41.09	2.05
1994	100.15	10.02	41.27	40.69	4.95
1995	99.54	13.70	43.75	53.32	4.54
1996	102.31	13.42	40.45	59.31	3.76
1997	110.75	10.49	41.95	69.87	6.47
1998	105.13	9.75	35.19	51.75	3.07
1999	104.58	7.71	39.21	46.59	1.32
2000	122.82	7.45	44.62	78.55	1.16
2001	127.77	8.73	41.72	84.05	1.11
2002	146.21	9.84	44.02	84.35	0.98
2003	175.31	10.19	50.32	111.14	1.15
2004	188.64	12.14	58.43	144.80	1.48
2005	224.80	11.83	74.84	176.22	2.68
2006	257.23	11.93	78.60	177.70	3.73
2007	307.43	13.97	91.16	199.51	3.03
2008	327.62	15.29	113.19	317.73	5.74
2009	326.28	16.41	81.53	203.74	3.16

年份	化学品及有关产品	轻纺产品、橡胶制品、矿业产品及其制品	机械及运输装备	杂项制品	未分类的其他商品
1993	46.23	163.92	152.82	387.81	—
1994	62.36	232.18	218.95	499.37	0.12
1995	90.94	322.40	314.07	545.48	0.06
1996	88.77	284.98	353.12	564.24	0.12
1997	102.27	344.32	437.09	704.67	0.04
1998	103.21	324.77	502.17	702.00	0.05
1999	103.73	332.62	588.36	725.10	0.09
2000	120.98	425.46	826.00	862.78	2.21
2001	133.52	438.13	949.01	871.10	5.84
2002	153.25	529.55	1 269.76	1 011.53	6.48

续表

年份	化学品及有关产品	轻纺产品、橡胶制品、矿业产品及其制品	机械及运输装备	杂项制品	未分类的其他商品
2003	195.81	690.18	1 877.73	1 260.88	9.56
2004	263.60	1 006.46	2 682.60	1 563.98	11.12
2005	357.72	1 291.21	3 522.34	1 941.83	16.06
2006	445.30	1 748.16	4 563.43	2 380.14	23.15
2007	603.24	2 198.77	5 770.45	2 968.44	21.76
2008	793.46	2 623.91	6 733.29	3 359.59	17.10
2009	620.17	1 848.16	5 902.74	2 997.47	16.29

附表 1-1-3　中国各类商品的进口额(单位：亿美元)

年份	食品及主要供食用的活动物	饮料及烟类	非食用原料	矿物燃料、润滑油及有关原料	动、植物油脂及蜡
1993	22.06	2.45	54.38	58.19	5.02
1994	31.37	0.68	74.37	40.35	18.09
1995	61.32	3.94	101.59	51.27	26.05
1996	56.72	4.97	106.98	68.77	16.97
1997	43.04	3.20	120.06	103.06	16.84
1998	37.88	1.79	107.15	67.76	14.91
1999	36.19	2.08	127.40	89.12	13.67
2000	47.58	3.64	200.03	206.37	9.77
2001	49.76	4.12	221.27	174.66	7.63
2002	52.38	3.87	227.36	192.85	16.25
2003	59.60	4.90	341.24	291.89	30.00
2004	91.54	5.48	553.58	479.93	42.14
2005	93.88	7.83	702.26	639.47	33.70
2006	99.94	10.41	831.57	890.01	39.36
2007	115.00	14.01	1 179.10	1 049.30	73.44
2008	140.51	19.20	1 666.95	1 692.42	104.86
2009	148.27	19.54	1 413.47	1 240.38	76.39

年份	化学品及有关产品	轻纺产品、橡胶制品、矿业产品及其制品	机械及运输装备	杂项制品	未分类的其他商品
1993	97.04	285.27	450.23	64.95	
1994	121.30	280.84	514.67	67.68	6.79
1995	172.99	287.72	526.42	82.61	6.93
1996	181.06	313.91	547.63	84.86	6.46
1997	192.97	322.20	527.74	85.50	9.09
1998	201.58	310.75	568.45	84.56	7.54
1999	240.30	343.17	694.53	97.01	13.52
2000	302.13	418.07	919.31	127.51	16.53
2001	321.04	419.38	1 070.15	150.76	16.76
2002	390.36	484.89	1 370.10	198.01	15.64
2003	489.75	639.02	1 928.26	330.11	12.82
2004	654.73	739.86	2 528.30	501.43	15.29
2005	777.34	811.57	2 904.78	608.62	20.08
2006	870.47	869.24	3 570.21	713.11	20.30
2007	1 075.54	1 028.77	4 124.59	875.10	24.65
2008	1 191.88	1 071.65	4 417.65	976.41	44.09
2009	1 120.90	1 077.39	4 077.97	851.86	33.07

附表 1-1-4　世界各类商品的出口额（单位：千美元）

年份	食品及主要供食用的活动物	饮料及烟类	非食用原料	矿物燃料、润滑油及有关原料	动、植物油脂及蜡
1993	32 250 768	8 139 164	32 041 525	13 415 325	2 913 158
1994	41 275 770	8 062 924	32 203 391	12 621 895	2 200 880
1995	50 300 772	7 986 684	32 365 257	11 828 465	1 488 602
1996	45 788 271	8 024 804	32 284 324	12 225 180	1 844 741
1997	41 275 770	8 062 924	32 203 391	12 621 895	2 200 880
1998	38 317 923	7 833 116	26 259 379	10 069 795	2 775 375
1999	38 236 911	6 764 357	24 177 631	9 926 158	1 934 627
2000	40 263 150	6 820 813	29 031 807	13 339 724	1 439 063
2001	41 173 211	5 644 654	28 079 616	12 865 319	1 378 556

续表

年份	食品及主要供食用的活动物	饮料及烟类	非食用原料	矿物燃料、润滑油及有关原料	动、植物油脂及蜡
2002	40 295 184	4 670 783	28 128 499	11 689 460	1 915 128
2003	43 275 344	4 787 573	33 545 122	14 046 769	2 012 387
2004	45 567 497	4 790 356	37 053 106	19 016 526	2 003 486
2005	48 465 808	4 487 447	41 270 667	26 645 850	1 835 255
2006	54 182 159	5 086 621	50 153 683	34 837 534	2 076 189
2007	68 292 668	5 375 363	62 473 382	42 189 484	2 857 965
2008	85 750 708	5 468 240	76 462 023	76 741 713	4 430 200
2009	71 602 580	4 998 784	61 695 744	54 848 312	3 216 885

年份	化学品及有关产品	轻纺产品、橡胶制品、矿业产品及其制品	机械及运输装备	杂项制品	未分类的其他商品
1993	86 617 749	75 305 531	445 561 101	93 834 871	27 060 676
1994	70 826 639	62 277 253	352 640 589	79 086 941	26 401 716
1995	55 035 529	49 248 975	259 720 077	64 339 011	25 742 756
1996	62 931 084	55 763 114	306 180 333	71 712 976	26 072 236
1997	70 826 639	62 277 253	352 640 589	79 086 941	26 401 716
1998	69 270 114	61 804 412	358 168 340	79 688 967	26 286 828
1999	71 988 846	62 157 018	369 119 724	81 629 936	26 707 204
2000	82 542 053	71 989 984	412 199 672	93 183 692	29 608 669
2001	82 322 455	66 657 770	375 067 922	88 524 017	29 312 387
2002	83 593 252	65 059 121	349 735 881	82 137 448	26 032 544
2003	94 153 053	67 696 493	351 756 972	84 864 191	27 605 273
2004	113 108 579	78 621 334	392 029 480	95 034 999	27 649 290
2005	123 906 589	89 024 128	431 897 824	102 824 360	30 723 882
2006	138 956 814	103 282 130	485 508 380	114 914 771	36 969 216
2007	158 792 291	112 423 016	524 856 280	125 983 385	44 954 890
2008	179 736 564	124 764 393	547 015 224	132 674 220	54 398 712
2009	159 891 990	94 720 096	441 427 304	119 943 530	43 697 737

附表 1-1-5　中国对主要贸易伙伴国(地区)的出口额(单位:百万美元)

年份	美国	日本	中国香港	韩国	德国
1993	18 210.7	14 694.6	28 738.1	2 115.7	3 850.6
1994	21 461.0	21 578.6	32 361.0	4 402.5	4 761.2
1995	24 711.3	28 462.7	35 983.8	6 689.2	5 671.7
1996	30 886.2	7 499.9	31 416.2	5 842.7	3 536.9
1997	31 838.6	9 126.9	39 229.7	6 496.9	4 406.0
1998	29 660.1	6 251.5	45 394.8	7 354.3	5 161.7
1999	32 410.6	7 807.6	49 657.1	7 779.6	5 412.9
2000	41 654.3	11 292.4	62 456.5	9 277.8	6 687.2
2001	44 940.5	12 518.8	54 355.1	9 751.1	7 278.4
2002	48 433.8	15 534.6	70 050.1	11 371.8	9 107.6
2003	59 408.7	20 094.8	92 626.3	17 442.1	13 501.2
2004	73 509.0	27 811.6	125 149.0	23 755.7	18 518.8
2005	83 986.3	35 107.8	163 180.5	32 527.1	25 875.7
2006	91 622.7	44 522.2	203 801.0	40 314.6	30 861.1
2007	102 008.6	56 098.9	233 096.7	48 714.3	41 417.8
2008	97 911.0	53 679.9	221 295.0	49 919.6	36 682.2
2009	220 802.2	97 867.7	166 228.6	53 669.7	49 916.4

年份	荷兰	英国	俄罗斯	新加坡	印度
1993	1 302.1	2 036.2	8.9	1 615.5	380.7
1994	2 267.1	2 413.9	9.5	2 558.1	573.0
1995	3 232.1	2 791.6	10.0	3 500.6	765.3
1996	3 200.9	32 906.3	1 692.7	3 748.8	686.0
1997	3 815.2	43 782.9	2 038.1	4 323.3	933.7
1998	4 631.8	38 741.8	1 839.9	3 943.9	1 016.7
1999	4 880.0	36 862.8	1 497.3	4 502.2	1 162.0
2000	6 310.1	44 518.3	2 233.0	5 761.0	1 560.7
2001	6 780.5	46 541.2	2 710.5	5 790.7	1 895.8
2002	8 059.4	58 463.1	3 520.7	6 984.2	2 671.2
2003	10 823.7	76 274.4	6 029.9	8 863.8	3 343.2
2004	14 967.0	100 868.6	9 098.1	12 687.6	5 936.0

续表

年份	荷兰	英国	俄罗斯	新加坡	印度
2005	18 976.5	124 473.3	13 211.3	16 632.3	8 934.3
2006	24 163.2	155 309.1	15 832.5	23 185.3	14 581.3
2007	31 656.3	184 436.2	28 466.2	29 620.3	24 011.5
2008	31 277.4	166 216.9	33 075.9	30 066.4	29 666.6
2009	36 683.9	31 277.9	17 518.6	30 051.9	29 656.0

附表 1-2　生态效益指数原始数据

年份	总产值 (亿美元)	工业总产值 (亿美元)	总产值 (亿元)	工业总产值 (亿元)	汇率 (RMB)
1993	6 132.23	2 462.33	35 333.92	14 187.97	5.76
1994	5 592.24	2 260.28	48 197.86	19 480.71	8.62
1995	7 279.81	2 987.74	60 793.73	24 950.61	8.35
1996	8 560.85	3 541.84	71 176.59	29 447.61	8.31
1997	9 526.53	3 971.31	78 973.03	32 921.39	8.29
1998	10 194.62	4 108.95	84 402.28	34 018.43	8.28
1999	10 832.79	4 331.99	89 677.05	35 861.48	8.28
2000	11 984.75	4 835.91	99 214.55	40 033.59	8.28
2001	13 248.18	5 265.27	109 655.17	43 580.62	8.28
2002	14 538.20	5 730.50	120 332.69	47 431.31	8.28
2003	16 409.66	6 638.34	135 822.76	54 945.53	8.28
2004	19 316.44	7 878.65	159 878.34	65 210.03	8.28
2005	22 576.19	9 427.93	184 937.37	77 230.78	8.19
2006	27 134.95	11 454.24	216 314.43	91 310.94	7.97
2007	34 956.64	14 536.41	265 810.31	110 534.88	7.60
2008	45 218.27	18 755.70	314 045.43	130 260.24	6.95
2009	49 847.29	19 797.97	340 506.87	135 239.95	6.83
2010	59 312.03	23 742.11	401 512.80	160 722.20	6.77
2011	73 215.08	29 180.37	472 881.56	188 470.20	6.46

年份	出口总额（亿美元）	进口总额（亿美元）	工业制成品出口额（亿美元）	初级产品进口额（亿美元）	初级产品出口额（亿美元）
1993	917.44	1 039.59	750.78	142.10	166.66
1994	1 210.06	1 156.14	1 012.98	164.86	197.08
1995	1 487.80	1 320.84	1 272.95	244.17	214.85
1996	1 510.48	1 388.33	1 291.23	254.41	219.25
1997	1 827.92	1 423.70	1 588.39	286.20	239.53
1998	1 837.09	1 402.37	1 632.20	229.49	204.89
1999	1 949.31	1 656.99	1 749.90	268.46	199.41
2000	2 492.03	2 250.94	2 237.43	467.39	254.60
2001	2 660.98	2 435.53	2 397.60	457.43	263.38
2002	3 255.96	2 951.70	2 970.56	492.71	285.40
2003	4 382.28	4 127.60	4 034.16	727.63	348.12
2004	5 933.26	5 612.29	5 527.77	1 172.67	405.49
2005	7 619.53	6 599.53	7 129.16	1 477.14	490.37
2006	9 689.36	7 914.61	9 160.17	1 871.29	529.19
2007	12 177.76	9 559.50	11 562.67	2 430.85	615.09
2008	14 306.93	11 325.62	13 527.36	3 623.95	779.57
2009	12 016.12	10 059.23	11 384.83	2 898.04	631.12
2010	15 777.54	13 962.44	14 960.69	4 338.50	816.86
2011	18 983.81	17 434.84	17 978.36	6 042.69	1 005.45

年份	能源消耗总量（万吨标准煤）	工业总能耗（万吨标准煤）	工业废水排放（万吨）	工业废气排放（亿标立方米）	工业固体废物排放（万吨）
1993	115 993	83 037.24	2 194 919	93 423	61 708
1994	122 737	87 853.40	2 155 111	97 463	61 704
1995	131 176	96 191.30	2 218 943	107 478	64 474
1996	135 192	100 322.29	2 058 881	111 196	65 897
1997	135 909	100 080.34	1 883 296	113 375	65 750
1998	136 184	94 409.15	2 006 331	121 203	80 068
1999	140 569	90 797.48	1 973 036	126 807	78 442
2000	145 531	95 442.80	1 942 405	138 145	81 608
2001	150 406	98 273.30	2 026 282	160 863	88 840

续表

年份	能源消耗总量 （万吨标准煤）	工业总能耗 （万吨标准煤）	工业废水排放 （万吨）	工业废气排放 （亿标立方米）	工业固体废物 排放（万吨）
2002	159 431	104 088.10	2 071 885	175 257	94 509
2003	183 792	121 731.86	2 122 527	198 906	100 428
2004	213 456	143 244.02	2 211 424	237 696	120 030
2005	235 997	168 723.53	2 431 121	268 988	134 449
2006	258 676	184 945.45	2 401 946	330 990	151 541
2007	280 508	200 531.38	2 466 493	388 169	175 632
2008	291 448	209 302.15	2 416 511	403 866	190 127
2009	306 647	219 197.16	2 343 857	436 064	203 943
2010	324 939	231 101.82	2 375 000	519 168	240 944
2011	348 002	243 653.03	2 406 557	618 110	284 657

年份	出口贸易废水 排放（万吨）	出口贸易废气排放 （亿标立方米）	出口贸易固体 废物排放（万吨）	贸易能源 密集度	初级产品 效益度
1993	669 243.47	28 485.21	18 815.13	0.78	0.75
1994	965 845.16	43 679.50	27 653.57	0.64	0.88
1995	945 398.25	45 791.85	27 469.66	0.58	1.28
1996	750 594.39	40 538.09	24 023.69	0.60	1.26
1997	753 254.33	45 346.14	26 297.76	0.51	1.53
1998	796 975.21	48 145.49	31 805.43	0.50	1.47
1999	797 005.28	51 223.52	31 686.54	0.59	1.58
2000	898 692.43	63 915.54	37 757.57	0.62	2.03
2001	922 690.83	73 250.82	40 454.32	0.62	1.90
2002	1 074 018.66	90 849.29	48 991.34	0.60	1.90
2003	1 289 873.00	120 876.43	61 030.73	0.62	2.22
2004	1 551 565.27	166 770.76	84 214.69	0.62	3.06
2005	1 838 351.52	203 401.85	101 666.90	0.54	3.48
2006	1 920 880.60	264 698.82	121 190.14	0.51	4.33
2007	1 961 917.16	308 760.42	139 702.26	0.48	5.03
2008	1 742 884.05	291 284.26	137 127.17	0.48	5.87
2009	1 347 836.23	250 758.84	117 277.76	0.49	5.49
2010	1 496 566.30	327 144.98	151 826.81	0.53	6.00
2011	1 482 706.99	380 824.44	175 380.70	0.55	6.54

附表 1-3　社会效益指数原始数据

年份	就业人数 （千人）	就业人数比前一年增加 （千人）	平均工资 （元）	平均工资比前一年 增加（元）
1993	2 881	—	5 231.0	—
1994	4 061	1 180	6 454.5	1 223.5
1995	5 577	1 516	7 776.0	1 321.5
1996	5 400	−177	8 853.5	1 077.5
1997	7 673	2 273	9 027.0	173.5
1998	5 875	−1 798	10 897.0	1 870
1999	6 121	246	11 971.0	1 074
2000	6 423	302	11 068.5	−902.5
2001	6 709	286	14 322.5	3 254
2002	7 580	871	15 824.0	1 501.5
2003	8 631	1 051	17 028.5	1 204.5
2004	10 333	1 702	18 083.5	1 055
2005	12 452	2 119	19 587.5	1 504
2006	14 073	1 621	21 914.5	2 327
2007	15 836	1 763	24 947.0	3 032.5
2008	16 218	382	28 994.0	4 047
2009	16 988	770	32 595.5	3 601.5
2010	10 530	−6 458	41 739.0	9 143.5
2011	12 170	1 640	48 869.0	7 130.0

注：就业人数指的是当年年末从业人数，平均工资指的是就业职工的平均工资收入。

附表 2　分地区对外贸易可持续发展指数相关指标原始数据

附表 2-1　各地区经济效益指数原始数据

附表 2-1-1　2002 年主要数据

地区	出口额（万美元）	进口额（万美元）	GDP（亿元）
北京	1 261 386	3 989 142	3 212.71
天津	1 163 169	1 117 972	2 051.16
河北	459 411	207 114	6 122.53
山西	166 161	64 993	2 017.54
内蒙古	80 667	162 736	1 734.31
辽宁	1 236 656	937 309	5 458.22
吉林	176 849	193 398	2 246.12
黑龙江	198 665	236 251	3 882.16
上海	3 203 739	4 058 972	5 408.76
江苏	3 846 512	3 182 342	10 631.75
浙江	2 941 068	1 254 508	7 796.00
安徽	245 313	172 784	3 569.10
福建	1 737 063	1 102 674	4 682.01
江西	105 198	64 249	2 450.48
山东	2 110 783	1 282 665	10 552.06
河南	211 862	108 454	6 168.73
湖北	209 826	185 488	4 975.63
湖南	179 528	108 055	4 340.94
广东	11 846 274	10 263 357	11 769.73
广西	150 746	92 303	2 455.36
海南	81 930	104 749	604.13
重庆	109 101	70 206	1 971.30
四川	271 163	175 690	4 875.12
贵州	44 183	24 964	1 185.04
云南	142 971	79 705	2 232.32

续表

地区	出口额（万美元）	进口额（万美元）	GDP（亿元）
西藏	8 112	4 925	161.42
陕西	137 603	84 800	2 035.96
甘肃	54 891	32 849	1 161.43
青海	15 100	4 565	341.11
宁夏	32 818	11 473	329.28
新疆	130 850	138 320	1 598.28

地区	工业制成品出口额（万美元）	初级产品进口额（万美元）	高新技术产品出口额（万美元）	高新技术产品进口额（万美元）
北京	541 406	57 582	262 814	449 764
天津	982 348	89 652	—	—
河北	—	—	—	—
山西	68 830	15 085	6 037	31 457
内蒙古	—	—	—	—
辽宁	—	—	—	—
吉林	20 347	—	3 618	—
黑龙江	34 410	92 289	11 838	42 260
上海	3 112 900	386 600	1 418 700	2 070 900
江苏	3 751 700	327 900	1 211 428	973 091
浙江	2 726 379	225 239	73 635	89 837
安徽	217 533	50 989	10 230	73 979
福建	1 600 376	114 252	2 092	1 381
江西	66 903	8 953	11 097	28 198
山东	1 649 051	162 692	113 583	466 845
河南	186 735	—	—	—
湖北	—	—	—	—
湖南	65 021	29 978	—	—
广东	11 478 600	1 031 500	3 096 200	3 255 300
广西	—	—	—	—
海南	47 494	—	—	—
重庆	101 326	8 482	—	—

续表

地区	工业制成品出口额 （万美元）	初级产品进口额 （万美元）	高新技术产品出口额 （万美元）	高新技术产品进口额 （万美元）
四川	250 815	12 232	—	—
贵州	—	—	—	—
云南	—	—	—	—
西藏	—	—	—	—
陕西	—	—	—	—
甘肃	—	—	—	—
青海	1 040	23	—	—
宁夏	—	—	—	—
新疆	—	—	—	—

附表 2-1-2　2009 年主要数据

地区	出口额（万美元）	进口额（万美元）	GDP（亿元）
北京	4 837 932	16 635 373	12 153.03
天津	2 989 272	3 393 852	7 521.85
河北	1 568 890	1 393 835	17 235.48
山西	283 746	573 158	7 358.31
内蒙古	231 548	445 859	9 740.25
辽宁	3 341 493	2 951 945	15 212.49
吉林	312 494	861 747	7 278.75
黑龙江	1 008 213	614 739	8 587.00
上海	14 179 603	13 591 758	15 046.45
江苏	19 919 919	13 954 051	34 457.30
浙江	13 301 295	5 471 791	22 990.35
安徽	888 649	679 124	10 062.82
福建	5 331 911	2 633 048	12 236.53
江西	736 849	541 030	7 655.18
山东	7 949 071	5 956 266	33 896.65
河南	734 538	613 104	19 480.46
湖北	997 880	727 222	12 961.10

续表

地区	出口额(万美元)	进口额(万美元)	GDP(亿元)
湖南	549 203	465 743	13 059.69
广东	35 895 489	25 213 916	39 482.56
广西	837 537	587 936	7 759.16
海南	130 863	357 300	1 654.21
重庆	428 007	343 245	6 530.01
四川	1 416 945	999 920	14 151.28
贵州	135 661	94 760	3 912.68
云南	451 325	353 434	6 169.75
西藏	37 547	2 663	441.36
陕西	398 815	441 724	8 169.80
甘肃	73 551	313 004	3 387.56
青海	25 188	33 491	1 081.27
宁夏	74 293	45 955	1 353.31
新疆	1 093 456	301 327	4 277.05

地区	工业制成品出口额(万美元)	初级产品进口额(万美元)	高新技术产品出口额(万美元)	高新技术产品进口额(万美元)
北京	3 080 447	—	1 751 571	2 357 239
天津	—		—	—
河北	—		—	
山西	234 981	296 190	82 679	92 586
内蒙古	200 659	5 223	24 604	75 409
辽宁	—			—
吉林	143 417		25 122	
黑龙江	294 063	96 742	24 299	34 364
上海	—	—	6 361 600	
江苏	19 627 900	1 937 000	9 284 001	6 128 154
浙江	12 831 464	1 379 704	987 404	617 492
安徽	—	—	—	—
福建	4 971 463	673 287	1 046 985	837 945
江西	637 642	202 803	139 154	84 730

续表

地区	工业制成品出口额 （万美元）	初级产品进口额 （万美元）	高新技术产品出口额 （万美元）	高新技术产品进口额 （万美元）
山东	6 940 310	2 004 215	1 367 000	1 200 000
河南	329 623	888 760	—	—
湖北	—			
湖南	68 196	—	—	—
广东	25 013 600	799 100	13 937 400	11 508 400
广西	—		43 495	29 134
海南	—	—	—	—
重庆	413 009	67 108	17 719	43 111
四川	1 360 808	74 445	—	—
贵州	—	—	—	—
云南	—			—
西藏	—			
陕西	339 006	68 757	71 543	168 702
甘肃	50 627	218 733		
青海	15 877	—	—	2 557
宁夏	—			
新疆	—	—	—	—

附表 2-1-3 2010 年主要数据

地区	出口额（万美元）	GDP（亿元）	出口依存度
北京	5 543 942	14 113.58	392.81
天津	3 751 727	9 224.46	406.72
河北	2 257 003	20 394.26	110.67
山西	470 930	9 200.86	51.18
内蒙古	333 485	11 672.00	28.57
辽宁	4 312 000	18 457.27	233.62
吉林	447 640	8 667.58	51.65
黑龙江	1 628 000	10 368.60	157.01
上海	18 078 400	17 165.98	1 053.15

续表

地区	出口额（万美元）	GDP（亿元）	出口依存度
江苏	27 055 000	41 425.48	653.10
浙江	18 046 487	27 722.31	650.97
安徽	1 241 288	12 359.33	100.43
福建	7 149 313	14 737.12	485.12
江西	1 341 606	9 451.26	141.95
山东	10 424 695	39 169.92	266.14
河南	1 053 400	23 092.36	45.62
湖北	1 444 166	15 967.61	90.44
湖南	795 487	16 037.96	49.60
广东	45 319 100	46 013.06	984.92
广西	960 988	9 569.85	100.42
海南	239 114	2 064.50	115.82
重庆	748 875	7 925.58	94.49
四川	1 884 504	17 185.48	109.66
贵州	191 903	4 602.16	41.70
云南	760 568	7 224.18	105.28
西藏	77 102	507.46	151.94
陕西	620 773	10 123.48	61.32
甘肃	163 797	4 120.75	39.75
青海	46 630	1 350.43	34.53
宁夏	117 026	1 689.65	69.26
新疆	1 296 981	5 437.47	238.53

地区	进口额	工业制成品出口额（万美元）	初级产品进口额（万美元）	高新技术产品出口额（万美元）	高新技术产品进口额（万美元）
北京	24 622 187	3 529 983	—	1 936 840	2 749 258
天津	4 468 351	3 275 560	477 709	—	—
河北	1 936 113	339 707	428 851	—	—
山西	786 909	—	—	—	—
内蒙古	538 409	302 818	229 668	—	—
辽宁	3 755 000	—	—	—	—

续表

地区	进口额	工业制成品出口额（万美元）	初级产品进口额（万美元）	高新技术产品出口额（万美元）	高新技术产品进口额（万美元）
吉林	1 236 997	205 441	—	—	—
黑龙江	922 000	—	—	37 272	45 334
上海	18 808 500	—	—	8 411 100	—
江苏	19 524 200	—	2 661 759	—	—
浙江	7 306 824	17 412 873	1 918 142	1 473 315	895 664
安徽	1 186 388	1 163 059	629 398	201 412	—
福建	3 728 715	6 619 522	1 024 135	1 317 431	1 243 151
江西	818 400	714 416	120 661	270 905	117 090
山东	8 470 390	10 155 804	622 905	178 000	1 533 000
河南	725 700	969 131	370 196	—	—
湖北	1 146 510	—	—	—	—
湖南	673 399	—	—	—	—
广东	33 170 500	44 288 132	3 112 078	17 533 900	14 897 900
广西	809 621	—	—	77 418	42 566
海南	842 536	84 384	542 138	17 760	195 151
重庆	493 759	732 190	80 261	79 487	96 603
四川	1 393 318	1 822 196	116 590	—	—
贵州	121 898	160 730	24 399	—	—
云南	576 227	—	—	—	—
西藏	6 492	—	—	—	—
陕西	587 510	558 647	78 831	186 686	292 818
甘肃	573 178	137 846	364 938	—	—
青海	32 276	—	—	—	—
宁夏	79 023	—	—	—	—
新疆	415 853	—	—	—	—

注："—"表示部分地区该数据缺失。

附表 2-2　各地区生态效益指数原始数据

附表 2-2-1　2002 年主要数据

地区	总产值 （亿美元）	工业总产值 （亿美元）	总产值 （亿元）	工业总产值 （亿元）
北京	388.15	105.61	3 212.71	874.15
天津	247.81	109.85	2 051.16	909.24
河北	739.70	325.68	6 122.53	2 695.69
山西	243.75	111.39	2 017.54	921.99
内蒙古	209.53	69.26	1 734.31	573.30
辽宁	659.44	281.74	5 458.22	2 331.95
吉林	271.37	97.08	2 246.12	803.53
黑龙江	469.03	231.49	3 882.16	1 916.04
上海	653.47	279.42	5 408.76	2 312.77
江苏	1 284.49	583.13	10 631.75	4 826.58
浙江	941.89	432.52	7 796.00	3 580.00
安徽	431.21	155.92	3 569.10	1 290.52
福建	565.67	227.44	4 682.01	1 882.55
江西	296.06	83.75	2 450.48	693.18
山东	1 274.87	559.33	10 552.06	4 629.54
河南	745.29	305.87	6 168.73	2 531.72
湖北	601.14	261.98	4 975.63	2 168.42
湖南	524.46	174.07	4 340.94	1 440.80
广东	1 421.98	638.94	11 769.73	5 288.53
广西	296.65	84.47	2 455.36	699.16
海南	72.99	10.12	604.13	83.78
重庆	238.17	78.65	1 971.30	651.00
四川	589.00	187.44	4 875.12	1 551.48
贵州	143.17	44.76	1 185.04	370.49
云南	269.70	94.28	2 232.32	780.33
西藏	19.50	1.40	161.42	11.61
陕西	245.98	83.49	2 035.96	691.07
甘肃	140.32	47.19	1 161.43	390.61
青海	41.21	12.10	341.11	100.19
宁夏	39.78	13.87	329.28	114.80
新疆	193.10	57.15	1 598.28	473.00

地区	出口总额（万美元）	进口总额（万美元）	工业制成品出口额（万美元）	初级产品进口额（万美元）	初级产品出口额（万美元）
北京	1 261 386	3 989 142	541 406	57 582	48 495
天津	1 163 169	1 117 972	1 028 036	89 652	117 794
河北	459 411	207 114	328 100	78 300	131 300
山西	166 161	64 993	110 644	80 065	263 557
内蒙古	80 667	162 736	68 550	28 050	66 595
辽宁	1 236 656	937 309	884 800	232 500	351 800
吉林	176 849	193 398	69 139	16 765	107 715
黑龙江	198 665	236 251	152 100	102 500	46 700
上海	3 203 739	4 058 972	3 112 000	386 100	92 600
江苏	3 846 512	3 182 342	3 750 700	327 900	96 500
浙江	2 941 068	1 254 508	2 736 400	225 200	205 400
安徽	245 313	172 784	217 000	51 000	28 000
福建	1 737 063	1 102 674	1 600 400	114 200	136 900
江西	105 198	64 249	95 654	20 864	9 578
山东	2 110 783	1 282 665	1 649 000	108 632	462 000
河南	211 862	108 454	185 636	42 099	26 295
湖北	209 826	185 488	191 240	34 505	18 656
湖南	179 528	108 055	161 375	24 929	18 157
广东	11 846 274	10 263 357	11 479 700	1 031 900	367 700
广西	150 746	92 303	123 000	50 800	28 000
海南	81 930	104 749	44 717	7 900	37 183
重庆	109 101	70 206	104 238	6 576	4 880
四川	271 163	175 690	242 200	14 900	29 000
贵州	44 183	24 964	30 585	9 169	13 596
云南	142 971	79 705	107 175	40 971	35 790
西藏	8 112	4 925	7 046	431	1 066
陕西	137 603	84 800	131 500	2 300	6 200
甘肃	54 891	32 849	47 987	19 675	6 907
青海	15 100	4 565	14 393	1 476	716
宁夏	32 818	11 473	30 142	6 200	2 658
新疆	130 850	138 320	90 621	28 782	40 228

地区	能源消耗总量（万吨标准煤）	工业总能耗（万吨标准煤）	工业废水排放（万吨）	工业废气排放（亿标立方米）	工业固体废物排放（万吨）
北京	4 503	2 458.70	18 044	2 966	1 053
天津	3 022	1 913.61	21 959	3 677	643
河北	11 588	5 102.20	106 772	12 743	8 503
山西	9 339	6 302.26	30 777	9 402	8 295
内蒙古	4 560	4 378.31	22 737	5 998	3 044
辽宁	10 599	8 424.21	92 001	10 462	8 146
吉林	4 353	1 935.62	34 783	3 516	1 631
黑龙江	6 004	4 903.00	47 983	4 628	3 086
上海	6 119	3 633.77	64 857	7 440	1 595
江苏	9 609	7 069.87	262 715	14 286	3 796
浙江	7 386	5 171.73	168 048	8 532	1 778
安徽	5 316	4 527.17	64 577	5 119	3 415
福建	3 490	2 412.66	78 511	3 565	4 131
江西	2 599	1 730.00	46 119	2 612	5 850
山东	11 048	3 621.54	106 668	14 306	6 559
河南	8 603	3 695.65	114 431	10 645	4 251
湖北	6 713	3 007.25	98 481	6 440	2 977
湖南	5 045	4 322.40	111 788	4 190	2 434
广东	11 355	7 376.74	145 236	10 579	2 045
广西	2 982	2 374.90	97 126	5 693	2 535
海南	639	520.70	7 170	528	94
重庆	3 204	2 061.91	79 872	1 979	1 348
四川	7 510	4 706.30	117 638	7 287	4 573
贵州	4 470	2 583.39	17 117	3 515	2 879
云南	3 939	2 699.80	33 696	3 659	3 433
西藏	—	—	1 063	14	8
陕西	3 713	2 630.70	30 496	3 424	2 887
甘肃	3 018	1 989.26	19 677	2 972	1 734
青海	1 019	638.10	3 583	937	314
宁夏	2 452	444.28	11 534	1 631	466
新疆	3 622	2 020.53	16 426	2 512	1 008

地区	出口贸易废水排放（万吨）	出口贸易废气排放（亿标立方米）	出口贸易固体废物排放（万吨）	贸易能源密集度	初级产品效益度
北京	9 250.02	1 520.48	539.81	3.67	0.18
天津	20 884.65	3 497.10	611.54	0.75	0.79
河北	10 756.75	1 283.79	856.64	0.63	1.32
山西	1 894.31	578.69	510.55	0.64	0.78
内蒙古	1 673.07	441.35	223.99	1.10	0.21
辽宁	28 892.92	3 285.59	2 558.25	0.57	0.87
吉林	2 477.20	250.40	116.16	2.25	0.14
黑龙江	3 152.72	304.08	202.77	0.94	1.85
上海	72 233.22	8 286.15	1 776.40	0.94	3.29
江苏	168 978.19	9 188.75	2 441.59	0.52	4.11
浙江	106 320.92	5 398.04	1 124.91	0.30	2.57
安徽	8 996.55	713.15	475.76	0.34	2.59
福建	55 244.05	2 508.50	2 906.77	0.40	1.31
江西	5 267.57	298.33	668.17	0.29	3.57
山东	31 447.77	4 217.68	1 933.72	1.04	0.39
河南	6 944.85	646.05	257.99	0.56	3.13
湖北	7 188.87	470.10	217.31	0.94	2.09
湖南	10 363.36	388.44	225.65	0.26	2.28
广东	260 941.29	19 006.98	3 674.19	0.62	3.24
广西	14 142.85	828.98	369.13	0.27	2.97
海南	3 168.76	233.35	41.54	0.40	0.17
重庆	10 585.53	262.28	178.65	0.35	2.09
四川	15 200.17	941.56	590.88	0.37	0.79
贵州	1 169.59	240.18	196.72	0.44	1.19
云南	3 830.60	415.96	390.27	0.38	2.05
西藏	533.97	7.03	4.02	0.70	0.67
陕西	4 803.08	539.28	454.70	0.31	0.60
甘肃	2 000.84	302.21	176.32	0.35	4.76
青海	426.04	111.41	37.34	0.15	6.82
宁夏	2 506.59	354.45	101.27	0.73	6.67
新疆	2 604.79	398.35	159.85	0.81	0.68

附表 2-2-2　2009 年主要数据

地区	总产值 （万美元）	工业总产值 （万美元）	出口总额 （万美元）	进口总额 （万美元）
北京	17 790 997	3 371 512	4 837 932	16 635 373
天津	11 011 345	5 302 459	2 989 272	3 393 852
河北	25 231 269	11 687 688	1 568 890	1 393 835
山西	10 771 937	5 151 339	283 836	573 158
内蒙古	14 258 893	6 592 490	231 556	445 859
辽宁	22 269 785	10 138 530	3 341 493	2 951 945
吉林	10 655 468	4 471 673	312 494	861 747
黑龙江	12 570 634	5 196 501	1 008 213	614 739
上海	22 026 716	7 917 948	14 179 603	13 591 758
江苏	50 442 541	24 103 265	19 924 278	13 954 051
浙江	33 655 907	15 397 760	13 301 295	5 471 791
安徽	14 731 108	5 950 403	888 649	679 124
福建	17 913 234	7 475 304	5 331 911	2 633 048
江西	11 206 529	4 679 491	736 849	541 030
山东	49 621 798	24 734 504	7 956 530	5 956 266
河南	28 517 728	14 493 149	734 538	613 104
湖北	18 973 942	7 588 464	997 880	727 222
湖南	19 118 270	7 055 190	549 203	465 743
广东	57 799 092	26 484 497	35 895 489	25 213 916
广西	11 358 747	4 192 417	837 537	587 936
海南	2 421 622	440 097	190 036	357 300
重庆	9 559 376	4 270 824	428 007	343 245
四川	20 716 264	8 312 458	1 415 167	999 920
贵州	5 727 829	1 833 802	135 856	94 760
云南	9 031 987	3 056 902	451 402	353 434
西藏	646 113	48 470	37 535	2 663
陕西	11 959 889	5 125 531	398 815	441 724
甘肃	4 959 098	1 762 114	73 551	313 004
青海	1 582 887	688 523	25 188	33 491
宁夏	1 981 130	761 792	74 293	45 955
新疆	6 261 236	2 277 617	1 093 456	301 327

地区	工业制成品出口额 （万美元）	初级产品进口额 （万美元）	初级产品出口额 （万美元）	能源消耗总量 （万吨标准煤）
北京	4 058 620	9 382 859	779 312	6 570
天津	2 774 572	531 800	214 700	5 874
河北	1 469 890	683 000	99 000	25 419
山西	241 777	296 190	42 059	15 576
内蒙古	205 523	191 497	26 033	15 344
辽宁	2 840 269	1 188 963	501 224	19 112
吉林	257 032	112 753	55 462	7 698
黑龙江	972 178	399 147	36 035	10 467
上海	13 876 154	1 219 994	303 449	10 367
江苏	19 627 896	1 937 040	296 382	23 709
浙江	12 831 464	1 379 704	469 568	15 567
安徽	804 262	380 781	84 468	8 896
福建	4 971 463	673 287	360 440	8 916
江西	710 400	202 803	26 449	5 813
山东	6 940 309	2 004 215	1 016 221	32 420
河南	681 504	279 569	53 034	19 751
湖北	730 000	125 000	268 000	13 708
湖南	525 596	126 258	23 593	13 331
广东	34 948 453	2 393 473	947 125	24 654
广西	786 697	385 475	50 840	7 075
海南	60 083	418 826	129 953	1 233
重庆	413 009	67 108	14 999	7 030
四川	1 364 315	74 445	50 852	16 322
贵州	113 399	53 672	22 457	7 566
云南	347 002	200 525	104 400	8 032
西藏	33 796	1 157	3 739	300
陕西	339 007	687 566	598 083	8 044
甘肃	506 28	218 733	22 923	5 482
青海	23 544	18 023	1 556	2 348
宁夏	42 105	20 680	32 188	3 388
新疆	1 046 874	112 177	46 582	7 526

地区	工业总能耗（万吨标准煤）	工业废水排放（万吨）	工业废气排放（亿标立方米）	工业固体废物排放（万吨）
北京	2 197	8 713	4 408	1 242
天津	3 962	19 441	5 983	1 516
河北	18 825	110 058	50 779	21 976
山西	9 613	39 720	23 693	14 743
内蒙古	10 682	28 616	24 844	12 108
辽宁	8 776	75 159	25 211	17 221
吉林	5 233	37 563	7 124	3 941
黑龙江	7 896	34 188	9 977	5 275
上海	5 560	41 192	10 059	2 255
江苏	19 260	256 160	27 432	8 028
浙江	11 448	203 442	18 860	3 910
安徽	6 518	73 441	15 273	8 471
福建	6 331	142 747	10 497	6 349
江西	4 337	67 192	8 286	8 898
山东	24 141	182 673	35 127	14 138
河南	15 997	140 325	22 186	10 786
湖北	10 312	91 324	12 523	5 561
湖南	9 273	96 396	10 973	5 093
广东	16 259	188 844	22 682	4 741
广西	5 182	161 596	13 184	5 693
海南	612	7 031	1 353	201
重庆	2 767	65 684	12 587	2 552
四川	11 542	10 5910	13 410	8 597
贵州	4 945	13 478	7 786	7 317
云南	5 382	32 375	9 484	8 673
西藏	129	942	15	11
陕西	5 036	49 137	11 032	5 547
甘肃	4 022	16 364	6 314	3 150
青海	1 783	8 404	3 308	1 348
宁夏	2 532	21 542	4 701	1 398
新疆	6 261	24 201	6 975	3 206

地区	出口贸易废水排放(万吨)	出口贸易废气排放(亿标立方米)	出口贸易固体废物排放(万吨)	贸易能源密集度	初级产品效益度
北京	10 488.13	5 306.65	1 495.65	2.32	3.50
天津	10 172.75	3 130.55	793.09	0.87	2.18
河北	13 841.33	6 386.22	2 763.77	0.59	7.77
山西	1 864.26	1 112.02	691.95	1.84	3.49
内蒙古	892.12	774.53	377.48	1.44	3.82
辽宁	21 055.38	7 062.81	4 824.51	1.03	2.69
吉林	2 159.15	409.48	226.50	2.07	0.74
黑龙江	6 396.04	1 866.54	986.81	0.35	18.17
上海	72 188.77	17 627.63	3 951.15	0.66	4.19
江苏	208 597.52	22 338.36	6 537.25	0.42	9.33
浙江	169 534.72	15 716.94	3 258.05	0.27	7.14
安徽	9 926.42	2 064.26	1 144.93	0.47	5.90
福建	94 934.12	6 981.12	4 222.35	0.31	3.78
江西	10 200.58	1 257.92	1 350.85	0.43	10.44
山东	51 256.52	9 856.28	3 967.00	0.57	2.63
河南	6 598.41	1 043.22	507.18	0.56	6.32
湖北	8 785.25	1 204.66	535.00	0.53	0.64
湖南	7 181.27	817.43	379.40	0.47	6.31
广东	249 194.90	29 930.69	6 255.94	0.50	3.60
广西	30 323.18	2 473.98	1 068.30	0.38	10.80
海南	959.93	184.74	27.42	2.18	1.71
重庆	6 351.94	1 217.18	246.78	0.94	5.58
四川	17 382.82	2 200.97	1 410.99	0.42	2.07
贵州	833.43	481.46	452.49	0.41	3.43
云南	3 675.05	1 076.55	984.49	0.51	2.45
西藏	656.50	10.74	7.75	0.01	4.36
陕西	3 249.94	729.66	366.86	0.89	1.04
甘肃	470.15	181.41	90.51	2.99	2.24
青海	287.37	113.12	46.08	0.82	8.71
宁夏	1 190.67	259.81	77.28	0.56	1.04
新疆	11 123.51	3 205.90	1 473.63	0.13	8.74

附表 2-2-3　2010 年主要数据

地区	总产值 （万美元）	工业总产值 （万美元）	出口总额 （万美元）	进口总额 （万美元）
北京	20 848 778	4 083 005	5 543 621	24 628 534
天津	13 626 501	6 515 769	3 748 483	4 461 522
河北	30 126 686	14 113 347	2 255 644	1 950 393
山西	13 591 639	6 880 818	470 282	787 341
内蒙古	17 242 042	8 299 579	333 443	539 532
辽宁	27 265 337	12 983 632	4 309 871	3 761 344
吉林	12 803 870	5 804 432	447 585	1 236 933
黑龙江	15 316 641	6 807 401	1 628 079	923 463
上海	25 357 826	9 655 381	18 071 398	18 823 667
江苏	61 194 298	28 477 214	27 053 869	19 526 027
浙江	40 951 784	18 698 250	18 046 478	7 306 987
安徽	18 257 375	7 987 887	1 241 289	1 186 048
福建	21 769 880	9 450 787	7 149 313	3 729 016
江西	13 961 533	6 332 462	1 341 606	820 311
山东	57 862 353	27 862 398	10 422 560	8 493 069
河南	34 112 357	17 654 007	1 052 937	730 214
湖北	23 587 577	9 936 524	1 444 180	1 149 032
湖南	23 691 499	9 313 997	795 599	670 040
广东	67 971 135	31 705 030	45 319 116	33 170 496
广西	14 136 716	5 702 725	960 307	813 583
海南	3 049 708	569 038	232 033	632 825
重庆	11 707 778	5 462 486	748 894	493 814
四川	25 386 631	10 977 842	1 884 063	1 385 324
贵州	6 798 375	2 240 742	192 018	122 662
云南	10 671 660	3 846 769	760 577	582 435
西藏	749 627	58 690	77 103	6 504
陕西	14 954 546	6 734 574	620 822	589 347
甘肃	6 087 229	2 367 782	163 779	576 517
青海	1 994 874	906 492	46 620	32 276
宁夏	2 495 975	949 922	117 000	78 999
新疆	8 032 307	3 192 836	1 296 865	416 146

地区	工业制成品出口额（万美元）	初级产品进口额（万美元）	初级产品出口额（万美元）	能源消耗总量（万吨标准煤）
北京	4 648 719	13 891 246	894 902	6 954
天津	3 275 560	477 709	376 764	6 818
河北	1 295 397	1 105 299	960 247	27 531
山西	339 060	428 851	131 222	16 808
内蒙古	302 776	229 668	30 667	16 820
辽宁	3 663 390	1 514 967	646 481	20 947
吉林	368 147	697 668	79 438	8 297
黑龙江	1 569 889	599 600	58 190	11 234
上海	17 684 663	1 689 609	386 735	11 201
江苏	26 617 600	2 796 000	437 400	25 774
浙江	17 412 873	1 918 142	633 613	16 865
安徽	1 163 059	629 398	78 229	9 707
福建	6 619 522	1 024 135	529 791	9 809
江西	1 311 292	388 780	30 314	6 355
山东	9 080 240	3 114 525	1 344 456	34 808
河南	968 620	370 196	84 317	21 438
湖北	1 056 491	197 504	387 688	15 138
湖南	761 401	181 641	34 198	14 880
广东	44 288 132	3 112 078	1 030 984	26 908
广西	902 015	533 419	58 292	7 919
海南	77 302	542 138	154 731	1 359
重庆	732 190	80 261	16 685	7 856
四川	1 821 755	116 590	62 308	17 892
贵州	160 845	73 197	31 173	8 175
云南	422 650	216 827	337 927	8 674
西藏	67 347	2 826	9 756	300
陕西	558 696	78 831	62 125	8 882
甘肃	137 828	364 938	25 951	5 923
青海	43 577	17 369	3 043	2 568
宁夏	66 309	35 549	50 691	3 681
新疆	1 241 618	154 921	55 247	8 290

地区	工业总能耗 （万吨标准煤）	工业废水排放 （万吨）	工业废气排放 （亿标立方米）	工业固体废物 排放（万吨）
北京	2 335	8 198	4 750	1 269
天津	4 762	19 680	7 686	1 862
河北	20 029	114 232	56 324	31 688
山西	10 344	49 881	35 190	18 270
内蒙古	11 502	39 536	27 488	16 996
辽宁	10 967	71 521	26 955	17 273
吉林	5 479	38 656	8 240	4 642
黑龙江	8 169	38 921	10 111	5 405
上海	6 266	36 696	12 969	2 448
江苏	20 598	263 760	31 213	9 064
浙江	12 403	217 426	20 434	4 268
安徽	7 465	70 971	17 849	9 158
福建	6 919	124 168	13 507	7 487
江西	4 758	72 526	9 812	9 407
山东	27 010	208 257	43 837	16 038
河南	17 122	150 406	22 709	10 714
湖北	10 248	94 593	13 865	6 813
湖南	10 021	95 605	14 673	5 773
广东	16 838	187 031	24 092	5 456
广西	5 761	165 211	14 520	6 232
海南	653	5 782	1 360	212
重庆	3 207	45 180	10 943	2 837
四川	12 939	93 444	20 107	11 239
贵州	5 289	14 130	10 192	8 188
云南	5 676	30 926	10 978	9 392
西藏	129	736	16	11
陕西	4 845	45 487	13 510	6 892
甘肃	4 377	15 352	6 252	3 745
青海	1 949	9 031	3 952	1 783
宁夏	2 868	21 977	16 324	2 465
新疆	6 897	25 413	9 310	3 914

地区	出口贸易废水排放(万吨)	出口贸易废气排放(亿标立方米)	出口贸易固体废物排放(万吨)	贸易能源密集度	初级产品效益度
北京	9 333.86	5 408.13	1 444.82	3.09	3.49
天津	9 893.39	3 863.85	936.05	0.93	1.07
河北	10 484.81	5 169.71	2 908.49	0.97	1.33
山西	2 457.94	1 734.02	900.27	1.91	1.95
内蒙古	1 442.31	1 002.79	620.03	1.25	4.63
辽宁	20 179.97	7 605.47	4 873.65	0.93	2.69
吉林	2 451.76	522.62	294.42	2.31	3.18
黑龙江	8 975.77	2 331.75	1 246.47	0.36	18.17
上海	67 211.89	23 753.84	4 483.72	0.72	4.19
江苏	246 535.99	29 174.73	8 472.10	0.43	8.86
浙江	202 479.45	19 029.30	3 974.60	0.26	7.48
安徽	10 333.58	2 598.87	1 333.43	0.58	8.42
福建	86 969.78	9 460.58	5 244.05	0.35	3.71
江西	15 018.30	2 031.82	1 947.95	0.38	20.98
山东	67 870.09	14 286.30	5 226.72	0.58	2.84
河南	8 252.31	1 245.97	587.84	0.49	6.33
湖北	10 057.51	1 474.18	724.39	0.68	0.64
湖南	7 815.52	1 199.49	471.93	0.51	6.31
广东	261 259.92	33 653.64	7 621.38	0.56	4.12
广西	26 131.85	2 296.67	985.73	0.50	10.80
海南	785.47	184.75	28.80	3.18	1.28
重庆	6 055.91	1 466.80	380.27	0.77	7.30
四川	15 506.88	3 336.72	1 865.09	0.45	2.54
贵州	1 014.28	731.60	587.75	0.39	3.68
云南	3 397.88	1 206.17	1 031.91	0.76	0.84
西藏	844.56	18.36	12.62	0.02	3.43
陕西	3 773.57	1 120.78	571.76	0.87	1.34
甘肃	893.63	363.93	217.99	2.20	3.99
青海	434.14	189.98	85.71	0.44	8.25
宁夏	1 534.10	1 139.49	172.07	0.58	1.04
新疆	9 882.51	3 620.44	1 522.06	0.16	8.74

附表 2-3　各地区社会效益指数原始数据

附表 2-3-1　1993 年和 2002 年中国各省(区、市)外商投资企业的就业与职工平均工资水平

地区	1993 年		2002 年	
	就业人数(千人)	平均工资(元)	就业人数(千人)	平均工资(元)
北京	174.3	5 593.0	461.6	33 310.5
天津	87.2	7 180.5	412.0	16 754.0
河北	82.1	3 048.5	147.5	10 654.0
山西	37.9	3 544.0	29.1	8 939.5
内蒙古	21.2	3 044.5	37.7	7 289.5
辽宁	111.7	4 597.5	340.3	13 541.0
吉林	41.2	3 046.5	88.5	12 839.5
黑龙江	33.0	3 029.0	65.7	11 361.0
上海	203.9	7 800.0	782.1	24 887.5
江苏	204.9	4 114.0	640.6	14 344.0
浙江	167.9	4 671.0	339.7	15 182.5
安徽	22.3	2 847.5	64.5	9 635.5
福建	391.9	5 108.0	1 050.8	11 867.5
江西	27.5	2 823.0	57.5	9 275.5
山东	118.9	3 116.5	641.1	9 950.5
河南	46.7	2 667.5	131.7	10 168.0
湖北	57.8	3 259.5	116.0	10 378.5
湖南	32.9	3 300.0	59.8	11 394.0
广东	841.6	6 470.0	1 747.2	16 836.0
广西	45.6	3 351.0	77.6	11 392.5
海南	21.3	6 477.0	33.0	10 176.5
重庆	—	—	51.8	12 918.5
四川	38.2	3 378.5	72.5	11 812.5
贵州	10.1	4 751.5	19.7	9 607.0
云南	6.2	—	33.8	12 072.0
西藏	0.6	5 566.0	—	—
陕西	22.0	3 629.0	30.9	15 282.5
甘肃	14.4	3 435.5	19.3	12 075.5
青海	1.2	2 984.0	0.9	13 406.0
宁夏	3.3	2 968.5	10.0	10 650.0
新疆	13.9	3 553.5	17.1	11 749.5

附表 2-3-2　2009 年和 2010 年中国各省(区、市)外商投资企业的就业与职工平均工资水平

地区	2009 年		2010 年	
	就业人数(千人)	平均工资(元)	就业人数(千人)	平均工资(元)
北京	1 078.4	82 249.5	748.5	100 409.0
天津	553.2	37 786.5	469.6	47 111.0
河北	276.0	26 287.5	220.6	31 098.0
山西	96.7	23 396.0	44.2	32 612.0
内蒙古	44.1	25 427.5	27.9	32 218.0
辽宁	518.5	29 336.5	415.2	34 563.0
吉林	100.8	28 120.5	80.4	42 284.0
黑龙江	104.2	46 440.0	65.5	25 428.0
上海	1 408.2	47 612.0	1 043.6	63 182.0
江苏	1 917.8	28 214.5	1 436.8	36 749.0
浙江	1 979.8	27 182.0	1 191.0	32 093.0
安徽	179.7	24 107.5	146.6	30 688.0
福建	1 806.7	23 540.0	818.8	29 703.0
江西	205.8	18 853.0	123.4	24 905.0
山东	1 374.8	25 004.0	1 120.6	29 305.0
河南	216.4	26 136.5	123.1	29 620.0
湖北	265.1	26 031.5	200.3	38 398.0
湖南	234.2	22 033.0	122.3	27 201.0
广东	3 883.9	29 597.0	1 619.7	37 386.0
广西	147.2	25 539.0	89.9	37 428.0
海南	55.1	23 826.5	40.3	29 495.0
重庆	123.7	29 772.5	94.3	35 738.0
四川	152.7	25 364.0	102.9	29 872.0
贵州	30.8	22 152.0	23.8	27 944.0
云南	56.8	24 860.0	29.2	28 562.0
西藏	—	—	—	—
陕西	110.1	30 512.5	92.8	38 728.0
甘肃	15.1	21 438.5	2.4	32 877.0
青海	13.4	20 386.5	2.6	24 019.0
宁夏	10.9	24 741.0	3.5	34 545.0
新疆	28.0	25 523.0	4.9	31 311.0

后 记

  本报告得到北京师范大学"985 工程"项目"中国对外贸易可持续发展问题研究"的支持，是该项目的阶段性成果。研究报告是集体智慧的结晶。在课题主持人的组织下，研究团队从研究框架的提出，到研究思路、指标体系和实证模型的确定，经过多次深入讨论与分析，然后采集数据与撰写报告。研究团队由北京师范大学经济与工商管理学院国际经济与贸易系教师和研究生构成，编写报告的具体分工为：第 1 章由曲如晓撰写；第 2 章由郑飞虎和王月永撰写；第 3 章由仲鑫和曾燕萍撰写；第 4 章由蔡宏波和李凯杰撰写；第 5 章由赵春明和陈昊撰写；第 6 章由魏浩和李凯杰撰写；第 7 章由曲如晓和李凯杰撰写；第 8 章由孙萌和曾燕萍撰写。此外，北京师范大学经济与工商管理学院国际经济与贸易系研究生吕洋和高明明等人为本报告所需数据的收集和整理做出了很大贡献。

  研究报告初稿完成后，由李凯杰进行初步通稿，曲如晓教授负责进行通撰、修改并定稿，最后由曾燕萍进行排版和校对。在研究过程中，团队也多次对书稿进行深入探讨，为本报告的完成贡献了辛劳、智慧和思想，在此向所有参与人员表示衷心的感谢！

  北京师范大学出版社戴轶女士对本报告的出版给予了高度关注，报告得以顺利出版，与她的敬业和认真态度是分不开的，在此致以诚挚的谢意！

  另外，北京师范大学经济与工商管理学院、气候变化与贸易研究中心对本报告也给予了大力支持，在此谨表谢意！

  由于时间仓促和水平有限，本报告难免存有错漏与不足，恳请广大读者批评指正。

曲如晓
2013 年 10 月